2023년 4월 15일 시행

SUPER 360 공통과목 모의고사
Vol.2 제8회

응시번호	
성 명	

문제책형
㉮

【시험 과목】

과목	제1과목	국어	제2과목	영어	제3과목	한국사
출제	국어 이윤주 / 영어 조태정 / 한국사 고종훈					

모의고사 관련 안내

1. 공통과목 3과목을 60분 안에 푼다는 360 모의고사의 취지를 감안하여 아래 표에 과목별 실제 풀이 시간을 분 단위로 기재하고 그 변화를 스스로 체크하시기 바랍니다.

과목	국어	영어	한국사
시간			

2. 모의고사 해설 강의
   - 시험 직후 메가공무원 홈페이지(www.megagong.net)의 SUPER 360 모의고사 해설강의 페이지를 이용해주시기 바랍니다.

※ 문제지는 시험 종료 후 가지고 갈 수 있습니다.
※ 이 모의고사의 내용을 무단 전재·복제·유포하는 행위는 법적으로 처벌을 받을 수 있습니다.

메가 공무원 온라인 강의 / 메가공무원 / www.megagong.net / 1644-8806
오프라인 강의 / 메가공무원학원 / gongssel.megagong.net / 02-3280-1010

문 1. 밑줄 친 단어 중, 음운 변동의 유형이 다른 것은?
① 장마가 <u>나면</u> 하류 지방의 피해는 더욱 커질 것이다.
② 피곤할 테니 어서 <u>자라</u>.
③ 집에 <u>가도</u> 먹을거리가 없다.
④ 한 시간 동안 <u>서서</u> 왔다.

문 2. 다음 중 띄어쓰기가 잘못된 것은?
① 고향을 떠난 지 40여 년이 지났다.
② 날씨가 추운 데 외투를 입고 나가거라.
③ 그는 세 번 만에 공무원 시험에 합격했다.
④ 와, 사과가 얼굴만 해요.

문 3. 다음 밑줄 친 부분에 해당하는 예로 적절하지 않은 것은?

'먹을 만큼 먹어라.'의 '만큼'과 '나도 철수만큼 잘할 수 있다.'의 '만큼'은 단어의 형태는 같지만 단어가 수행하는 기능은 다르다고 할 수 있다. 즉, 앞 문장의 '만큼'은 관형어의 수식을 받는 의존 명사이지만, 뒤 문장의 '만큼'은 체언 뒤에 붙은 조사이다. 이처럼 하나의 단어가 두 가지 이상의 품사로 처리되는 것을 <u>품사의 통용</u>이라고 한다.

① 그 노래는 <u>언제</u> 들어도 좋다. / 설악산은 <u>언제</u> 보아도 아름답다.
② 필통에서 연필 <u>하나</u>를 꺼냈다. / 우리 모두 <u>하나</u>가 되어 이 나라를 지킵시다.
③ 우리는 예정보다 훨씬 <u>늦게</u> 도착했다. / 그는 버스 시간에 <u>늦어</u> 고향에 가지 못했다.
④ 민수가 수희를 <u>정말</u> 사랑한다고 해. / 민수가 수희를 사랑하는 게 <u>정말</u>이니?

문 4. 밑줄 친 단어의 쓰임이 적절하지 않은 것은?
① 행동을 <u>삼가</u> 주세요.
② 그는 자신의 의견을 <u>누누히</u> 주장했다.
③ 옆 사람에게 농담을 <u>붙이지</u> 마라.
④ 희정이네는 집을 예쁘게 잘 <u>꾸몄데</u>.

문 5. 다음 중 어법에 맞게 쓴 문장은?
① 우리 앞에는 해결하기 어려운 난제가 산적해 있다.
② 그는 스승의 뒤를 따랐다.
③ 윤주는 꽃에게 물을 주었다.
④ 2021년부터 시작된 하천 정비 사업이 최근에 완료되었다.

문 6. 밑줄 친 한자성어의 사용이 가장 적절한 것은?
① 그가 이 논문을 완성하기 위해 쏟은 각고의 노력은 한마디로 <u>隔靴搔癢</u>이 아닐 수 없다.
② 프랑스 니스에서 벌어진 참혹한 테러 현장 보도를 보면서, 우리 시대가 여전히 <u>康衢煙月</u>이라고 생각했다.
③ <u>夏爐冬扇</u>이라더니, 꼼꼼한 그는 계절이 바뀔 때마다 빈틈없이 살림을 준비하고 집안 단속에 여념이 없었다.
④ 그가 내게 거짓 정보를 제공하고 조직을 제 편의대로 바꾸려는 것을 보면서, <u>指鹿爲馬</u>가 옛말만은 아니라고 생각했다.

문 7. 다음 중 한자의 독음이 맞는 것은?
① 相殺 - 상살
② 敗北 - 패북
③ 惡寒 - 악한
④ 嗚咽 - 오열

문 8. 다음의 발표 절차를 순서에 따라 알맞게 정리한 것은?

ㄱ. 발표 주제, 목적, 예상 청중을 분석한다.
ㄴ. 발표문 내용을 조직한다.
ㄷ. 발표 자료를 수집하고 선정한다.
ㄹ. 발표문을 작성한다.
ㅁ. 발표의 시간과 분량을 조절한다.

① ㄱ-ㄷ-ㄴ-ㄹ-ㅁ
② ㄱ-ㄷ-ㄹ-ㄴ-ㅁ
③ ㄱ-ㄹ-ㄴ-ㄷ-ㅁ
④ ㄱ-ㄹ-ㄷ-ㄴ-ㅁ

문 9. 다음은 'A사 직원'과 'B사 직원' 간의 협상이다. 두 사람이 활용한 협상 전략으로 적절하지 않은 것은?

A사 직원: 휴대폰용 액정의 납품 가격을 개당 10만 원으로 낮춰서 공급해 주시기를 다시 한번 부탁드립니다.
B사 직원: 죄송합니다. 개당 20만 원 이하로는 납품이 어렵습니다. 지난 5년 동안 저희 제품을 믿고 사용하시면서 작은 불량품 하나 없을 만큼, 저희 제품의 완성도가 높다는 것을 잘 아시잖아요? 말씀하신 그 가격은 곤란합니다.
A사 직원: 그렇긴 하지요. 하지만 이번에 납품 가격을 저희가 원하는 수준으로 맞춰 주신다면 컴퓨터용 액정도 귀사에서 공급받도록 제가 회사에 전달하도록 하겠습니다. 현재 귀사에서는 휴대폰용, 컴퓨터용 액정을 비롯하여 텔레비전이나 태블릿 등 여러 액정 부품의 판로가 막혀서 어려움을 겪고 있다는 소식을 전해 들었습니다.
B사 직원: 좋은 제안 감사합니다. 그렇다면 당장은 저희 쪽에 손실이 커서 수지가 맞지 않지만, 다른 액정 공급 건에 대한 귀사의 약속을 믿고 원하시는 액수로 계약을 체결하도록 하죠.

① 상대측과 그동안 형성해 온 신뢰 관계를 부각하고 있다.
② 상대측의 양보를 통해 얻을 수 있는 다른 이익을 제시하고 있다.
③ 상대측의 책임을 지적하며 상대측이 협상안을 따르기를 요구하고 있다.
④ 상대측에 관한 정보를 사전에 조사하여 상대측의 관심사를 자극하고 있다.

문 10. 다음 글쓴이의 입장에 부합하지 않는 것은?

　　국민연금재정추계위원회는 고령화 등으로 2044년부터 국민연금급여 지출이 수입을 초과하는 수지 적자가 발생하고, 2060년에는 기금 적립금이 소진될 것이라 발표하였다. 이를 통하여 다시금 국민연금의 지속 가능성을 위해 연금보험료의 상승이나 개시시점의 지연, 연금급여의 삭감 등이 또다시 논의되도록 하는 단초를 제공하고 있다. 벌써부터 젊은 세대의 부담이 커지게 되어 이들의 보험료 납부 거부나 세대 간 갈등 같은 사회 문제를 막기 위해선 서둘러서 연금제도를 고쳐야 한다는 목소리가 나오는 실정이다.
　　물론 보건복지부는 국민연금은 사적 연금과 달라 기금이 없어지더라도 국가가 지급을 보장하므로 앞으로 못 받을지도 모른다는 걱정은 할 필요가 없음을 강조하고 있다. 그러나 아직까지 국민연금급여에 대한 국가의 지급의무조차 법적으로 확약하지 못한 상황에서 이러한 약속은 온전히 국민연금기금에 대한 추가적인 부담을 가입자에게만 지우고, 국가는 이를 회피할 수 있는 여지를 만들고 있다.
　　더구나 기금이 고갈되면 그때 가서 부과방식으로 변경하여 지급할 수 있다는 식의 언급은 여전히 정부의 무책임성을 드러내는 것이라 하겠다. 그럼에도 불구하고 여전히 정부는 국민연금의 근본적인 저부담-고급여의 문제를 해결하기 위하여 가입자의 부담을 늘려야 한다는 것만을 강조하고 있지만, 국민연금에 대한 국민들의 신뢰는 크게 하락해 있음을 되새길 필요가 있다.
　　현재 국민연금에 있어서 무엇보다 중요한 것은 언제 소진될 것인지를 알리는 불확실한 미래보다, 이에 대비하여 국가는 무엇을 어떻게 기여할 것인지, 그리고 신뢰를 어떻게 회복해 나갈지를 고민하는 것이다. 그동안 가입자는 국민연금에 많은 기여를 해왔으며, 애초에 국가가 약속한 노후보장으로부터 상당 부분 양보를 해왔다. 이제는 정부가 이번 추계 결과를 통해 대답할 차례이다.

① 연금 보험료 납부와 관련한 세대 간 갈등을 미연에 방지하는 것이 바람직하다.
② 추후 기금 적립금이 고갈되었을 때를 대비하여 정부는 책임감 있게 대책을 마련해야 한다.
③ 국가는 국민에게 국민연금의 소진 사실을 알리는 것보다 국민과의 신뢰를 회복해 나가는 것이 중요하다.
④ 노후가 보장된 가입자들의 추가적인 납부를 통해 국민연금기금의 고갈 문제를 해결하는 것이 필요하다.

문 11. 다음 시에 대한 설명으로 가장 적절한 것은?

　　뒷동산 청솔잎을 빗질해 주던 바람이
　　무어라 무어라 하는 솔나무의 속삭임을 듣고
　　푸른 햇살 요동치는 강변으로 달려갔다 하자.
　　달려가선, 거기 미루나무에게 전하니
　　알았다 알았다는 듯 나무는 잎새를 흔들어
　　강물 위에 짤랑짤랑 구슬 알을 쏟아 냈다 하자.
　　그 의중 알아챈 바람이 이젠 그 누구보단
　　앞들 보리밭에서 물결치듯 김을 매다
　　이마의 구슬땀 씻어 올리는 여인에게 전하니,
　　여인이야 이윽고 아픈 허리를 곧게 펴곤
　　눈앞 가득 일어서는 마을의 정자나무를 향해
　　고개 끄덕끄덕, 무언가 일별*을 보냈다 하자.

　　아무려면 어떤가, 산과 강과 들과 마을이
　　한 초록으로 짙어 가는 오월도 청청한 날에,
　　소쩍새는 또 바람결에 제 한 목청 다 싣는 날에.
　　　　　　　　　　　　　　- 고재종, 〈초록 바람의 전언〉
　　　　　　　　　　　　*일별: 한 번 흘끗 봄.

① 원경에서 근경으로 시선을 이동하며 장면을 그려 내고 있다.
② 자연을 의인화하는 방법을 통해 시의 주제를 전달하고 있다.
③ 반어적 어조를 활용하여 화자의 의도를 드러내고 있다.
④ 색채의 대비를 활용하여 대상의 변화를 구체화하고 있다.

문 12. 〈보기〉를 근거로 할 때, 통일성에 어긋나는 것은?

〈보 기〉
　　내용의 통일성은 주제와 세부 내용 간의 유기적 연결을 의미한다. 글에서 주제를 명료하게 드러내기 위해서는 통일성을 고려해야 하는데, 중심 내용과 부합되지 않는 내용을 삭제하거나, 주제와 어긋나는 내용을 핵심 주제와 관련된 내용으로 수정하는 등의 과정을 통해 통일성 있는 글을 완성할 수 있다.

　　과거에는 고속도로의 톨게이트를 이용하려면 요금 수납원에게 티켓을 받고 요금을 지불했었다. ㉠ 그러나 하이패스의 개발과 대중화로 인해 요금 수납원은 설 자리를 잃고 있다. 이로 인해 그들의 해고가 빠르게 진행되고 있는 실정이다. ㉡ 전문가들은 앞으로 사라질 직업으로 교통경찰, 주차장 관리인, 통번역가 등을 꼽았다.
　　㉢ 하지만 모든 차량이 하이패스를 장착하고 있는 것은 아니므로 요금 수납원은 필요하다. 그리고 차량 번호가 인식되지 않은 차량의 요금 납부 등을 담당하는 것은 여전히 요금 수납원의 몫으로 남아 있다. ㉣ 게다가 교통 문제와 관련된 고객 민원에 대응하고, 하이패스 오류로 인해 요금이 미납된 고객에게 미납 사실을 통지하는 것도 기계가 아닌 사람이 해야 할 일이다. 따라서 요금 수납원의 역할을 존중하고, 그들을 섣불리 해고하지 않으며, 그들의 직장을 안정적으로 보호해주는 것이 바람직하다.

① ㉠　　② ㉡　　③ ㉢　　④ ㉣

문 13. 다음 중 (가) ~ (라)의 순서를 배열한 것으로 가장 적절한 것은?

(가) 그러나 딱딱한 과학과 말랑말랑한 문화는 얼핏 보면 서로 배타적인 가치처럼 보인다. 과학은 지식이나 이성에 기반하고 있고, 문화는 감성이나 창의성을 기반으로 하기 때문이다. 하지만 과학과 문화는 사실 서로가 서로를 필요로 하고 상호발전을 이끄는 보완적 관계를 갖는다.

(나) CEO들이 잘 하는 이야기 중 성공하는 데 필요한 '여섯 가지 쌍기역'이라는 게 있다. 바로 꿈·꾀·끼·깡·꼴, 그리고 끈이다. 꿈은 '미래비전'이고 꾀는 '지식이나 지혜'를 가리킨다. 끼는 '문화적 소양이나 예술적 재능'을 말하고 깡은 '의지나 열정'이다. 꼴은 '준수한 외모'를, 마지막으로 끈은 '인맥이나 네트워크'를 가리킨다. 좀 세속적인 이야기처럼 보이지만 치밀한 계획과 전략을 갖고 미래를 준비하는 자, 이성과 감성, 창의성과 실력을 두루두루 갖춘 자에게만 성공의 문이 활짝 열리는 법이다.

(다) 앞서 언급한 6가지의 쌍기역 중 지혜나 지식에 해당하는 '꾀'와 문화적 감성에 해당하는 '끼'는 변화와 창조를 위해 필요한 가장 핵심적인 가치이다. 물론 거기에 깡·끈·꼴까지 갖추면 금상첨화일 것이다. 이런 역량들이 조화롭게 어우러질 때 우리가 상상하는 꿈은 비로소 현실이 될 수 있다. 요컨대 과학과 문화의 조합은 인간의 꿈과 미래를 이루기 위한 최상의 조합이라고 할 수 있다.

(라) 이러한 내용을 바탕으로 보면, 한 사회를 변화시키는 데는 많은 요인이 있지만 CEO들은 그 중에서도 과학과 문화가 가장 중요하다는 것을 이미 알고 있는 듯 보인다. 과학기술은 산업을 바꾸고 사람들의 생활 방식을 바꾼다. 그리고 정신적·근본적인 변화는 문화로부터 시작된다. 최근 새롭게 대두된 문화기술(CT)도 과학기술이 문화발전의 새로운 엔진으로 기능하여, 시대적 요구에 부응한 결과이다.

① (나) - (가) - (다) - (라)
② (나) - (다) - (라) - (가)
③ (나) - (라) - (가) - (다)
④ (나) - (다) - (가) - (라)

문 14. 다음 시조에 대한 설명으로 적절하지 않은 것은?

> 섶나무 실은 ㉠ 천리마(千里馬)를 알아 볼 이 뉘 있으리
> 십년(十年) 마굿간에서 속절없이 다 늙는구나
> 어디서 살진 ㉡ 쇠양마(馬)는 으스대며 행세하는구나
> — 김천택
>
> *쇠양마: 성질이 온순하지 못하고 둔한 말

① ㉠은 화자가 지향하는 대상이다.
② ㉡은 ㉠과 대조되는 대상이다.
③ 우의적인 수법으로 자신의 처지에 대한 불만을 나타내고 있다.
④ 이 시조의 주제와 관련된 한자성어는 '髀肉之嘆'이다.

문 15. 다음 글의 중심 내용으로 가장 적절한 것은?

> 역사의 연구는 개별성을 추구하는 것이라고 할 수 있다. 즉 구체적인 과거의 사실 자체에 대한 구명을 꾀하는 것이 역사학(歷史學)인 것이다. 가령, 고구려와 한족과의 투쟁을 고구려라든가 한족이라든가 하는 구체적인 요소들을 빼 버리고 단지 "자주적 대제국(自主的 大帝國)이 침략자와 투쟁하였다."라고만 서술해 버린다면 그것은 한국사(韓國史)일 수가 없다.
> 요컨대 일정한 시대에 활약하던 일정한 인간 집단의 구체적 활동에 대한 서술을 빼면 그것은 역사일 수가 없는 것이다. 이것은 사회적인 현상에 있어서도 마찬가지이다. 가령, 화백 회의(和白會議)를 설명하는 데 있어서 "귀족 회의가 있었다."라고만 한다면 그것은 바람직한 설명일 수가 없는 것이다.
> 이것은 문화적인 현상에 있어서도 다를 바가 없다. 석굴암의 미술을 설명하면서, 신라의 경덕왕대(景德王代)라든가 김대성(金大城)이라든가 조각의 기법이라든가에 대한 설명을 빼고 그저 우수한 미술품이 만들어졌다고만 한다면 이것은 물론 무의미한 서술임이 분명하다.

① 개별성과 특수성의 비교
② 역사학의 개념 정의의 문제점
③ 역사 인식에 대한 다양한 관점의 차이
④ 역사 연구에 있어서 개별성 추구의 필요성

문 16. ㉠~㉣에 대한 설명으로 적절하지 않은 것은?

> 어머니는 그 다리를 어디다 숨기려는지 몸부림쳤다. 그러나 어머니의 다리는 요지부동이었다.
> "군관 나으리, 우리 집엔 여자들만 산다니까요. 찾아보실 것도 없다니까요. 군관 나으리."
> ㉠ 그러나 절체절명의 위기가 어머니에게 육박해 오고 있음을 난들 어쩌랴. 공포와 아직도 한 가닥 기대를 건 비굴이 어머니의 얼굴을 뒤죽박죽으로 일그러뜨리고 이마에선 구슬 같은 땀이 송글송글 솟아오르고 다리를 감싼 손과 앙상한 어깨는 사시나무 떨듯 떨고 있었다.
> 가엾은 어머니, 하늘도 무심하시지, 차라리 죽게 하시지, 그 몹쓸 일을 두 번 겪게 하시다니…….
> ㉡ "어머니, 어머니 이러시지 말고 제발 정신 차리세요."
> 나는 어머니의 어깨를 흔들며 울부짖었다. 어머니는 어디서 그런 힘이 솟는지 나를 검부러기처럼 가볍게 털어 내면서 격렬하게 몸부림쳤다.
> "안 된다, 안 돼. 이노옴, 안 돼. 너도 사람이냐? 이노옴, 이노옴."
> 나는 벽까지 떠다밀린 채 와들와들 떨면서 점점 심해 가는 어머니의 광란을 지켜볼 수밖에 없었다. 어머니의 몸에서 수술한 다리만 빼고는 온몸이 노한 파도처럼 출렁였다. ㉢ 그래서 더욱 그 다리는 어머니의 몸이 아닌 이물질처럼 괴기스러워 보였다. 어머니의 그 다리와 아들과의 동일시가 나한테까지 옮아 붙은 것처럼 나는 그 다리가 무서웠다.
> "안 된다, 이노옴."이라는 호통과 "군관 나으리, 군관 선생님, 군관 동무."라는 아부를 번갈아 하며 몸부림치는 서슬에 마침내 링거 줄이 주삿바늘에서 빠져 버렸다. 혈관에 꽂힌 채인 주삿바늘을 통해 피가 역류해 환자복과 시트를 점점 물들였다. 피를 보자 어머니의 광란은 극에 달했다.
> "이노옴, 게 섯거라. 이노옴, 나도 죽이고 가거라, 이노옴."
> 어머니는 눈물이 범벅된 얼굴로 이를 갈았다. 틀니를 빼놓아 잇몸만으로 이를 가는 시늉을 하는 게 얼마나 처참한 것인지 나 말고 누가 또 본 사람이 있을까. 이게 꿈이었으면, 꿈이었으면. 어머니는 이 세상 소리가 아닌 기성을 지르며 머리카락을 부득부득 쥐어뜯다가 오줌을 받아 내는 호스도 다 뜯어 버렸다. ㉣ 피비린내가 내 정신을 혼미케 했다. 퍼뜩 정신이 나서 구원을 청하려 나가려는데 어머니의 기성이 바깥까지 들렸던지 간호사가 뛰어왔다.
> — 박완서, 〈엄마의 말뚝2〉

① ㉠: '어머니'가 보이는 행동에 대해 '나'는 속수무책을 느낀다.
② ㉡: '나'는 '어머니'가 현실로 돌아오기를 간절히 바라고 있다.
③ ㉢: '어머니'가 자신의 '다리'를 '아들'과 동일시하는 모습을 보며 '나'는 두려움을 느낀다.
④ ㉣: '어머니'로 인해 과거를 떠올린 '나'는 죄책감으로 혼란스러워하고 있다.

문 17. 다음 글의 내용과 일치하지 않는 것은?

> 초현실주의란 프로이트 정신분석의 영향을 받아, 무의식의 세계 또는 꿈속 세계의 표현을 지향하는 예술 사조이다. 초현실주의는 현실적 공간이 아닌 새로운 공간 개념이 필요했고, 이는 당연히 기존의 통념을 깨는 새로운 표현 기법의 등장으로 이어지게 되었다.
> 대표적인 예로 자동기술법이 있다. 자동기술법은 우리의 무의식 속에 떠오르는 생각이나 이미지를 다듬지 않고 그대로 표현하는 기법으로, 습관이나 고정관념 등을 배제하고 손이 움직이는 대로 그림을 그리는 것을 말한다.
> 에른스트가 개발한 프로타주도 초현실주의의 주요 기법인데, 바위나 나무 등 요철이 있는 사물의 윤곽이 드러나도록 하는 기법이다. 에른스트는 이 기법을 통해 현실에서는 볼 수 없는 것들이 주는 공포심이나 불안감으로 표현하고자 하였다.

① 프로이트의 정신분석은 초현실주의에 영향을 주었다.
② 초현실주의는 고정관념을 깨뜨리는 표현 기법을 선보였다.
③ 에른스트는 프로타주 기법을 통해 공포심이나 불안감을 표현했다.
④ 초현실주의자들은 비이성적인 머릿속의 생각들을 논리적으로 풀어내려고 했다.

문 18. 다음에서 '질화로'와 의미가 같은 것은?

> 우리 집 이웃의 늙은 부부는 늦게야 아들 하나를 얻었는데, 자기네가 목불식정(目不識丁)인 것이 철천의 한이 되어서, 아들만은 어떻게 해서든지 글을 시켜 보겠다고, 어려운 살림에도 아들을 서당에 보내고, 노상 "우리 서당애, 우리 서당애" 하며 아들 이야기를 했었다. 그의 집 단칸방에 있는 다 깨어진 질화로 위에, 점심 먹으러 돌아오는 예(例)의 서당아이를 기다리는 따뜻한 ㉠토장 찌개가 놓였음은 물론이다. 그 아들이 "천자문"을 읽는데, '질그릇 도(陶), 당국 당(唐)'이라 배운 것을 어찌 된 셈인지 '꼬끼요 도, 당국 당'이라는 기상천외의 오독을 하였다. 이것을 들은 늙은 '오마니'가 알지는 못하나마 하도 괴이하여 의의를 삽(揷)한즉, 영감이 분연(憤然)히,
> "여보 할멈, 알지도 못하면서 공연히 쓸데없는 소리 마소. 글에 별소리가 다 있는데, '꼬끼요 드'는 없을라고." 하였다. 이렇게 단연(斷然)히 서당아이를 변호한 것도 바로 질화로의 찌개 그릇을 둘러앉아서였다. 얼마나 인정미 넘치는 태고연(太古然)한 풍경이냐.
> … (중략) …
> 돌이켜 우리 집은 어떠했던가? 나도 5, 6세 때에는 서당아이였고, 따라서 질화로 위에는 나를 기다리는 어머니의 찌개 그릇이 있었고, 사랑에서는 밤마다 아버지의 ㉡담뱃대 터시는 소리와 ㉢고서를 읽으시는 소리가 화로를 둘러 끊임없이 들렸었다. 그러나 내가 다섯 살 되던 해에 그 소리는 사랑에서 그쳤고, 따라서 바깥 화로는 필요가 없어졌고, 하나 남은 안방의 화로 곁에서 어머니는 나에게 대학(大學)을 구수(口授)하시게 되었다. 그러나 어머니마저 내가 열두 살 되던 해에 그 질화로 옆을 기리 떠나가시었다. 그리하여 서당아이는 완전한 고아가 되어, ㉣신식 글을 배우러 옛 마을을 떠나 동서로 표박하게 되었고, 화로는 또 다시 찾을 수 없는 어머니의 사랑과 함께 영영 잃어버리고 말았다.
>
> - 양주동, 〈질화로〉

① ㉠ ② ㉡
③ ㉢ ④ ㉣

문 19. 다음 글과 논증 구조가 일치하는 것은?

> 절대 영도가 되면 원자들이 제자리에 가만히 있게 된다.
> → 그런데 어떤 경우에도 원자는 한 곳에 정지할 수 없다.
> → 그러므로 절대 영도에는 결코 도달할 수 없다.

① 미인이면 잠꾸러기라고 한다. 나는 잠꾸러기이다. 따라서 나는 미인이다.
② 교육이 보급되면 문맹이 타파된다. 문맹이 타파되지 않았다. 그러므로 교육이 보급되지 않았다.
③ 박찬호가 열심히 연습한다면 슬럼프에서 벗어날 것이다. 박찬호는 열심히 연습한다. 따라서 박찬호는 슬럼프에서 벗어날 것이다.
④ 첼시가 프리미어 리그에서 우승하기 위해서는 우수한 공격수를 영입할 필요가 있다. 이번에 우수한 공격수 두 명이 트레이드되어 왔다고 하니 틀림없이 우승할 것이다.

문 20. 다음 대화에 대한 분석으로 적절하지 않은 것은?

> 가영: 확보된 증거에 비추어볼 때 갑과 을 두 사람 중 적어도 한 사람에게 사고의 책임이 있을 개연성이 무척 높기는 하지만, 갑에게 책임이 없다고 밝혀진 것만으로는 을의 책임 관계를 확정할 수 없습니다.
> 나정: 책임 소재에 관한 어떤 증거도 없는 경우라면 모르지만, 둘 중 한 사람에게 사고의 책임이 있다는 것을 꽤 지지하는 증거가 확보된 경우에는 그렇게 말할 수 없습니다. '갑 아니면 을이다. 그런데 갑이 아니다. 그렇다면 을이다.'라고 추론해야지요.
> 가영: 그 논리적 추론이야 물론 당연합니다. 하지만 문제는 우리가 지금 토론하고 있는 상황이 그 추론의 결론을 반드시 수용해야 하는 경우가 아니라는 것입니다. '갑 아니면 을이다.'가 확실히 참이라고 말할 수 없기 때문이지요.
> 나정: 앞에서 증거에 의해 '갑, 을 두 사람 중 적어도 한 사람에게 사고의 책임이 있을 개연성이 무척 높다.'라고 전제하지 않았습니까? 그런 경우에 '갑 아니면 을이다.'를 참이라고 수용해야 하는 것 아닌가요?
> 가영: 그렇지 않습니다. 아무리 개연성이 높은 판단이라고 할지라도 결국에는 거짓으로 밝혀지는 경우가 드물지 않습니다. 가령, 나중에 을에게 책임이 없음을 확실히 입증하는 증거가 나타나는 상황을 배제할 수 없습니다. 그런 증거가 나타나는 경우, 둘 중 적어도 한 사람에게 책임이 있다고 보았던 최초의 전제의 개연성이 흔들리고 그 전제를 참이라고 수용할 수 없게 됩니다.

① 가영과 나정은 모두 책임 소재의 규명에서 증거의 역할을 부정하지 않는다.
② 가영은 책임 소재를 규명하는 과정에서 사용되는 전제의 개연성은 달라질 수 있다고 주장한다.
③ 가영과 달리 나정은 어떤 판단의 개연성이 충분히 높다면 그 판단을 수용할 수 있다고 주장한다.
④ 가영과 달리 나정은 참인 전제들로부터 논리적 추론을 이용해서 도출된 결론이 거짓일 수 있다고 주장한다.

영 어

문 1. 밑줄 친 단어의 뜻과 가장 유사한 것은?

They studied each photograph carefully and learned that cats do not, in fact, defy Newton's laws of motion.

① confine
② appreciate
③ infrom
④ resist

문 2. 밑줄 친 단어의 뜻과 가장 유사한 것은?

This fossil record allows them to deduce both how new species have evolved and how older species have died out.

① cease
② restrict
③ infer
④ decrease

문 3. 빈칸에 들어갈 말로 가장 적절한 것은?

While being inattentive to the terrible noise all around, the boy concentrated and _____ with his work.

① gave in
② carried on
③ laid off
④ let on

문 4. 빈칸에 들어갈 말로 가장 적절한 것은?

It is necessary to take a _____ and unbiased view of the situation as a decision maker.

① prodigal
② abject
③ absent
④ dispassionate

문 5. 다음 빈칸에 들어갈 알맞은 것은?

It was so dark in the old deserted attic that I couldn't even _____ the faces of people right in front of me.

① alleviate
② domesticate
③ distinguish
④ abbreviate

문 6. 다음 중 어법상 틀린 것은?

The contradiction in Marx goes deeper ① than is apparent in the contradiction between the principles of centralization ② and decentralization. On the one hand Marx, like all other socialists, ③ convinced that the emancipation of man was not primarily a political, but an economic and social question; that the answer to freedom was not to be found in the change of the political form of the state, ④ but in the economic and social transformation of society.

문 7. 다음 글의 요지로 가장 적절한 것은?

The gig economy is a system of part-time and full-time employment opportunities for flexible work. Gig workers can find these temporary or freelance opportunities through online platforms or digital applications that allow the worker more autonomy than a traditional salary position. Many economists argue that flexible employment in the gig economy, or shared economy, could become the future of work in the digital age. For example, there are independent contractors. Online platforms and other websites connect skilled workers with consumers who need talented creatives, coders, and craftsmen. Freelance jobs can range in difficulty from changing a light bulb to designing a website. Each task professional will post their expertise on a platform where clients can bid for their time and skills, or vice versa.

① Work is increasingly done remotely via digital platforms.
② A gig economy can provide workers with many advantages.
③ Shifting business environments altered the gig economy.
④ Virtual-only services have emerged out of the gig economy.

문 8. 어법상 옳지 않은 것은?

① She is checking her eyes with one eye covered.
② I've never heard him complain anything.
③ Most of the houses on our books are in the north of the city.
④ If we recycled more, we would save more.

문 9. 다음 빈칸에 들어갈 말로 가장 적절한 것은?

Having indoor plants will help your immune system fight any viruses. They create an environment where you can relax and rest properly and a rested mind and body generally means a stronger immune system. This happens because plants have certain chemicals that help reduce your stress levels and this works as a natural boost to your immune system. Plus, when you're around plants, you end up getting a lot of great chemicals that will aid you in fighting many illnesses. All of this explains why people who have indoor plants in their homes can more efficiently combat any bugs. They tend to have fewer headaches, coughs, skin issues, and even nausea. In short, plants are _____ even if you just use them as decor.

① causes of conflict
② powerful healers
③ mere air purifiers
④ sleep problem solutions

문 10. 다음 중 글의 흐름에 맞지 않는 것은?

　　Last month State Farm debuted a TV commercial that has become one of the most widely discussed ads in recent memory. As it turned out, the clip was not genuine: it was generated using cutting-edge AI. What viewers should have felt was deep concern. The State Farm ad was an benign example of ① dangerous new phenomenon in AI: deepfakes. Deepfake technology enables anyone with a computer and an Internet connection to create realistic-looking photos and videos of people saying and doing things that they did not actually say or do. While impressive, today's deepfake technology is still not equal to ② authentic video footage, it is typically possible to tell that a video is a deepfake. But in the months and years ahead, deepfakes ③ threaten to grow from an Internet oddity to a widely ④ wholesome political and social force.

문 11. 밑줄 친 부분에 들어갈 말로 가장 적절한 것은?

A: Finn! Where have you been? I've been trying to get a hold of you all day.
B: I got caught up in a problem.
A: What problem?
B: I'll tell you later. Is John in the office?
A: Yeah. You'd better go talk to him right now. _____. You know how he hates to wait. He is really upset.
B: All right. Thanks for the heads-up.

① He brings home the bacon.
② He's been keeping the ball rolling.
③ He's been cooling his heels.
④ He is ready to cook his goose.

문 12. 다음 대화 중 가장 어색한 것은?

① A: Where are going all dressed up?
　 B: Adriana invited me to her bridal shower.
② A: I'm sorry to bother you but could you help me with this?
　 B: Sure, what's wrong?
③ A: Long time no see. Haven't seen you around lately.
　 B: Right. I just got back from summer vacation.
④ A: Hey, do you have a moment?
　 B: You need to hang in there!

문 13. 다음 글의 내용과 일치하는 것은?

　　Although weather will always vary from year to year, temperatures have been consistently rising, by an average of 0.14 degrees Fahrenheit since 1880 per decade, due to climate change, according to the federal government. Average global temperatures have risen 2 degrees Fahrenheit since the Industrial Revolution, as a result of increased concentrations of greenhouse gases such as carbon dioxide in the atmosphere. "Winter is getting warmer," Matthew Barlow, a professor of climate science at the University of Massachusetts Lowell, told Yahoo News. As a result, the duration of cold weather is getting shorter on both ends.

① Temperature hasn't always been rising despite climate change.
② Industrial Revolution is not the cause of rising temperatures.
③ Carbon dioxide is one of green house gases.
④ The length of cold weather will be kept unchanged.

문 14. 다음 중 어법상 틀린 것은?

　　Erich Fromm's dilemma is that he wants ① to endorse the critique of religion of Feuerbach, Marx, Freud, and Weber, while ② held on to religious values. That is why he is forced ③ to adopt the position that the belief in a transcendental God is not characteristic of the great religious teachers, but ④ is rather an expression of the neurotic character of their followers.

문 15. 우리말을 영어로 옳게 옮긴 것은?

① 그 정보를 모두 확인하는 일은 더디고 힘들 것이다.
　→ Checking all the informations will be slow and laborious.
② 미안해요, 전 은행이 어디 있는지 몰라요. 제가 여기가 처음이라서요.
　→ Sorry, I don't know where is the bank. I'm a stranger here myself.
③ 멋진 겨울 방학을 보내기를 기대하자.
　→ Let's look forward to spend a wonderful winter vacation.
④ 먹이를 쫓을 때나 새끼를 보호할 때 곰은 매우 위험한 존재가 될 수 있다.
　→ Bears can be dangerous, especially when pursuing food or protecting cubs.

문 16. 주어진 문장 다음에 이어질 글의 순서로 가장 적절한 것은?

> RGB (red, green and blue) refers to a system representing the colors used on a digital display screen.

(A) This translates into millions of colors. This color space is a color representation method used in electronic displays, like televisions, computer monitors, digital cameras and various types of lighting. Before the electronic age, there was no such thing as an electronic display.

(B) Red, green and blue can be combined in various proportions to obtain any color in the visible spectrum. The RGB model uses 8 bits each, from 0 to 23, for red, green and blue colors. Each color also has values ranging from 0 to 255.

(C) So, the RGB color model didn't exist. To create a color model, scientists needed a way to represent colors electronically. They came up with three components: red, green and blue. These components were chosen because humans could see them easily.

① (B) - (A) - (C) ② (B) - (C) - (A)
③ (C) - (A) - (B) ④ (C) - (B) - (A)

문 17. 주어진 문장이 들어갈 위치로 가장 적절한 것은?

> In this way, the explosion of calculus made mathematics more abstract and more powerful.

Within pure mathematics, the evolution of calculus has been a story of crossbreeding and its benefits. Older parts of math were invigorated after they were crossed with calculus. (①) For example, the ancient study of numbers and their patterns was revitalized by an infusion of calculus-based tools like integrals, infinite sums, and power series. (②) The resulting hybrid field is called analytic number theory. (③) Likewise, differential geometry used calculus to shed light on the structure of smooth surfaces and revealed cousins they never knew they had, unimaginable curved shapes in four dimensions and beyond. (④) It also made it more like a family. Calculus exposed a web of hidden relationships tying all parts of mathematics together.

*calculus 미적분
*power series (수학) 멱급수
*differential geometry 미분기하학

문 18. 다음 글의 흐름상 가장 어색한 문장은?

You can never observe a trait directly. Instead, you can infer a person's level of the trait through their behavior. No one will be nervous all the time, but some people might be nervous more often and over a wider range of circumstances than others. This propensity to nervousness, to qualify as a trait, would have to be fairly consistent over time. Traits are continuous, like height is, rather than discrete, like being an apple versus being a pear. ① The architecture of traits is the same across persons, and their levels alone differ. ② Some theories suggest that there are a limited number of personality types that are related to biological influences. ③ That is, everyone has all of the personalities, just as everyone has a height and a weight. ④ Where we differ is the magnitude of the height and the weight, or the score of each of the dimensions of the personalities.

문 19. 밑줄 친 부분에 들어갈 말로 가장 적절한 것은?

For some people, making or receiving calls is a stressful experience. Phone anxiety - or telephobia - is the fear and avoidance of phone conversations and it's common among those with social anxiety disorder. Having a hatred of your phone doesn't necessarily mean you have phone anxiety, although the two can be related. There are, of course, many people who dislike making or receiving calls. But if this dislike causes you to experience certain symptoms, you may have phone anxiety. Some emotional symptoms of phone anxiety include delaying or avoiding making calls because of _____ anxiety, feeling extremely nervous or anxious before, during and after the call and obsessing or worrying about what you'll say. Physical symptoms include nausea, increase in heart rate, shortness of breath, dizziness and muscular tension.

① controlled   ② avoidable
③ heightened   ④ negligible

문 20. 다음 글의 제목으로 가장 적절한 것은?

Some fruit fears come from their sugar content. Does the high amount of sugar mean fruit is bad for you? Absolutely not, says Crumble Smith, registered dietitian nutritionist. "Fruit has so many vitamins, minerals, fiber, water and other nutrients that our body needs." she says. In fact, fruit can combat the afternoon slump when most people reach for another cup of coffee. Because natural sugar is a healthy source of energy, pairing fruit with protein will give you a similar boost you'd get through caffeine. Crumble Smith does recommend caution for people with diabetes, insulin resistance or blood sugar issues. In that case, be mindful of portion size or try to pair your afternoon raspberries with a protein, like yogurt or cheese.

① Natural Sugar Beats Artificial Sweeteners
② Break Your Drowsiness With the Fruit
③ Is The Sugar In Fruit Beneficial For You?
④ Raspberry VS Apple: Which is The Best Fruit?

한 국 사

문 1. 다음 (가)에 공통으로 들어갈 나라에 대한 설명으로 옳은 것은?

> ○ 시조의 성은 고씨인데, 기골과 모양이 뛰어나고 기이했다. 일곱 살에 의연함이 더하였고, 스스로 활을 만들어 쏘니 백발백중이었다. (가) 의 속어에 활 잘 쏘는 것을 주몽이라 하니, 이로써 이름을 삼았다.
> - 『삼국사기』 -
>
> ○ 개로왕이 북위에 사신을 보내 말하였다. "우리나라는 고구려와 더불어 근원이 (가) 에서 나왔다."
> - 『삼국사기』 -

① 소도라는 별읍에는 도망자가 들어가도 돌려보내지 않았다.
② 상가, 고추가 등이 제가회의를 열어 국가 중대사를 결정하였다.
③ 사람을 죽인 사람은 사형에 처하고 그 집안사람은 노비로 삼았다.
④ 어린 신부를 맞이하여 장성하면 아내로 맞는 민며느리제도가 있었다.

문 2. 다음은 삼국의 항쟁에 대한 기록이다. 이 전쟁 이후에 벌어진 사실로 가장 적절한 것은?

> 영락 6년에 왕이 몸소 수군을 이끌고 백잔(百殘)을 토벌했다. 우리 군사가 …(중략)… 어느덧 백잔의 도성에 근접했다. 백잔이 항복하지 않고 군사를 동원하여 덤비자 왕은 노하여 아리수를 건너 백잔성으로 진격시켰다. …(중략)… 백잔의 군주는 남녀 1천 명과 세포(細布) 1천 필을 바치고 왕 앞에 무릎을 꿇고 맹세하였다. "지금부터 이후로 영원히 노객이 되겠습니다."

① 백제가 평양성을 공격하여 고구려왕이 전사하였다.
② 동진 승려 마라난타가 백제에 불교를 전해주었다.
③ 고구려가 도읍을 평양으로 옮겼다.
④ 백제에서 『서기』를 편찬하였다.

문 3. 다음 글이 쓰여진 배경이 되는 사건에 대한 설명으로 옳은 것은?

> 신(박영효)이 삼가 생각건대, 이번 행역(行役)은 지난 6월의 군변으로 인하여 일본이 군대를 동원하여 속약(續約)을 개정한 후에 한편으로는 비준 문서를 교환하기 위함이요, 한편으로는 수신(修信)을 하기 위하여 가는 것입니다.

① 일본군이 경복궁을 점령하고 청과 전쟁을 벌였다.
② 구식 군인과 빈민들이 일본 공사관을 습격하였다.
③ 일본의 지원으로 급진 개화파가 정변을 일으켰다.
④ 영국이 거문도를 점령하고 해군 기지를 건설하였다.

문 4. 밑줄 친 '내'가 시행한 정책으로 가장 옳은 것은?

> 지난날 신라의 정치가 쇠하여 도적들이 다투어 일어나고 백성들은 난리 통에 그들의 폭골(曝骨)이 들판에 널렸다. 전 임금이 온갖 혼란을 평정하고 국가 기초를 닦았으나 말년에 와서는 무고한 백성들에게 피해를 끼쳤고 국가가 멸망하였다. 내가 그 위기를 이어 새 나라를 창건하였는데 백성들에게 고된 노동을 시켜 힘들게 하는 것이 어찌 원하던 일이겠는가? …… 관리로서 나라의 녹봉을 먹는 너희들은 마땅히 백성들을 자식과 같이 사랑하는 나의 뜻을 충분히 헤아려 자기의 녹읍(祿邑) 백성들을 사랑해야 할 것이다.

① 발해 왕자 대광현이 망명하자 왕계라는 이름을 내려주었다.
② 대상 준홍, 좌승 왕동 등의 공신을 모역죄로 제거하였다.
③ 미륵 신앙을 이용하여 전제 정치를 도모하였다.
④ 연등회를 축소하여 팔관회를 폐지하였다.

문 5. (가) ~ (라)가 반포된 순서대로 바르게 나열한 것은?

> (가) 중대 범죄는 공개 재판을 시행하되, 피고가 죄를 자백한 후에 시행할 것.
> (나) 이후 국내외 공사(公私)문서에 개국 기원을 사용한다.
> (다) 흥선 대원군을 빨리 귀국시키고 종래 청에 행하던 조공의 허례를 폐지한다.
> (라) 대한국 대황제는 각 조약국에 사신을 파송(派送) 주재하게 하고 선전(宣戰), 강화 및 제반 약조를 체결한다.

① (가) - (다) - (나) - (라)
② (가) - (다) - (라) - (나)
③ (다) - (나) - (가) - (라)
④ (다) - (나) - (라) - (가)

문 6. 밑줄 친 '새로운 지도'에 대한 설명으로 옳은 것은?

> 천하는 아주 넓다. 안으로 중국에서부터 밖으로 사해(四海)에 이르기까지 그 거리가 몇천 몇만 리인지 알 길이 없다. 이를 줄여 몇 자(尺)의 화폭에 천하를 그리려 하다 보니 상세히 만들기가 어려운 것이다. …… 이번에 이회가 특별히 우리나라의 지도를 보강하고 확대하였으며, 일본의 지도를 덧붙여 새로운 지도를 완성하였다. 반듯하고 칭찬할 만한 것이니 문 밖에 나서지 않고도 세상을 알 수 있다.

① 전국 도의 군현과 병영, 수영이 표시되어 있다.
② 거리를 알 수 있도록 10리마다 눈금이 표시되어 있다.
③ 동양에서 가장 오래된 세계지도로, 후대의 모사본이 일본에 남아 있다.
④ 양계지역 및 압록강 이북 지역까지 상세하게 기록하여 북방에 대한 관심을 반영하였다.

문 7. 고려 시대의 신분 제도에 대한 설명으로 옳지 않은 것은?
① 남반은 중앙의 각 사(司)에서 기록이나 문부(文簿)의 관장 등 실무에 종사하였다.
② 소유주가 각기 다른 노와 비가 혼인하더라도 가정을 이루는 것이 가능하였다.
③ 향, 부곡의 거주민은 신분상 양민이었지만 군현민과 비교해 차별을 받았다.
④ 향리 이하의 계층도 문무반으로 신분 상승을 할 수 있었다.

문 8. 다음에서 설명하는 국왕에 대한 설명으로 옳은 것은?

> 왕위에 오른 후 태상왕과 심한 갈등이 있었으나, 왕권을 안정시키기 위해 권세 있는 신하는 공신이든 처남이든 가리지 않고 처단하였다. 국가 경제에 해독을 끼치는 사원의 토지를 몰수하여 전제 개혁을 마무리 짓고, 억울하게 공노비가 된 자를 조사하여 해방하였으며, 지방의 토호를 억압하여 군역을 지도록 만들었다.

① 왜구의 소굴인 쓰시마 섬을 정벌하였다.
② 경성과 경원에 무역소를 처음 설치하였다.
③ 사가독서제를 실시하여 젊은 문신들의 학문 활동을 장려하였다.
④ 평안도에 역둔전을 새로 설치하고, 전국의 관둔전을 두 배로 증액하였다.

문 9. (가)와 (나) 사이의 시기에 있었던 일로 가장 옳은 것은?

> (가) 왜인들이 세견선이 줄어든 것에 불만을 품고 을묘왜변을 일으켰다.
> (나) 일본을 통일한 도요토미 히데요시가 20만의 대군을 보내 조선을 침략하였다.

① 정여립 모반사건이 일어나 많은 동인이 처형당했다.
② 임신약조를 맺어 세견선과 세사미두를 절반으로 줄였다.
③ 도원수 강홍립이 거느리는 원군을 명에 파견하였다.
④ 주세붕이 백운동 서원을 건립하였다.

문 10. 다음 글을 남긴 국왕의 재위 기간에 일어난 사실로 옳은 것은?

> 보잘 것 없는 나, 소자가 어린 나이로 어렵고 큰 유업을 계승하여 지금 12년이나 되었다. 그러나 나는 덕이 부족하여 위로는 천명(天命)을 두려워하지 못하고 아래로는 민심에 답하지 못하였으므로, … (중략) … 지난번 가산(嘉山)의 토적(土賊)이 변란을 일으켜 청천강 이북의 수많은 생령이 도탄에 빠지고 어육(魚肉)이 되었으니 나의 죄이다.
> - 『비변사등록』 -

① 중앙 관서에 소속된 공노비를 해방시켰다.
② 호조의 옛 사례를 모아 『탁지지』를 편찬하였다.
③ 삼정의 문란을 시정하기 위해 삼정이정청을 설치하였다.
④ 이순신에게 현충이라는 시호를 내리고 강감찬 사당을 건립하였다.

문 11. (가) ~ (나) 시기의 역사적 사실로 옳지 않은 것은?

	(가)	(나)	
7·4 남북공동성명		남북기본합의서	6·15 공동선언

① (가) - 북한이 아웅산 폭탄 테러 사건을 일으켰다.
② (가) - 남과 북이 동시에 유엔 회원국이 되었다.
③ (나) - 금강산 관광이 처음으로 시작되었다.
④ (나) - 개성 공업 지구가 조성되었다.

문 12. 다음 연보의 인물에 대한 설명으로 옳지 않은 것은?

> 1870년 충청도 진천에서 출생
> 1906년 서전서숙을 세워 민족 교육을 실시
> 1911년 권업회 조직
> 1917년 니콜리스크에서 사망

① 을사늑약 직후 조약 파기 상소를 일으켰다.
② 만국평화회의에 고종의 특사로 파견되었다.
③ 김규식 등과 함께 신한청년당을 조직하였다.
④ 대한 광복군 정부의 정통령으로 추대되었다.

문 13. ㉠과 ㉡에 들어갈 인물에 대한 설명으로 가장 옳은 것은?

> 조선 후기에 과학 및 기술 분야에서 많은 저술 활동이 이루어졌다. ㉠ 은(는) 『임원경제지』를 집필하여 농업기술 발달에 기여하였고, ㉡ 은(는) 『마과회통』을 저술하여 의학 분야 발달에 기여하였다.

① ㉠은(는) 천주교도를 탄압한 신유사옥 때 유배형에 처해졌다.
② ㉠은(는) 전국 주요 지역에 국가 시범 농장인 둔전을 설치하자고 제안하였다.
③ ㉡은(는) 유배 시절에 『자산어보』를 지어 어류 연구에 힘썼다.
④ ㉡은(는) 『반계수록』을 집필해 토지재분배의 필요성을 주장하였다.

문 14. 다음 글이 작성된 시기에 볼 수 있는 모습으로 가장 적절한 것은?

> 바야흐로 민족 공동의 이익을 위한 단일 기관의 설립을 요구하는 이 시기를 맞아 경향(京鄕)의 각 계급의 유지와 명제세, 김종협 두 분과 십수 명이 지난 8일 정오에 시내 황금정 1정목 조선 물산 장려회 회관 내에 모여, 조선의 전 지역을 망라한 조선 민족의 단일 전선을 조직하는 동시에 조선의 민족적 유일 기관으로 조선민흥회를 발기하기로 하였다.

① 황국 신민 서사를 암송하는 학생
② 보통학교 5학년 교실에서 공부하는 학생
③ 신문에 연재 중인 소설 『무정』을 읽는 청년
④ 대한 광복군 정부의 군사훈련에 참여한 청년

문 15. 다음 사설이 처음 게재되었던 신문에 대한 설명으로 가장 적절한 것은?

> 천만 뜻밖에도 5조약은 어떤 이유로 제출하였는고. 아! 저 개 돼지만도 못한 우리 정부의 대신이란 자들이 영달과 이득을 바라고 위협에 겁을 먹고 벌벌 떨면서 나라를 파는 도적이 되어, …(중략)… 오호라 찢어질 듯한 마음이여! 우리 2천 만 동포들이여 살았느냐? 죽었느냐?

① 일본의 검열을 피하기 위하여 베델을 발행인으로 초빙하여 만들었다.
② 윤치호가 주필이 된 후 관민공동회를 주도하는 역할을 수행하였다.
③ 국한문 혼용체를 사용한 일간지로 주로 유학자층의 계몽에 앞장섰다.
④ 천도교측에서 발행한 신문으로 일진회 등의 매국행위를 주로 비판하였다.

문 16. 고려 시대에 편찬된 역사서에 대한 설명으로 옳은 것을 고르면?

> ㄱ. 『삼국사기』 - 김부식이 주도한 관찬 사서로 기전체 서술 방식이다.
> ㄴ. 『해동고승전』 - 김대문이 이름난 승려들의 행적을 소개하였다.
> ㄷ. 『동명왕편』 - 이규보가 쓴 고구려 시조 동명왕을 찬양한 서사시이다.
> ㄹ. 『본조편년강목』 - 이제현이 성리학적 유교 사관에 입각하여 서술하였다.

① ㄱ, ㄴ
② ㄱ, ㄷ
③ ㄴ, ㄹ
④ ㄷ, ㄹ

문 17. 다음 비문이 지어진 시기의 사회 모습으로 가장 적절한 것은?

> 당나라 소종 황제가 중흥(中興)을 이루었을 때 전쟁과 흉년의 두 재앙이 서쪽에서 멈추어 동쪽에 와서, 나쁜 중에 더욱 나쁜 것이 없는 곳이 없고 굶어 죽고 싸우다 죽은 시체가 들판에 즐비하였다. 해인사의 별대덕(別大德)인 승훈(僧訓)이 이를 애통해 하더니 이에 도사(導師)의 힘을 베풀어 미혹한 무리의 마음을 이끌어 각자 벼 한 줌을 내게 하여 함께 옥돌로 삼층을 쌓았다.

① 당과의 계속된 전쟁으로 국가 재정이 악화되었다.
② 소(所)의 주민들이 신분 해방을 목적으로 반란을 일으켰다.
③ 농민들에 대한 수탈이 심해지면서 농민 봉기가 각지에서 일어났다.
④ 진골 귀족과 6두품 사이의 왕위 다툼으로 인해 왕권이 약화되었다.

문 18. (가)와 (나) 사이에 일어난 역사적 사실이 아닌 것을 고르면?

> (가) 무예가 장수 장문휴를 보내 등주자사(登州刺史) 위준을 공격하자, 문예를 보내 병사를 징발하여 토벌하게 하였다. 이어 김사란을 신라로 보내 병사를 일으켜 남쪽 국경을 공격하게 하였다.
> (나) 대명충이 왕위에 오른 지 1년 만에 죽으니, 그의 종부(從父)인 인수가 왕위를 잇고 연호를 건흥으로 고쳤다.

① 대흥이라는 연호를 사용하였다.
② 신라와 상설 교통로를 개설하였다.
③ 수도를 중경에서 상경, 다시 동경으로 옮겼다.
④ 당으로부터 발해군왕의 책봉을 받고, 국호를 발해로 바꾸었다.

문 19. 밑줄 그은 '이 사건' 이후의 사실로 옳지 않은 것은?

> 조선중앙일보와 동아일보는 베를린 올림픽에서 우승한 손기정 선수의 사진을 실으면서 가슴에 있던 일장기를 삭제했다. 이 사건으로 동아일보는 무기정간 처분을 당하였고, 조선중앙일보는 자진해서 휴간하였다.

① 브나로드 운동이라는 농촌 계몽 운동이 전개되었다.
② 수양동우회 사건으로 안창호, 이광수 등이 검거되었다.
③ 윤동주의 시집 『하늘과 바람과 별과 시』가 출간되었다.
④ 조선영화령이 공포되어 영화에 대한 탄압이 강화되었다.

문 20. (가), (나) 사건 사이에 있었던 사실로 옳지 않은 것은?

> (가) 한국 국민의 독립에 대한 긴박하고 정당한 요구를 인정하고, 한국을 민족적 독립 국가로 재건하기 위하여 한국 국민 중에서 대표자를 선출할 목적으로 유엔 한국 임시위원단을 설치하기로 한다.
> (나) 안전보장이사회는 …(중략)… 북한군의 대한민국에 대한 무력공격이 평화 파괴를 조성한다고 단정하였다. 이 지역에서 그 무력공격을 격퇴하고 국제적 평화와 안전을 회복시키기 위하여 필요한 원조를 대한민국에 제공하도록 국제연합 제 회원국에게 권고하였다.

① 제헌헌법이 공포되었다.
② 남조선과도입법의원이 구성되었다.
③ 귀속재산 처리를 위한 귀속재산처리법이 제정되었다.
④ 경교장에서 김구가 육군 소위 안두희에게 암살당하였다.

2023년 4월 22일 시행

SUPER 360 공통과목 모의고사
Vol.2 제9회

응시번호	
성 명	

문제책형
㉮

【시험 과목】

과목	제1과목	국어	제2과목	영어	제3과목	한국사
출제	국어 이윤주 / 영어 조태정 / 한국사 고종훈					

모의고사 관련 안내

1. 공통과목 3과목을 60분 안에 푼다는 360 모의고사의 취지를 감안하여 아래 표에 과목별 실제 풀이 시간을 분 단위로 기재하고 그 변화를 스스로 체크하시기 바랍니다.

과목	국어	영어	한국사
시간			

2. 모의고사 해설 강의
   - 시험 직후 메가공무원 홈페이지(www.megagong.net)의 SUPER 360 모의고사 해설강의 페이지를 이용해주시기 바랍니다.

※ 문제지는 시험 종료 후 가지고 갈 수 있습니다.
※ 이 모의고사의 내용을 무단 전재·복제·유포하는 행위는 법적으로 처벌을 받을 수 있습니다.

메가 공무원 온라인 강의 / 메가공무원 / www.megagong.net / 1644-8806
오프라인 강의 / 메가공무원학원 / gongssel.megagong.net / 02-3280-1010

국 어

문 1. 밑줄 친 부분을 같은 의미의 말로 바꾼 것 중 옳지 않은 것은?
① 이번 사건은 국제적으로도 우세스러운 일이다.
　⇨ 비웃음 받을만한
② 그는 하는 말마다 덧거리가 심해서 함께 대화하기가 싫어.
　⇨ 말대꾸
③ 동생은 요즘 빙퉁그러져서 엄마에게 미움을 받는다.
　⇨ 하는 짓이 비뚜로만 나가서
④ 학교 앞에 도로 공사를 하더니 길이 민틋해졌어.
　⇨ 울퉁불퉁하지 않고 평평해졌어

문 2. 밑줄 친 부분에 대한 설명으로 바르지 않은 것은?
① 그것은 내 잘못이 아니요.
　⇨ 형용사 '아니다'의 어간 '아니-'에 하오체 어미 '-오'가 붙은 꼴로 '아니오'가 맞다.
② 잇딴 범죄사건 때문에 밤길을 다니기가 두렵다.
　⇨ '잇딴'은 '잇따르다'의 잘못 쓰인 관형형 표현으로 '잇따른'이 맞다.
③ 가정에 행운이 가득하기를 기원하는 것으로 치사를 가늠합니다.
　⇨ '다른 것으로 바꾸어 대신함'의 의미로 쓰는 것은 '갈음'이다.
④ 장조림은 간장에다 쇠고기를 넣고 조림 반찬이다.
　⇨ '고기나 생선, 채소 따위를 양념하여 국물이 거의 없게 바짝 끓이다'의 의미이므로 '졸인'이 맞다.

문 3. <보기>의 로마자 표기법에 따를 때 잘못 표기한 것은?
　　　　　　　　― <보 기> ―
　자음 사이에서 동화 작용이 일어나거나 'ㄴ, ㄹ'이 덧나는 경우처럼 자음 사이에서 음운 변화가 일어날 때에는 변화의 결과에 따라 적는다.

① 꽃잎 ⇨ Kkonnip　② 강릉 ⇨ Gangneung
③ 금요일 ⇨ Geumnyoil　④ 낭림산 ⇨ Nangnimsan

문 4. 불필요한 요소의 중복 없이 어법에 맞게 쓴 문장은?
① 그 일의 결과는 너무나 뻔하므로 다시 재고할 여지도 없다.
② 그때 갑자기 무언가를 상기한 남자가 놀란 듯 자리에서 벌떡 일어났다.
③ 선생님의 강의는 심오해서 주의 깊게 주목하지 않으면 이해하기 어렵다.
④ 이란과 이라크의 갈등으로 국내 유가 상승이 계속 지속될 것으로 보인다.

문 5. 밑줄 친 부분의 단어 형성 방법이 다른 것은?
① 깨물어서 안 아픈 손가락 없다는 말이 있다.
② 왜병이 몰려들어 남문을 깨드리기 시작했다.
③ 고정관념을 깨부수지 않으면 발전은 이뤄지지 않는다.
④ 그의 옷매무새가 깨끔치 않아서 첫인상이 좋지 않았다.

문 6. <보기>의 ㉠~㉢에 들어갈 단어를 바르게 연결한 것은?
　　　　　　　　― <보 기> ―
• 정부의 사태 수습안은 오히려 국민들의 (㉠)만 가중시켰다.
• 적절한 대응덕분에 사전에 예상했던 만큼 큰 (㉡)은 없었다.
• 외래문화의 무분별한 수입은 오늘날 가치관의 (㉢)을 초래하였다.

	㉠	㉡	㉢		㉠	㉡	㉢
①	혼돈	혼잡	혼란	②	혼돈	혼란	혼잡
③	혼란	혼잡	혼돈	④	혼란	혼돈	혼잡

문 7. 다음 유래와 관련이 깊은 한자성어는?
　강태공(姜太公)이 제(齊)나라 영구(營丘)에 봉해져 계속해서 오대(五代)에 이르기까지 살았으나 주(周)나라에 와서 장례(葬禮)를 치렀다. 군자(君子)가 말하기를 "음악(音樂)은 그 자연적으로 발생하는 바를 즐기고 예는 그 근본을 잊지 않아야 한다."라고 했다.

① 隔靴爬癢　② 物我一體　③ 蓋棺事定　④ 首丘初心

문 8. 두 단어 간의 관계가 나머지와 다른 것은?
① 미연(未然) : 사전(事前)　② 가량(假量) : 짐작(斟酌)
③ 요지(要旨) : 골자(骨子)　④ 미명(未明) : 황혼(黃昏)

문 9. 다음 글에 나타난 파머의 태도와 가장 유사한 것은?
　아이티에서 의료 활동을 하는 파머는 중심지에서 멀리 떨어져 있는 환자들을 보기 위해 몇 시간씩 걸어 진료를 다니곤 했다. 그런 환자들을 보는 데 너무 많은 시간과 노력을 들인다는 주변의 우려에도 불구하고, 장거리 왕진을 계속하며 그는 이렇게 말했다. "그런 생각은 그 환자들의 생명이 다른 환자들의 생명보다 가치가 없다고 말하는 것이다."
　영양실조에 허덕이는 아이들이 살고 있는 아이티 농촌의 움막을 떠나 마이애미로 날아가 보면, 불과 7백마일 떨어진 그곳에서는 잘 차려입은 사람들이 다이어트에 관한 문제를 놓고 이야기꽃을 피우고 있었다. 파머는 잘사는 나라와 못사는 나라 사이에 이토록 큰 격차가 있다는 데 분노를 느꼈다. 그는 오래전 한 미국인 의사가 아이티를 떠나면서 남긴 말을 잊을 수가 없었다. "어째서 사람들은 이들을 돌보려고 하지 않죠? 저 불쌍한 사람들을 어떻게 모르는 척 할 수가 있는 거죠?"

① 의사의 아들은 병에 안 죽고, 약에 죽는다.
② 산다는 것, 그것은 자기의 운명을 발견하는 일이다.
③ 건강한 사람은 건강을 모르고, 병자만이 이를 안다.
④ 마음은 팔 수도, 살 수도 없는 것이지만 줄 수 있는 보물이다.

문 10. 다음 대화에 대한 설명으로 적절하지 않은 것은?
　여자: 최근에 사람들이 플라스틱 용기사용을 기피한대. 플라스틱 용기에서 나오는 다이옥신은 기형아 출산을 유발하니까.
　남자: 농약 묻은 식품이 더 문제야. 농약에 다이옥신이 많거든.
　여자: 그건 세척으로 제거할 수 있어. 하지만 플라스틱 제품은 그렇지 않아. 그러니까 더 위험한거지.
　남자: 플라스틱보다 식품 자체에 함유된 다이옥신이 더 큰 문제야. 농약 처리한 식물을 먹은 축산물에 다이옥신이 축적되고 축적된 다이옥신은 축산물 섭취로 언제든지 인체로 들어올 수 있어. 그러니까 음식을 통한 다이옥신 섭취를 줄여야 해.
　여자: 그것보단 플라스틱 용품 사용에 주의해야 훨씬 더 빨리 다이옥신 섭취를 줄일 수 있어. 예를 들면 비닐봉지에 식품을 오래 보관하지 않거나 일회용품 사용을 줄이는 방법으로 ……
　남자: 그것보다는 근본적인 대책이 더 필요하다니까. 가장 중요한 건 다이옥신을 식품으로부터 섭취하지 않는 거야. 야채와 과일은 되도록 깨끗이 세척한 뒤 먹어야 해. 또 축산물도 원산지를 확인해서 안전한 사료를 먹고 자란 동물인지를 파악해야 할 거야.

① 남녀 모두 다이옥신이 인체에 유해함에 대해서는 공감한다.
② 여자는 플라스틱 사용을 줄여 다이옥신 섭취를 줄여야 한다고 주장한다.
③ 남녀 모두 다이옥신 체내 유입을 줄일 수 있는 구체적인 방안을 제시하고 있다.
④ 남자는 다이옥신 체내 유입을 방지하려면 축산물 섭취를 줄여야 한다고 주장한다.

문 11. 다음 강연 내용과 일치하지 않는 것은?

> 소프트 싱킹이란 부드럽고 직관적이며 멀리서 보는 사고방식이고, 반면에 하드 싱킹이란 직선적이고 논리적이며 수치로 측정할 수 있는 사고방식을 말합니다. 하드 싱킹이 차이점을 꿰뚫는 관념이라면 소프트 싱킹은 전혀 다른 두 대상 간의 교집합을 찾는 관점입니다. 예를 들어 '고양이'와 '냉장고'를 가지고 공통점을 찾으라고 하면, 하드 싱킹을 하는 사람은 당황해 하며 "고양이는 동물이고 냉장고는 기계인데, 이 둘의 어떤 점이 공통된 거야?" 라고 말합니다. 하지만 소프트 싱킹을 하는 사람은 "둘 다 꼬리가 있고, 그 안에 생선을 넣을 수 있으며, 색깔이 다양해"라고 답합니다. 이렇듯 소프트 싱킹은 은유적이고 확산적이며, 유머와 재미가 있습니다. 반면 하드 싱킹은 논리적이고 구체적이며 정확하지만, 시야가 좁고 상황이 달라지면 적용이 안 됩니다. 그래서 일상생활이나 비즈니스에서는 이 두 가지 방식을 적절하게 사용해야 합니다. 번뜩이는 아이디어가 필요할 때는 소프트 싱킹이 유용합니다. 자유롭게 브레인스토밍을 해야 작은 단서에서 새로운 아이디어를 낼 수 있기 때문입니다. 하지만 그 다음 실행단계에서는 하드 싱킹을 발휘해야 합니다. 숫자로 측정하고, 논리적으로 실행 계획을 세우며, 솔루션을 정교하게 만들었을 때 기획한 일을 잘 실행할 수 있기 때문이죠.

① 소프트 싱킹은 유연하고 구체적이며 논리적으로 정교하다는 특징이 있다.
② 하드 싱킹만으로는 새로운 것을 만들거나 없었던 기회를 창출하기 어렵다.
③ 하드 싱킹이나 소프트 싱킹 둘 중 하나만으로는 완전한 성공을 얻기 어렵다.
④ 착안 단계에서는 소프트 싱킹을, 계획과 추진 단계에서는 하드 싱킹을 사용해야 한다.

문 12. 다음을 바탕으로 글을 쓰려고 할 때 ㉮에 들어갈 내용으로 적절하지 않은 것은?

> 최근 들어 4년제 대학을 졸업한 뒤 전문대학으로 재입학하는 학력 U턴 현상이 심각해지고 있다. 이는 경기 침체가 지속되면서 4년제 대학 졸업자 10명 가운데 4명이 취업을 못하는 등 취업난이 가중되고 있기 때문이다. 한편 학생들이 인력이 많이 필요한 이공 계열을 기피하는 현상 때문에 이공 계열 기업에서는 인력난에 시달리고 있다. 이런 취업 전선의 빈익빈 부익부 현상에 대해 전문가들은 대학의 인력 양성 제도가 시장의 수요를 유연하게 반영하지 못하는 것도 문제를 심화시키고 있다고 지적한다. 따라서 ㉮

① 새로운 직종 및 업종의 개발을 통해 다양한 분야의 일자리를 창출한다.
② 대학에서는 학생들의 이공 계열 지원을 위한 다양한 유인책을 마련한다.
③ 대학에서는 사회 변화와 기업 요구를 반영할 수 있는 진로 지도를 강화한다.
④ 무분별한 대학 설립을 막고 대학 운영의 효율을 높이는 다양한 방안을 강구한다.

문 13. 다음 글의 ㉠~㉣에서 논지 전개의 일관성을 해치므로 삭제해야 할 부분은?

> 세계는 무한경쟁의 시대에 접어들었으며 지식기반사회를 지향하고 있다. 교육이 이런 지식기반사회 구축을 위한 핵심적인 역할을 수행해 나가야 한다. ㉠그런데 현재 우리나라는 28년 동안 시행되었던 평준화제도로 학생들의 학력 수준이 저평준화되어 인적자원 경쟁력이 더욱 떨어지고 있는 실정이다. 이러한 ㉡무한경쟁시대를 헤쳐 나가려면 경쟁 원리를 도입해 교육의 질을 높여야 한다. ㉢현재 우리나라에 설립된 고등학교의 절반 정도가 사립학교이며, 또한 전체 고등학교의 95% 이상이 정부로부터 재정결함 보조금을 받고 있다. 그런데 ㉣평준화 정책이 공사립 학교간 차이를 극소화하므로 학교운영에 사학의 자율성이나 특수성을 반영하기 어렵게 하고 있다. 일부에서는 학교 교육의 질을 높이기 위해서 학교 선택권의 다양성 보장 및 학생의 선발권과 등록금 책정에 자율권을 갖는 자립형 사립학교의 필요성을 제기해야 한다.

① ㉠   ② ㉡   ③ ㉢   ④ ㉣

문 14. 글의 흐름이 자연스럽게 드러나도록 순서를 바르게 배열한 것은?

> (가) 미국질병통제센터는 1981년 6월 5일 지금까지 미국에서는 볼 수 없던 새로운 질병에 걸린 환자 5명이 발생했다는 보고서를 발표했다. 이들 5명은 모두 남자였고 동성애자였으며 원인불명의 폐렴을 앓고 있었다. 그리고 프랑스에서는 파스퇴르 연구소의 연구팀이 에이즈 초기단계인 환자로부터 채취한 세포에서 바이러스를 가지고 있을 것으로 추정되는 물질을 발견했다.
> (나) 그런데 에이즈는 발견 후 30년이 지난 지금까지 왜 예방접종법을 개발하지 못하고 있는 것일까? 바로 인체면역결핍바이러스가 변이를 잘 일으키기 때문이다. 즉 인체가 바이러스의 일부를 인식해 면역기능을 나타낼 수 있도록 예방백신을 제조해 봐야 바이러스가 쉽게 변이를 일으키기 때문에 예방백신에 의해 강화된 면역기능이 제 기능을 못하는 것이다.
> (다) 면역기능이 약화되는 원인은 인체면역결핍바이러스가 피 속에서 면역기능을 담당하는 T세포를 파괴하기 때문이다. 인체면역결핍바이러스가 감염됐다 하더라도 T세포가 파괴돼 인체의 면역기능이 결핍되기까지는 수개월에서 수년 정도의 시간이 필요하다. 따라서 바이러스가 감염된 상태는 '바이러스 보균자'에 해당하고 시간이 흘러 면역기능에 이상이 생긴 경우를 '에이즈'에 걸린 것으로 판단한다. 인체에 감염된 인체면역결핍바이러스는 면역세포인 CD4 양성을 가진 T세포를 파괴하고 그 결과 면역력이 떨어져 여러 가지 다른 질병에 걸릴 가능성이 높아진다. 결국에는 이차적으로 발생한 질병에 의해 사망에 이르게 된다.
> (라) 이러한 연구를 토대로 미국에서는 1983년 에이즈가 바이러스에 의해 발생된다는 가설을 발표했으며 이듬 해에는 에이즈의 원인이 되는 인체면역결핍바이러스를 분리해냈다. 1985년에 에이즈 진단을 받은 환자가 1만 명을 넘어섰다. 그때부터 2007년까지 전 세계적으로 2,000만 명이 넘는 환자들이 발생했다. 에이즈(AIDS)는 후천성 면역결핍증(acquired immune deficiency syndrome)의 약칭이다. 이 병에 걸리면 인체에 해로운 물질이나 미생물이 몸 속에 침입했을 경우 방어에 필요한 면역기능이 약화돼 해를 입게 된다.

① (가) - (나) - (다) - (라)
② (가) - (나) - (라) - (다)
③ (가) - (다) - (라) - (나)
④ (가) - (라) - (다) - (나)

문 15. <보기>를 참고해 다음을 이해한 것으로 적절하지 않은 것은?

> 내 님믈 그리ᄉᆞ와 우니다니
> 산(山) 졉동새 난 이슷ᄒᆞ요이다
> 아니시며 거츠르신 ᄃᆞᆯ 아으
> 잔월효성(殘月曉星)이 아ᄅᆞ시리이다
> 넉시라도 님은 ᄒᆞᆫᄃᆡ 녀져라 아으
> 벼기더시니 뉘러시니잇가
> 과(過)도 허믈도 천만(千萬) 업소이다
> ᄆᆞᆯ힛 마리신뎌*
> ᄉᆞᆯ읏븐 뎌 아으
> 니미 나ᄅᆞᆯ ᄒᆞ마 니ᄌᆞ시니잇가
> 아소 님하 도람 드르샤 괴오쇼셔
> — 정서, 〈정과정〉
>
> *ᄆᆞᆯ힛 마리신뎌: 뭇 사람들의 참소하는 말입니다.

―〈보 기〉―

작자인 정서(鄭敍)가 역모에 가담했다는 죄명으로 귀양을 가게 되자, 의종(毅宗)은 "오늘은 어쩔 수 없으나, 가 있으면 다시 부르겠다."라고 하였다. 그러나 아무리 기다려도 왕의 소식이 없자, 정서는 왕에게 자신의 결백을 드러내고 자신에게 한 약속을 상기시키고자 이 작품을 지었다. 이 작품은 왕에 대한 원망과 그리움을 사랑하는 이와 헤어진 여성 화자의 마음에 빗대어 표현한 '충신연주지사(忠臣戀主之詞)'의 시초다.

① 1, 2행에서 접동새의 울음은 님에 대한 그리움과 억울함을 표상한다.
② 4행에서 잔월효성(殘月曉星)은 화자의 결백을 알고 있는 존재에 해당한다.
③ 5행에서 화자는 자신의 소망을 직접적 진술로 드러내고 있다.
④ 7행은 왕을 모시고 싶다는 화자의 충정을 드러내고 있다.

문 16. 다음을 바탕으로 〈보기〉를 이해한 내용으로 적절하지 않은 것은?

법과 도덕은 인간의 올바른 행위를 위한 규범이다.
옐리네크(G. Jellinek)는 법과 도덕을 포함 관계로 설정하였다. 그는 법은 도덕 가운데에서 특별히 그 실현을 강제할 필요가 있는 경우에 한하여 성립한다고 보아, 법은 '도덕의 최소한(ethisches Minimum)'이라는 말을 남겼다. 이와 달리 슈몰러(G. Schmoller)는 법의 효력을 중시하여, 법에는 강제력이 있으므로 도덕보다는 실효성이 확고하다고 보았다. 따라서 도덕적 가치의 실현이 법을 통해 가능하다는 의미에서 법은 '도덕의 최대한(ethisches Maximum)'이라 하였다. 법과 도덕의 관계를 바라보는 측면에 따라 이렇듯 상이한 견해가 나온 것이다.
그러나 슈몰러의 견해와 같이 법을 통해 도덕이 실현될 가능성이 있다고 하더라도 모든 경우에 그러한 것은 아니다. 오히려 법 자체가 도덕을 해칠 경우도 있기 때문이다. 1794년에 제정된 프로이센의 '일반란트법(Allgemeines Landrecht)' 제179조에서는 부부가 서로를 존중해야 한다는 점까지 법제화하였으나 강제규범으로 효력이 있는지는 의문시된다. 이렇듯 도덕적 영역에 속하는 사항을 법제화한다고 해서 그 법이 모두 본래의 목적을 달성하기는 어려운 것이다. 그러므로 라드브루흐(G. Radbruch)는 "법은 도덕을 실현할 가능성과 동시에 부도덕을 실현할 가능성도 지닌다."라고 지적하였다. 1919년에 제정된 미국의 '금주법(Prohibition Act)'은 도덕적 차원의 문제를 법의 강제력으로 실현하려 하였으나 법으로서의 규범적 기능을 상실하여 사문화된 대표적 사례이다. 물론, 그렇다고 하여 위법이 아니기 때문에 그것이 반드시 도덕적 허용 대상이 된다고 할 수도 없다.

―〈보 기〉―

㉮ 프랑스 형법 제63조는 "자기가 위험에 빠지지 아니함에도 위험에 처해 있는 자를 구조하지 아니한 자는 징역형 또는 벌금형에 처한다."라고 규정하고 있다. 강도를 만나 죽을 위기에 처한 낯선 사람을 한 사마리아인이 돌보아 주었던 일화에 착안하여 이 법을 '착한 사마리아인 법'이라 부르기도 한다.
한편 우리 헌법 재판소는 2015. 2. 26. ㉯간통죄 위헌 결정에서 "배우자가 있는 자가 간통한 때에는 2년 이하의 징역에 처한다."라고 규정한 형법 제241조를 위헌이라 결정한 바 있다. 헌법 재판소는 부부 간의 정조 의무를 위반한 행위가 비도덕적이기는 하나 법으로 처벌 사항은 아니라고 판시하였다.

① ㉮는 도덕적 가치의 실현이 법을 통해 가능하다는 전제를 바탕으로 하는군.
② ㉮는 프로이센 '일반란트법'의 제179조나 미국의 '금주법'과 그 취지가 상통하는군.
③ ㉯는 도덕의 영역이 법의 영역보다 기본적으로 더 크다는 전제를 바탕으로 하는군.
④ ㉯는 도덕적으로 허용되지 않는 행위는 반드시 위법한 행위가 된다고 보는 취지이군.

문 17. 다음 시의 특징으로 적절한 것은?

> 1
> 겨울나무들이 동안거(冬安居)*한다.
> 열매들을 다 놓아버린
> 알몸에 서리 내린다.
>
> 2
> 앙상한 사람들 중에서도
> 참하게 앙상한 사람은
> 암자가 불타버린
> 스님
>
> 3
> 재 한 점,
> 재 한 점으로 지평선에 서 있는 사람,
> 자코메티* 씨에게 인사시키고 싶은데
> 자코메티 씨는 앙상한 조각들을 남기고
> 벌써 입적했다.
>
> 4
> 앙상함도 존재의 한 방식이다.
> 군더더기가 없는
> 보석,
> 알몸,
> 앙상함의 극치에서 태어나는
> 보석
> 알몸
> 성자.
> — 최승호, 〈앙상함〉
>
> *동안거(冬安居): 겨울 동안에 승려들이 한곳에 모여서 도업을 수행하는 것.
> *자코메티: 스위스 조각가. 인물을 가늘고 길게 표현하여 고독한 느낌을 주는 조각상을 주로 만듦.

① 색채의 대비를 통하여 화자의 정서를 부각시키고 있다.
② 자연물과 인간의 삶을 대응시켜 시상을 전개하고 있다.
③ 회상적 어조를 사용하여 고백적 분위기를 조성하고 있다.
④ 특정한 종결 어미를 사용하여 형식의 통일성을 꾀하고 있다.

[문 18 ~ 문 19] 다음 글을 읽고 물음에 답하시오.

　천자가 깜짝 놀라 조정의 모든 신하를 불러 의논했다. 우승상 정영태가 말했다.
　"이 도적은 좌승상 평국을 보내야 막을 수 있을 것입니다. 빨리 평국을 부르십시오."
　천자가 듣고 곰곰이 생각하다가 말했다.
　"평국이 예전에는 밖에 나와 일을 했기에 불렀지만, 지금은 규중에 머물러 있는 여자인지라 차마 불러 낼 수가 없는데, 어찌 전쟁터로 보내겠는가?"
　이에 모든 신하가 말했다.
　"평국이 비록 지금 아녀자로 집 안에 있으나, 조야에 이름이 있고 작록을 거두지 않았는데, 어찌 아녀자라 하여 거리끼겠습니까?"
　천자가 마지못해 급히 평국을 불렀다.
　평국은 집 안에서 홀로 지내면서 날마다 시녀들을 데리고 장기와 바둑을 두며 세월을 보내고 있었다. 이때 사관이 와서 천자가 부르는 명령을 전하자, 평국이 깜짝 놀라 곧바로 여자 옷을 벗고 조복으로 갈아입은 뒤 사관을 따라가 천자 앞에 엎드렸다. 천자가 매우 기뻐하며 말했다.
　(A)"그대가 집 안에 머문 후로 오랫동안 보지 못해 밤낮으로 보고 싶었는데, 이제 그대를 보니 기쁘기 한이 없도다. 짐이 덕이 없어 지금 오나라와 초나라 양국이 반역하여, 호주 북쪽 지방을 쳐서 항복을 받고 남관을 열어젖히고 황성을 침범하려 한다고 하니, 그대는 나아가 나라와 조정을 편안하게 지키도록 하라."
　평국이 엎드려 아뢰었다.
　(B)"제가 외람되게 폐하를 속이고 높은 관직에 올라 영화롭게 지내기가 황공했는데, 저의 죄를 용서하시고 이처럼 사랑하시니, 제가 비록 어리석으나 힘을 다해 성은을 만분의 일이나 갚고자 합니다. 폐하는 근심하지 마옵소서."
　천자가 매우 기뻐하며 즉시 천병만마를 뽑아 모으도록 했다. 삼남원에 진을 치고 홍 원수가 친히 붓을 잡아 보국에게 명령을 내렸다.
　"적병이 급하니 중군장은 급히 대령하여 군령을 어기지 마라."
　보국이 이 명령을 보고 분함을 이기지 못해 부모께 여쭈었다.
　"계월이 또 저를 중군장으로 부리려 하니, 이런 일이 어디 있습니까?"
　여공이 말했다.
　"전날 내가 너에게 뭐라고 이르더냐? 계월을 괄시하다가 이런 일을 당하니, 어찌 그르다 하겠느냐? 나랏일이 매우 중하니, 어떻게 해 볼 수가 없다."
　여공은 보국에게 가라고 재촉했다. 보국은 할 수 없이 바삐 갑주를 갖추고 진중에 나아가 홍 원수 앞에 엎드리니, 홍 원수가 분부했다.
　"만일 명령을 거역하는 자가 있으면, 군법을 시행할 것이다."
　보국이 두려워하며 처소로 돌아와 명령 내리기를 기다렸다. 홍 원수가 장수들에게 각각의 임무를 정해 주고 가을날 구월 갑자일에 행군을 시작했다. 십일월 초하룻날 남관에 당도해 삼일 동안 군사를 머물게 하고, 즉시 떠나 오일에 천촉산을 지나 영경루에 다다랐다. 적병이 평원광야에 진을 치고 철통같이 지키고 있었다.
　홍 원수가 적진 가까이 진을 치고 명령했다.
　"명령을 어기는 자가 있으면, 세워 두고 벨 것이다."
　호령이 서릿발 같아, 모든 장수와 군졸들이 두려워하며 어찌할 줄 몰라 했다. 보국 또한 매우 조심했다.
　　　　　　　　　　　　　　　　　　　　　　- 작자 미상, 〈홍계월전〉

문 18. 윗글에 대한 설명으로 적절하지 않은 것은?
① 천자는 평국을 전쟁터로 보내는 것에 대해 썩 내켜 하지 않았다.
② 장수와 군졸들은 홍 원수의 서릿발 같은 명령에 두려움을 느꼈다.
③ 여공은 홍 원수가 보국을 중군장으로 임명한 것을 다행으로 여겼다.
④ 평국은 천자가 부르기 전에는 시녀들과 한가한 나날을 보내고 있었다.

문 19. (A)와 (B)에 대한 설명으로 가장 적절한 것은?
① (A)와 (B) 모두 상대방을 위로하며 안심시키고 있다.
② (A)와 (B) 모두 상대방에 대한 반가움을 적극적으로 표현하고 있다.
③ (A)에서는 잘못에 대한 책임을 자신에게, (B)에서는 잘못을 바로잡는 책무를 상대방에게 전가하고 있다.
④ (A)에서는 현재의 상황을 토대로 자신이 원하는 바를, (B)에서는 과거의 경험을 근거로 다짐을 드러내고 있다.

문 20. 다음 견해에 대한 평가로 적절한 것을 〈보기〉에서 모두 고른 것은?

　인간은 왜 과거는 기억하는데, 미래를 기억하지는 못하는가? 어떤 이들은 이에 대해 과거와 미래의 존재론적 차이가 이런 결과를 유발한다고 주장한다. 하지만, 과거와 미래를 나누는 기준은 바로 '지금' 존재하는 우리들이라는 점만 보아도 과거와 미래가 존재론적으로 구별되는 것이라는 입장은 설득력이 없다. 따라서 우리는 이와는 다른 설명이 필요하다.
　위의 질문에 대한 가장 그럴듯한 대답 중 하나는 우리의 뇌의 작용과 엔트로피 사이에 성립할지도 모르는 관계가 그 원인이라는 것이다. 열역학 제3법칙이 우리에게 말해 주듯이, 엔트로피의 변화 방향은 비대칭적이다. 즉, 시간이 흐름에 따라 엔트로피가 증가하는 일은 가능하지만, 엔트로피가 감소하는 일은 가능하지 않다. 만약 우리의 뇌의 작용이 이러한 엔트로피와 긴밀히 연결되어 있다면, 우리의 뇌의 기능 역시 시간에 대해 비대칭적일 수 있고, 이로부터 기억의 시간에 대한 비대칭성이 설명될 수 있다.

〈보 기〉
ㄱ. 논자는 우리가 과거는 기억하지만 미래는 기억하지 못하는 이유를 과거와 미래의 속성 그 자체의 차이에서는 찾을 수 없다고 본다.
ㄴ. 논자는 어떤 가설이 현상을 얼마나 잘 설명할 수 있는지 여부보다 그 가설이 얼마나 참일 가능성이 높은지에 더 많은 관심을 가지고 있다.
ㄷ. 시간이 흐름에 따라 엔트로피가 감소할 수 있다는 통계역학적 연구 결과는 논증을 약화시킨다.

① ㄱ
② ㄴ, ㄷ
③ ㄱ, ㄷ
④ ㄱ, ㄴ, ㄷ

문 1. 밑줄 친 단어의 뜻과 가장 유사한 것은?

> I am very confused because the arguments about bad mangers and the good ones do not hold water in many cases.

① incessant ② valid ③ uneasy ④ legitimate

문 2. 빈칸에 들어갈 것으로 가장 적절한 것은?

> If you are _____ in vitamin, you may experience confusion, loss of memory, and a general feeling of tiredness.

① impulsive ② normal ③ deficient ④ loquacious

문 3. 빈칸에 들어갈 것으로 가장 적절한 것은?

> When thinking about buying an air-conditioner, consumers are advised to do some _____ research before making a purchase.

① indifferent ② apathetic ③ adverse ④ preliminary

문 4. 빈칸에 들어갈 것으로 가장 적절한 것은?

> David, spokesman of that restaurant, one of nation's big fast food chains expressed _____ over the KFDA's recent decision, claiming the restriction is far too excessive.

① hypothesis ② discontent ③ satisfaction ④ vigor

문 5. 밑줄 친 단어의 뜻과 가장 유사한 것은?

> It is anything but absurd to want to protect people of any age from the dangers of cigarette smoke.

① nearly ② only ③ immediately ④ never

문 6. 다음 중 어법상 틀린 것은?

> "News" does not always mean something ① that is unquestionably true. Although the news seems ② to be based on facts, these facts are interpreted and reported the way media chooses to report them. For example, some information that appears as news ③ is really only speculation or theories formed by the reporters. Furthermore, many journalists and reporters sensationalize or dramatize a news event in order to make a story more ④ interested. Unfortunately, sensationalism often bends the truth and causes anguish to the people it victimizes.

문 7. 다음 글의 제목으로 가장 적절한 것은?

> The mere exposure effect describes our tendency to develop preferences for things simply because we are familiar with them. For this reason, it is also known as the familiarity principle. The mere exposure effect can result in suboptimal decision-making. Good decisions are made by evaluating all possible courses of actions based on their effectiveness, not their familiarity. When deciding between alternatives, we shouldn't be choosing the familiar option, we should be choosing the best option. This is because sometimes the best option is not the most familiar one. Sometimes the most effective course of action is the one that is unfamiliar to us. Moreover, sticking with what we know limits our exposure to new things, ideas, and viewpoints.

① Difficult Decision-Making: Excessive Number of Alternatives
② Choose The Familiar Thing Not The Worst Thing
③ Familiar Ones Are Not Always The Best
④ Disadvantages of Limited Viewpoints and Ideas

문 8. 어법상 옳은 것은?

① The number of Internet users are really growing.
② We used to going sailing on the lake in summer.
③ The answers the children gave were extremely revealing.
④ All flights have cancelled because of bad weather.

문 9. 다음 중 글의 흐름상 맞지 않는 것은?

> As products evolve, they tend to become lighter in weight and often smaller. Washing machines manufactured in the 1960s were much ① heavier than comparable machines manufactured today. The same is true of other household appliances, automobiles, and electronic items. This decrease in the weight of products over time is known as dematerialization. Ideally, dematerialization is ② detrimental to the environment because it reduces the quantity of waste during both production and consumption. Although dematerialization gives such appearance of reducing consumption of minerals and other materials, it sometimes has the ③ opposite effect. Because repairing broken lightweight items is difficult and may cost more than the original products, retailers and manufacturers encourage consumers to ④ replace rather than repair the items. In other words, although the weight of materials being used to make each item has decreased, the number of such items being used in a given period may actually have increased.

문 10. 다음 글의 빈칸 (A), (B)에 들어갈 말로 가장 적절한 것은?

Plagiarism is becoming ubiquitous in academia as an increase in AI-powered writing tools become more advanced and available to students.   (A) , educators are faced with preventing, identifying, and stopping plagiarism even as plagiarism becomes increasingly harder to detect.   (B) , why should educators even continue to tackle plagiarism? According to a recent study, there was a marked increase globally in paraphrasing and text replacement during the pandemic in 2020 compared to 2019. The average similarity score, which is the score that comes from detecting what content was paraphrased versus what is original, increased from 35.1 percent to 49.6 percent.

	(A)	(B)		(A)	(B)
①	As a result	But	②	As a result	For example
③	Nevertheless	But	④	Nevertheless	For example

문 11. 다음 대화 중 가장 어색한 것은?
① A: So how was it teaching my class?
   B: It was great. It was really exciting.
② A: Hey, you missed a great party!
   B: I know. I'm sorry I missed it. I had to work late.
③ A: You are glowing with excitement.
   B: I'am milking the bull.
④ A: What time did the party break up?
   B: It ended around 2A.M.

문 12. 밑줄 친 부분에 들어갈 말로 가장 적절한 것은?

A: So, what is today's menu?
B: I'll make pasta.
A: Your signature menu! Do you need any help?
B: Sure! Would you open up that can?
A: No problem. But …… how do I open this?
B: Wait, I bought the other day. I put it in the …….
A: Are you talking about this?
B: Yeah, I got that from Costco. It seemed to be useful.
A: _____.

① It will come off soon.
② You are keep putting on a show.
③ It sure comes in handy.
④ You will be called to account.

문 13. 다음 글의 내용과 일치하지 않는 것은?

Iceboxes are usually rather ugly looking things made out of bulky plastic with a thick lid. But attractive aesthetics are sacrificed for good reason - insulation. The walls of an icebox consist of multiple layers, filled with an insulating material such as polystyrene that is full of air pockets. Air is a poor conductor of heat, so the gaps in the foam help to slow down the energy transfer of heat from the outside to the inside of the box. When cold food is placed into the icebox and the lid is shut, very little heat can reach the food via convection because warm air from the outside cannot pass through the box. Some iceboxes or cool bags also have a reflective outer coating to deflect radiation, such as sunlight, away from the precious picnic cargo.

*convection (열·전기의) 대류

① The walls of the icebox are filled with insulating material.
② The air between the foams slows the transfer of heat.
③ The warm air outside cannot pass through the icebox with its lid closed.
④ The coating of the icebox gets easily susceptible to the heat of the sun.

문 14. 다음 중 어법상 틀린 것은?

① As with any program of exercise, you have to discipline yourself and make reading the newspaper ② a part of your everyday routine. And just as exercise makes your body stronger, reading makes your mind stronger. It broadens your interests, ③ gives you that ability to think critically about important issues, and enables you ④ participate in interesting conversations.

문 15. 어법상 옳은 것은?
① One of the most interesting episodes in the book is occurred in Chapter 4.
② Many a day has passed since the war broke out.
③ While eating dessert, we ponder that we should do afterwards.
④ The company conducts the assessment study every five year.

문 16. 주어진 글 다음에 이어질 글의 순서로 가장 적절한 것은?

A zero-sum game describes a relationship, competition, or business deal where one person's gain is the other person's loss.

(A) A non-zero-sum game can also yield equally negative consequences for both parties—a lose-lose situation. For example, if two sports teams traded players but one team's player got injured and the other team's player chose to retire rather than accept the trade, it would be a lose-lose situation.

(B) The phrase "zero-sum game" comes from game theory and the notion that if one person wins and the other person loses, this produces a net gain of zero. In a non-zero-sum game, however, the fortunes of both parties can rise and fall together.

(C) The best type of non-zero-sum game is a win-win situation, where both parties benefit from a deal. For instance, if two sports teams trade players with one another and each team satisfies a need, the trade produces a net positive sum.

① (B) - (A) - (C)
② (B) - (C) - (A)
③ (C) - (A) - (B)
④ (C) - (B) - (A)

문 17. 주어진 문장이 들어갈 위치로 가장 적절한 것은?

> Rather than try to reverse that, we need to embrace it and adapt.

There is no reason the world's population must keep growing or even remain level. (①) And just as earlier panic led to harmful policies in China and elsewhere, efforts to raise fertility, which may prove futile, risk viewing women once again as birth machines. Global population will inevitably decline. (②) Fewer people on the planet may reduce humanity's ecological footprint and competition for finite resources. (③) Rich nations come to rely more on immigrants from poorer countries, those migrants gain greater access to the global prosperity currently concentrated in the developed world. (④) This new demography brings new challenges, including the need to offer quality and affordable child care, make college education more affordable and equitable, provide guaranteed minimum income and make societies more gender equal.

문 18. 다음 글의 흐름상 가장 어색한 문장은?

Robert Bunsen invented the Bunsen burner in the mid-19th century as a means to an end. A modern Bunsen burner consists of a straight metal tube, measuring about 13 centimeters (five inches) long, attached to a base stand. A thin rubber tube known as a gas hose connects to the bottom and supplies gas to the Bunsen. ① The metal collar works to adjust the amount of air that enters the tube by altering the size of the air hole at the base. ② By allowing air and therefore oxygen to mix with the gas, a hotter and more complete reaction occurs, causing a very hot, blue flame to be produced. ③ Open flames are not recommended for use in the lab, since open flames generate aerosols, which may contain pathogens. ④ The Bunsen still has an abundance of laboratory applications today, including sterilization and fixing cells to microscope slides.

문 19. 빈칸에 들어갈 말로 가장 적절한 것은?

A predictive model focuses on estimating the value of some particular target variable of interest. An intuitive way of thinking about extracting patterns from data in a supervised manner is to try to segment the population into subgroups that have different values for the target variable. The segmentation may at the same time provide a human-understandable set of segmentation patterns. One such segment expressed might be: "Middle-aged professionals who reside in New York City on average have a churn rate of 5%." Specifically, the term "middle-aged professionals who reside in New York City" is the definition of _____, which references some particular attributes, and "a churn rate of 5%" describes the predicted value of the target variable for the segment.

*churn rate 이직률

① the universality
② the tradition
③ the enhancement
④ the segment

문 20. 다음 글의 요지로 가장 적절한 것은?

Change is a fact of life for all people. Adapting to change in an environment as complex and unpredictable as the world's energy usage is perhaps the supreme challenge. In response to the rising cost of fuel, many airlines - including American, Delta, and United - are taking their less fuel-efficient aircraft out of service and eliminating flights. Although some change may be the result of sudden crises, more often it is the result of a gradual trend in lifestyle, income, population, and other factors. Consumers are increasingly interested in buying "green" products - goods that minimize their impact on the environment. Technology can also trigger a sudden change in the marketplace: in one fell swoop, it appeared that Internet music downloads had replaced traditional CDs. And within mere months of offering its iPhone, Apple introduced the iPod touch MP3 player, which borrowed touch-screen technology from the iPhone.

① The common strategy required in many industrial sectors is to adapt to the climate change.
② Companies that fail to respond quickly to changes in consumers fail.
③ The impact of technological change on business activity can be detrimental.
④ To adapt to the new reality, leaders have to change how they think.

한 국 사

문 1. (가)와 (나)의 나라에 대한 설명으로 옳은 것은?

(가) 이 나라의 의복은 고구려와 대략 같다. … 나솔 이상은 관(冠)을 은꽃으로 장식한다. 장덕은 자주색 띠, 시덕은 검은 띠, … 무독부터 극우까지는 모두 흰 띠를 착용한다.
(나) 이 나라의 관직자들은 두 개의 새 깃털로 장식한 모자를 썼다. 나라의 동쪽에는 수혈이라고 하는 큰 굴이 있는데, 이곳에서 왕이 직접 제사를 지냈다. 이 나라 사람들은 구들을 놓아 불을 지피는 탕식으로 난방을 해서 겨울을 따뜻하게 보냈다.

① (가) - 형과 사자를 중심으로 여러 관등이 분화되었다.
② (가) - 지배층의 대부분은 고구려계, 주민의 다수는 말갈인이었다.
③ (나) - 남의 물건을 훔치면 물건 값의 12배를 배상하게 하였다.
④ (나) - 12월에 제천행사가 열렸으며, 1세기 초에 왕호를 사용하였다.

문 2. 다음은 역사적 사실을 순서대로 나열한 것이다. 다음 (가)와 (나)에 들어갈 역사적 사실로 옳지 않은 것은?

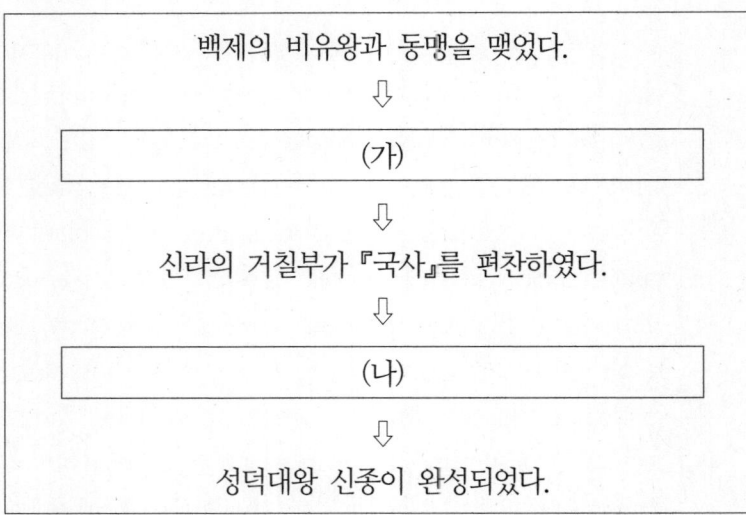

① (가) 수나라에 군사를 청하는 글을 지어 보냈다.
② (가) 우역을 설치하고 관도를 정비하였다.
③ (나) 황룡사 9층 목탑이 건립되었다.
④ (나) 김대성이 석굴암을 만들었다.

문 3. 다음 중 고려 후기 정치 동향으로 옳지 않은 것은?
① 부원배들은 고려를 원의 직할령으로 만들자는 주장을 하였다.
② 충선왕은 사림원을 설치하여 정치 개혁을 추진하였다.
③ 충숙왕은 찰리변위도감을 설치하여 개혁정치를 주도하고자 하였다.
④ 충혜왕은 정치도감을 설치하여 국가 재정 확보 및 민생 안정을 꾀하였다.

문 4. (가)와 (나) 사건 사이에 있었던 사실로 옳은 것은?

(가) 임금은 변이 일어났다는 소식을 듣고 급히 대원군을 불렀으며 대원군은 난병들을 따라 들어갔다. …(중략)… 민겸호가 황급히 대원군을 쳐다보고 호소하되, "대감, 날 좀 살려 주시오!" 하였다. 대원군은 쓴웃음을 지으며, "내 어찌 대감을 살릴 수 있겠소." 하였다.
- 『매천야록』 -
(나) 청나라 제독군문 원세개가 대궐에 들어와 호위했다. 일본 군대는 퇴각했으며 임금은 북관묘에 행차하셨다. 홍영식과 박영교는 죽임을 당했다. 박영효, 김옥균, 서광범, 서재필 등은 일본군을 끼고 도망쳤다. 임금이 환궁할 때에 원세개는 하도감에 주둔하고 있었다.
- 『매천야록』 -

① 통리기무아문이 설치되었다.
② 이만손 등이 영남 만인소를 올렸다.
③ 영국이 거문도를 불법으로 점령하였다.
④ 묄렌도르프가 조선의 외교와 세관 업무를 맡았다.

문 5. (가)에 들어갈 인물로 옳은 것은?

(가) 의 약력
• 1917년 대동단결 선언 발표 참여
• 1930년 상하이에서 이동녕 등과 한국독립당 결성
• 1941년 대한민국 임시 정부의 건국 강령에서 삼균주의 제창
• 1945년 대한민국 임시 정부 외무부장
• 1950년 제2대 국회의원 최다 득표로 당선

① 조선학 운동에 앞장섰다.
② 조선 건국 동맹을 조직하였다.
③ 연합성 신민주주의를 표방하였다.
④ 남북 지도자 연석회의에 참석하였다.

문 6. 밑줄 친 '이 나라'의 경제 상황에 대한 설명으로 옳지 않은 것은?

농민은 소를 이용해 깊이갈이를 하기도 했으며, 시비법의 발달로 휴경지가 점차 줄어들었다. 밭농사는 2년 3작의 윤작법이 점차 보급되었다. 이 나라의 말기에는 직파법 대신 이앙법이 남부 지방 일부에 보급될 정도로 논농사에 변화가 나타났다. 또한 이암에 의해 중국 농서인 『농상집요』도 소개되었다.

① 책, 차 등을 파는 관영상점을 두었다.
② 재정을 운영하는 관청으로 삼사를 두었다.
③ 토질에 따라 6등급으로 나누어 조세를 거두었다.
④ 호는 인구의 많고 적음에 따라 9등급으로 나누어 부역을 시켰다.

문 7. (가), (나)에 대한 설명으로 옳은 것은?

> 일본은 미국과 영국의 지원을 받고 [(가)]을(를) 일으켰다. 이 전쟁이 일어날 위험이 닥치자 대한제국은 국외중립을 선언하였다. 그러나 일본은 개전하자마자 서울에 군대를 주둔시키고 [(나)]의 체결을 강요하였다.

① (가) - 포츠머스 강화 조약을 체결하고 전쟁을 종결하였다.
　(나) - 그 결과 청·미국·영국 등의 주한공사들이 철수하였다.
② (가) - 일본이 랴오둥 반도의 뤼순항을 기습 공격하였다.
　(나) - 일본이 전략상 필요한 곳을 제공받게 되었다.
③ (가) - 조선에 대한 청의 종주권을 빼앗기 위해 시작되었다.
　(나) - 대한제국의 군대를 해산하는 조항을 담았다.
④ (가) - 그 결과 일본은 청에게 랴오둥 반도를 할양받았다.
　(나) - 통감부를 설치하고 한국의 외교권을 박탈하였다.

문 8. (가), (나)의 저자에 대한 설명으로 옳은 것은?

> (가) 실옹이 답하기를, "심하다. 너의 아둔함이여, 온갖 물(物)의 형체가 다 둥글고 모난 것이 없는데 하물며 땅이랴. …… 월식을 보고도 땅이 둥근 줄을 모른다면 이것은 거울로 자기 얼굴을 비추면서도 분별하지 못하는 것과 같으니 어리석지 않느냐?"라고 하였다.
> (나) 하늘이 인간에게 지혜로운 생각과 교묘한 연구력을 준 것은 이로써 기예를 익혀 제 힘으로 살아가도록 한 것이다. …… 비록 성인이라 하더라도 천만 명이 함께 논의한 것을 당해내지 못할 것이다.

① (가) - 『역학도해』를 저술하여 지전설을 처음 주장하였다.
② (가) - 『명남루총서』를 저술하여 서양의 과학을 소개하였다.
③ (나) - 『마과회통』에서 제너의 종두법을 처음 소개하였다.
④ (나) - 『주해수용』을 저술하여 동서양의 수학을 정리하였다.

문 9. 다음과 같은 주장을 한 인물에 대한 설명으로 옳은 것은?

> "부처님이 말씀하시기를 나는 두 성인을 중국에 보내서 교화를 펴리라 하셨다. 한 사람은 노자로, 그는 가섭 보살이요, 또 한 사람은 공자로 그는 유동(儒童) 보살이다." 이 말에 의하면 유(儒)와 도(道)의 종(宗)은 부처님의 법에서 흘러나온 것이다. 방편은 다르나 진실은 같은 것이다. 공자는 "삼(參)아, 내 도는 하나로 꿰었다." 하였고, 또 "아침에 도를 들으면 저녁에 죽어도 좋다." 하였다.

① 화엄 사상을 정비하고 보살의 실천행을 펼쳤다.
② 이론의 연마와 실천을 아울러 강조하는 교관겸수를 제창하였다.
③ 조계종 승려이자 지눌의 제자로 『선문염송』이라는 저서를 남겼다.
④ 동리산문의 승려이자 음양풍수설의 대가로서 개성, 평양, 한양이 국가의 중심지가 될 것을 예언하였다.

문 10. (가) ~ (라) 국왕 대에 있었던 사실로 옳지 않은 것은?

> 조선 시대 국가를 운영하는 핵심 법전인 『경국대전』은 [(가)] 대에 그 편찬이 시작되어 성종 대에 완성되었다. 이후 여러 차례의 전쟁으로 혼란에 빠진 국가 체제를 수습하고 새로운 정치·사회적 변화에 대응하기 위해 법전 정비가 필요하게 되었다. 이에 따라 [(나)] 대에 『속대전』을 편찬하였으며, [(다)] 대에 『대전통편』을, 그리고 [(라)] 대에는 『대전회통』을 편찬하였다.

① (가) - 원각사에 10층 석탑을 건립하였다.
② (나) - 형벌 제도를 개선해 가혹한 형벌을 없앴다.
③ (다) - 서얼과 노비에 대한 차별을 개선하기 위해 노력하였다.
④ (라) - 삼정의 문란을 바로잡기 위해 삼정이정청을 설치했다.

문 11. (가)의 재위 시기에 있었던 사실로 옳은 것은?

> 상이 의병을 일으켜 왕대비를 받들어 복위시킨 다음 대비의 명으로 경운궁에서 즉위하였다. [(가)]을/를 폐위시켜 강화로 내쫓고 이이첨, 정인홍 등을 처형한 다음 전국에 대사령을 내렸다.

① 청에 대한 적개심으로 북벌론이 제기되었다
② 강홍립을 도원수로 삼아 명에 원병을 파견하였다.
③ 폐비 윤씨 사건에 관련된 자들과 사림 세력이 제거되었다.
④ 홍길동을 우두머리로 하는 집단이 충청도에서 활동하였다.

문 12. 밑줄 그은 '이 관계'가 발급되던 시기에 있었던 사실로 옳은 것은?

> 하나. 대한 제국 인민으로 전답을 가진 자는 이 관계(官契)를 반드시 소유하되, 구계(舊契)는 무효로 하여 본 아문에 수납할 것.
> 하나. 대한 제국 인민 외에는 전답 소유주가 될 권리가 없으니, 외국인에게 명의를 빌려주거나 사사로이 매매·저당·양도하는 자는 모두 최고형에 처하고 해당 전답은 원주인의 소유를 인정하여 일체 몰수할 것.
> 　　　　*관계(官契): 관청에서 증명한 문서

① 별기군이 설치되었다.
② 용암포 사건이 일어났다.
③ 서재필이 독립신문을 창간하였다.
④ 손병희가 동학을 천도교로 개편하였다.

문 13. 고대에 만들어진 무덤에 관한 설명으로 가장 옳은 것은?
① 고구려는 초기에 돌무지덧널무덤을 만들었다.
② 가야는 무덤의 둘레돌에 12지신상을 조각하였다.
③ 신라에는 중국 남조의 영향을 받아 벽돌무덤이 유행하였다.
④ 발해의 정혜공주 무덤은 모줄임 천장구조이며, 돌사자상이 나왔다.

문 14. <보기>의 사건 이후 한반도의 상황에 대한 설명으로 가장 옳지 않은 것은?

―― <보 기> ――
일본은 일진회를 사주하여 「합방청원서」를 제출하도록 하였다. 그리고 1910년 초 일본은 러시아와 영국, 프랑스로부터 한국 병합에 대한 승인을 받아 국제적인 여건을 충족시킨 뒤 한국 병합 조약을 강제로 체결하였다. (1910. 8. 22.)

① 철도국, 전매국, 임시 토지 조사국 등 각급 식민 행정 기관과 직속 재판소가 설치되었다.
② 일본은 한국을 일본의 새로운 영토의 일부로 병합하고, 국가명이 아닌 지역명 '조선'으로 호칭했다.
③ 육해군 대장 중에서 임명된 조선총독은 내각 총리대신에 직속되어 한반도에 대한 입법·사법·행정권을 장악하고 있었다.
④ 헌병 경찰은 구류, 태형, 3개월 이하의 징역 등에 해당하는 한국인의 범죄에 대해 법 절차나 재판 없이 즉결 처분할 수 있는 권한이 있었다.

문 15. (가) 무장 단체의 활동으로 옳은 것은?

남대관 등은 중국인들이 그해 11월 만주의 빈현에서 맹렬한 반일 활동을 개시하자, 이 중국인 부대의 간부들과 함께 항일 무장 투쟁을 벌일 것을 모의하고, 전 한족 총연합회의 간부였던 지청천을 총사령, 남대관을 부사령으로 하는 (가) 을/를 편성하였다.
- 일본 외무성 문서 -

① 중국 호로군과 연합하여 동경성에서 일본군에 승리하였다.
② 중국 의용군과 함께 영릉가와 흥경성에서 일본군을 물리쳤다.
③ 청산리에서 일본군 1,200여 명을 사살하는 큰 승리를 거두었다.
④ 화북 지역에서 호가장 전투, 반소탕전 등을 벌여 일본군을 물리쳤다.

문 16. 다음 운동이 추진되던 시기의 사실로 옳은 것은?

현재 조선인에게 무엇 하나 필요하지 않은 것이 없다. 산업과 건강과 도덕이 다 그러하다. 그러나 그중에도 가장 필요하고 긴급한 것을 들자면 지식 보급을 제외하고는 다시 없을 것이다. …… 전 인구의 1000분의 20밖에 문자를 이해하지 못하고, 취학 연령 아동의 30%밖에 학교를 갈 수 없는 오늘날 조선의 상황에서 간단하고 쉬운 문자의 보급은 우리 민족이 해결해야 할 가장 시급한 일이라 하겠다.
- 조선일보 -

① 조선어 연구회가 조선어학회로 개편되었다.
② 손기정이 베를린 올림픽에서 금메달을 획득하였다.
③ 사회주의자들을 탄압하기 위해 치안유지법을 만들었다.
④ 백정들이 조선형평사를 창립하고 형평 운동을 펼쳐 나갔다.

문 17. 다음과 같은 업무를 담당한 계층에 대한 설명으로 가장 적절한 것은?

○ 봉수대에서 낮에는 연기, 밤에는 불로 신호를 전달함.
○ 의금부에 속하여 죄인을 문초할 때 매를 때리고, 귀양 가는 죄인을 압송함.
○ 역참에 배속되어 군사 정보나 왕명의 전달, 공물의 운반 등과 같은 임무를 수행함.

① 수령을 보좌하면서 위세를 부리기도 하였다.
② 법제상 양인에 속해 있었지만 천한 역을 담당하였다.
③ 재산으로 취급되어 매매·상속·증여의 대상이 되었다.
④ 수차례 집단 상소를 하여 19세기에 허통이 이루어졌다.

문 18. (가) 왕에 대한 설명으로 옳은 것은?

당 현종 개원 7년에 대조영이 죽으니, 그 나라에서 사사로이 시호를 올려 고왕(高王)이라 하였다. 아들 (가) 이/가 뒤이어 왕위에 올라 영토를 크게 개척하니, 동북의 모든 오랑캐가 겁을 먹고 그를 섬겼으며, 또 연호를 인안(仁安)으로 고쳤다.
- 『신당서』 -

① 3성 6부의 중앙 관제를 마련하였다.
② 5경 15부 62주의 지방 제도를 정비하였다.
③ 당과 신라를 견제하기 위해 돌궐과 연합하였다.
④ 당의 군대를 천문령에서 물리치고 나라를 세웠다.

문 19. 조선 전기 문화·예술과 관련된 설명으로 옳은 것은?
① 판소리, 잡가, 가면극이 유행하였다.
② 소박한 멋을 보여 주는 청화백자가 제작되었다.
③ 안평대군, 김정희 등 뛰어난 서예가들이 많이 나타났다.
④ 안견의 몽유도원도는 현재 일본 천리대학에 소장되어 있다.

문 20. 다음 연설을 한 정부의 통일 노력으로 옳은 것은?

의장, 사무총장, 그리고 존경하는 각국 대표 여러분. 나는 3년 전 바로 이 자리에서 온 세계의 젊은이들이 인종과 종교, 이념과 체제의 벽을 넘어 화합의 한마당을 이룬 서울 올림픽의 신선한 감명을 전했습니다. …(중략)… 이제 남북한의 유엔 가입으로 한반도는 평화공존의 시대를 맞이습니다. 남북한은 이를 바탕으로 평화를 정착시키고 통일을 앞당기는 적극적인 관계를 이루어 나가야 합니다.

① 분단 이후 최초로 이산가족의 상봉이 실현되었다.
② 한반도 비핵화 공동 선언에 합의하였다.
③ 경의선과 동해선 철도가 연결되었다.
④ 판문점 선언이 채택되었다.

2023년 4월 29일 시행

SUPER 360 공통과목 모의고사
Vol.2 제10회

응시번호	
성 명	

문제책형
㉮

【시험 과목】

과목	제1과목	국어	제2과목	영어	제3과목	한국사
출제	국어 이윤주 / 영어 조태정 / 한국사 고종훈					

모의고사 관련 안내

1. 공통과목 3과목을 60분 안에 푼다는 360 모의고사의 취지를 감안하여 아래 표에 과목별 실제 풀이 시간을 분 단위로 기재하고 그 변화를 스스로 체크하시기 바랍니다.

과목	국어	영어	한국사
시간			

2. 모의고사 해설 강의
   - 시험 직후 메가공무원 홈페이지(www.megagong.net)의 SUPER 360 모의고사 해설강의 페이지를 이용해주시기 바랍니다.

※ 문제지는 시험 종료 후 가지고 갈 수 있습니다.
※ 이 모의고사의 내용을 무단 전재·복제·유포하는 행위는 법적으로 처벌을 받을 수 있습니다.

메가 공무원   온라인 강의 / 메가공무원 / www.megagong.net / 1644-8806
              오프라인 강의 / 메가공무원학원 / gongssel.megagong.net / 02-3280-1010

국 어

문 1. 다음 중 복수 표준어가 아닌 것은?
① 찰지다 / 차지다
② 돼지감자 / 뚱딴지
③ 딴전 / 딴청
④ 마실 / 마을

문 2. 다음 문장들의 구조에 대한 설명으로 적절하지 않은 것은?

> ㉠ 이것이 내가 잃어버린 휴대폰이에요.
> ㉡ 윤주가 밥을 먹고 학원에 갔다.
> ㉢ 내가 어제 만난 그 친구는 손이 크다.
> ㉣ 오늘 갑자기 네가 할 일이 많아졌다.

① ㉠: 관형절을 안은 문장으로서 안긴문장이 과거 시제를 표현하고 있다.
② ㉡: 종속적으로 이어진 문장이다.
③ ㉢: 관형절과 서술절을 안은 문장이다.
④ ㉣: 관형절을 안은 문장으로서 안긴문장이 현재 시제를 표현하고 있다.

문 3. 다음 중 밑줄 친 부분이 맞춤법에 맞는 문장은?
① 내가 먹고 싶은 게 <u>아니오</u>, 아기가 먹고 싶어 하오.
② 눈에 <u>띠는</u> 행동을 하지 마라.
③ <u>머지않아</u> 합격 소식이 올 것이다.
④ <u>나로써는</u> 최선을 다해 만들었어.

문 4. 다음 밑줄 친 말이 언어 예절에 맞게 쓰인 것은?
① 아버지께 <u>야단맞지</u> 않으려고 열심히 공부하고 있어요.
② 딸이 학교에서 틀린 문제를 매일 저한테 <u>여쭤 봐요</u>.
③ 형님, 이제 제가 한 <u>말씀</u> 드려야 할 것 같습니다.
④ 감사합니다, 면접관님. <u>수고하십시오</u>.

문 5. 다음 중 한자어의 독음이 옳지 않은 것은?
① 龜裂: 균열 ② 否運: 불운 ③ 嗚咽: 오열 ④ 拓本: 탁본

문 6. 다음 글과 관련이 있는 한자 성어는?

> 진(晉)나라의 진남대장군(鎭南大將軍) 두예(杜預)가 진무제(晉武帝)로부터 출병 명령을 받아 20만 대군을 거느리고 오(吳)나라를 쳐서 삼국 시대의 막을 내리고 천하 통일을 이룰 때의 일이다. 출병한 이듬해 음력 2월, 무창(武昌)을 점령한 두예는 휘하 장수들과 오나라를 일격에 공략할 마지막 작전 회의를 열었다. 이때 한 장수가 '곧 강물이 범람할 시기가 다가오고, 또 언제 전염병이 발생할지 모르니 일단 후퇴했다가 겨울에 다시 공격하는 것이 어떻겠느냐.'고 했다.
> 그러자 두예는 단호히 명령조로 대답했다. "지금 우리 군사들의 사기는 하늘을 찌를 듯이 높다. 맹렬한 기세로 적들을 다 물리칠 수 있다. 어찌 이런 절호의 기회를 놓칠 수 있단 말인가." 두예는 곧바로 군사를 재정비하여 오나라의 도읍인 건업(建業)으로 진격하여 건업을 함락시켰다. 오왕 손호(孫皓)는 손을 뒤로 묶고 수레에 관을 싣고 사죄의 뜻을 보이며 항복해 왔다.

① 切磋琢磨 ② 破竹之勢 ③ 大義滅親 ④ 累卵之勢

문 7. 다음 관용어 중 의미가 적절하지 않은 것은?
① 발이 길다 - 먹을 복이 있다
② 오금이 쑤시다 - 힘든 일을 하여 몸살이 나다
③ 부아가 치밀다 - 분한 마음이 강하게 일어나다
④ 미주알고주알 캐다 - 속속들이 자세히 알아보다

문 8. ㉠~㉣에 대한 이해로 가장 적절한 것은?

> **갈대들이 들려준 이야기**
> ㉠<u>들과 바다</u> – 아름다운 황혼과 설화가 실려 있지 않은 해풍 속에서 사람들은 영원의 토대를 장만할 수가 없다. 그래서 사람들은 도시로 몰려갔다. 그리고 더러는 뿌리를 가지게 됐고 그렇지만 많은 사람들이 처참한 모습으로 시들어져 갔다는 소식이었다.
> 그날 황혼 녘에 나는 누이를 마을에서 좀 떨어져 있는 작은 강의 둑으로 불러내었다. 이 강가의 무성한 갈대밭 사이에 매여 있는 작은 ㉡<u>돛배들</u>은 밀물일 때를 기다려서 떠나고 혹은 돌아올 수밖에 없었다. 이 강이 들의 농업수(農業水)가 되어 있는 건 아니지만 연안(沿岸)의 고기잡이라든가에는 퍽 친절한 수로(水路)가 되어 있었다. 우리가 사는 마을은 이 강과 이 들에 매달려 있었다.
> 누이는 도시로 갔다. 어머니와 내가 누이를 도시로 보냈었다. 그리고 며칠 전 갑자기, 거진 2년 만에 이곳으로 다시 돌아왔다. 누이는 도시에서의 이야기를 나와 어머니의 간절한 요청에도 불구하고 한마디 하려 들지 않았다. 우리는 누이가 지니고 왔던 ㉢<u>작은 보따리</u>를 헤쳐 보았다. 그러나 헌 옷 몇 벌과 두어 가지의 화장 도구를 발견할 수 있을 뿐이었다. 그걸로써는 누이에게 침묵을 만들어 준 2년의 내용을 측량해 볼 길이 없었다. 누이의 침묵은 무엇엔가의 항거의 표시였다. 우리를 향한 항거였을까, 도시를 향한 항거였을까.
> 누이가 돌아오고, 누이가 도시에서의 기억을 망각하려고 애쓰는 듯한 침묵 속에 빠져드는 것을 보고 우리는 아마 누이가 도시에서 묻혀 온 고독이 병균처럼 우리 자신들조차 침식시켜 들어오는 것을 느끼게 되었다.
> 어제저녁, 어머니는 당신이 우리에게 마음을 쓰고 있다는 표시로 되어 있는 ㉣<u>밀국수</u>를 끓여서 저녁 식사를 하는 자리에서 당신이 할 수 있는 가장 부드러운 말씨와 정성 어린 손짓으로 누이의 어깨를 쓰다듬으며 도시에서 무슨 일을 했던가, 어떤 곤란을 겪었던가, 무엇이 재미있었던가, 남자를 사귀었던가, 그렇다면 어떤 남자였던가고 얘기해 주기를 간청했었다.
> – 김승옥, 〈누이를 이해하기 위하여〉

① ㉠: 고향에서 '나'와 누이가 겪었던 아픔과 시련을 나타낸다.
② ㉡: 도시 생활에 대해 누이가 지니고 있는 회한을 나타낸다.
③ ㉢: 도시에서의 누이의 삶의 흔적을 짐작하게 하고 있다.
④ ㉣: 어머니가 자신의 과거의 삶을 반추하게 하는 역할을 하고 있다.

문 9. 다음 글의 제목으로 가장 적절한 것은?

> 한국 사람들은 밤마다 음주(飮酒)라는 의례(儀禮)를 치른다. 여기서 '의례'라는 말을 쓴 것은 실제로 한국 사람들이 술을 마시기 위해 어떤 종교적 의식을 치른다는 뜻이 아니라, 한국인들이 집단적으로 매일 밤 술집에 모여 술을 마시는 술판을 자세히 들여다보면 종교 의례에서 나타나는 문화 현상과 유사한 문화 양태를 목격할 수 있기 때문이다.
> 의례의 구조를 집중적으로 연구한 문화 인류학자 반 게넵(Van Gennep)에 의하면 사람들은 일생을 통해 끊임없이 하나의 사회적 지위 또는 상징적 상태에서 다음 상태에 옮겨 가며, 이러한 상태의 변천은 일정한 의례적 절차를 통해 이루어지고 확인된다고 한다. 반 게넵은 이러한 의례를 '통과 의례'라 부르고, 이 통과 의례는 '격리', '과도기', '통합'이라는 세 단계의 구조를 갖는다고 말했다.
> '술집'이라는 공간 또한 '직장 – 술집 – (집) – 직장'이라는 세 가지 구조로 이해할 수 있다. 한국 사람들은 주로 술집에서 술을 마신다. 집에서 술을 마시는 것은 극히 드물다. 흔히 술은 술집에서 마셔야 제 맛이 난다고 말하는 것은 술집이라는 공간이 지닌 문화적인 상징성 때문이다. 직장은 모든 것이 제자리에 놓여 있는 통제된 우주이며, 집은 친족과 혈연으로 묶여 있어 상하 서열이 정해져 있는 닫힌 공간인 데 반해, 술집이라는 공간은 질서보다는 혼란과 유동성과 불완전성으로 가득 찬 통제되지 않은 우주이다. 결국 사람들은 일탈성의 문화가 지배하는 술판에서 일탈의 문화를 즐기기 위해 술을 마시는 것이다. 이렇게 볼 때, 술 문화의 구조는 기본적으로 모든 의례 행위의 구조와 동일하다고 볼 수 있다.

① 술집의 문화적인 상징성 ② 통과 의례의 특성
③ 한국 술 문화의 구조   ④ 한국 술 문화의 현황

문 10. 다음 대화에서 활용한 의사소통 방식으로 적절한 것은?

> A 업체 대표: 최근 밀가루 가격의 상승으로 인해 많은 기업들이 어려움을 겪고 있습니다. 원재료 가격의 상승에 따라 불가피하게 귀사에 제공했던 빵의 공급가를 8% 인상해야 할 것 같습니다.
> B 업체 대표: 밀가루 가격의 상승 폭에 비해 빵 가격의 상승 폭이 훨씬 높기 때문에 저희는 납득이 안 됩니다.
> A 업체 대표: 이번에 제시한 공급가 상승 비율은 밀가루 가격 상승뿐 아니라 인건비와 유통 비용의 상승을 고려한 것입니다.
> B 업체 대표: 빵의 공급가를 단번에 8%나 인상하면 저희도 곤란합니다. 밀가루 가격 상승을 고려하여 3%만 인상하면 어떻겠습니까? 저희 회사 식품은 맛과 품질의 우수성을 인정받아 지금 한창 매출 증가 추세를 보이고 있는 상황입니다. 이런 상황을 감안할 때 저희와 거래하는 귀사도 장기적으로는 큰 이익을 거두리라 생각됩니다.
> A 업체 대표: 하지만 저희처럼 작은 업체에서는 자금 회전에 기업의 사활이 달려 있습니다. 이런 상황에서 장기적 이익을 생각한다는 이유로 현재의 손실을 감수할 수 없다는 것을 이해해 주십시오.
> B 업체 대표: 그렇다면 이렇게 하면 어떨까요? 귀사와 저희 회사 모두 조금씩 양보해서 빵의 공급가를 5.5% 인상하면 어떻겠습니까? 그렇게 해 주신다면 저희도 기존의 대금 결제일을 앞당겨서 귀사가 겪는 자금 압박을 해소하는 데 도움을 드리겠습니다.
> A 업체 대표: 그렇게 해 주신다면 저희 측에서도 자금 압박과 각종 비용 상승 문제를 어느 정도 해결할 수 있겠군요. 그럼 좋습니다. 제시하신 안대로 하겠습니다.
> B 업체 대표: 감사합니다. 앞으로도 서로 양보해서 좋은 관계를 유지할 수 있도록 잘 부탁드립니다.
> A 업체 대표: 저희도 잘 부탁드리겠습니다.

① A 업체 대표는 설문 조사 결과를 근거로 들어 협상안을 제시하고 있다.
② A 업체 대표는 자신의 사정을 들어 상대측이 양보해 줄 것을 요구하고 있다.
③ B 업체 대표는 여러 제안을 묶어 제시해 상대측과 제안을 상호 교환하고 있다.
④ B 업체 대표는 타 기업의 사례를 들어 상대측 요구가 부당함을 강조하고 있다.

문 11. 다음 시의 표현상 특징에 대한 설명으로 가장 적절하지 않은 것은?

> 반쯤 감긴 눈가로 콧잔등으로 골짜기가 몰려드는 이 있지만
> 나를 이 세상으로 처음 데려온 그는 입가 사방에 골짜기가 몰려들었다
> 오물오물 밥을 씹을 때 그 입가는 골짜기는 참 아름답다
> 그는 골짜기에 사는 산새 소리와 꽃과 나물을 다 받아먹는다
> 맑은 샘물과 구름 그림자와 산뽕나무와 으름덩굴을 다 받아먹는다
> 서울 백반집에 마주 앉아 밥을 먹을 때 그는 골짜기를 다 데려와
> 오물오물 밥을 씹으며 참 아름다운 입가를 골짜기를 나에게 보여준다
>
> – 문태준, 〈노모(老母)〉

① 어순의 도치를 통해 의미를 강조하고 있다.
② 비유를 통해 대상의 외양을 묘사하고 있다.
③ 대구적 표현을 활용하여 대상의 동작을 표현하고 있다.
④ 의태어를 활용하여 대상의 동작을 생동감 있게 표현하고 있다.

문 12. 다음 빈칸 안에 들어갈 내용으로 가장 적절한 것은?

> 인류의 진화에 손이 한몫을 했다는 연구 결과가 나왔다. 미국 아카데미 회보[PNAS] 최근호에 실린 논문은 현대 인류의 조상이 동시대에 살았던 네안데르탈인에 비해 정교한 손뼈 구조를 갖고 있어 도구 사용에 유리했으며 이로 인해 더욱 복잡한 사회적 활동이 가능했다고 밝혔다.
> 미국 뉴멕시코 대학 인류학자인 웨슬리 니웨너 연구팀은 이스라엘 스쿨 카프자 동굴에서 함께 발견된 10만 년 전의 현대 인류 조상과 네안데르탈인의 손뼈 화석을 컴퓨터 모델링 기법을 이용해 3차원 구조로 재현했다. 그 결과 _____.
> 연구팀은 같은 지역에 공존하면서 같은 도구를 사용했을지라도 손뼈 구조가 서로 달라 사용하는 방법에 차이가 생긴 것으로 설명했다. 현대 인류 조상의 정교한 손뼈 구조는 동굴 벽화 제작이나 장신구 제작과 같은 기술의 발전을 이끌어 사회적인 변화에 불을 당겼을 것이라고 추정했다.
> 네안데르탈인은 대략 12만 년 전부터 35,000년 전 사이에 지구상에 살았던 인류의 조상인데, 현대 인류의 조상과 약 10만 년 전 지금의 이라크와 이스라엘, 시리아가 위치한 대초원 지대와 해안가 삼림 지대에서 공존했다. 네안데르탈인이 어떤 이유로 현대 인류로 연결되지 못하고 멸종했는지에 대해서는 아직도 고생물학자들과 인류학자들 사이에 논란거리가 되고 있다.

① 네안데르탈인의 두뇌의 크기와 용량에 적잖은 차이가 나타났다.
② 현대 인류의 손뼈 구조와 네안데르탈인의 것을 육안으로 비교할 수 없었다.
③ 네안데르탈인의 손뼈 구조는 도구 제작 등 정교한 작업에는 적당치 않았다.
④ 컴퓨터 모델링 기법은 현대 인류의 손뼈 구조를 완벽하게 재현해내지 못했다.

문 13. 다음을 이용하여 한 편의 글을 쓸 때, 글 전체의 흐름이 자연스럽도록 가장 잘 배열한 것은?

> ㉠ 건전하고 올바른 컴퓨터 통신 문화의 정착이 시급하다.
> ㉡ 국가적 차원에서 컴퓨터 통신에 대한 제도적 장치를 마련해야 한다.
> ㉢ 최근 들어 각계각층에서 컴퓨터를 활용한 통신이 보편화되고 있다.
> ㉣ 컴퓨터 통신 시에 요구되는 예절이나 문화가 아직 정립되어 있지 않다.
> ㉤ 현재의 컴퓨터 통신 상황을 방치하면 미래의 정보 사회는 혼란스러울 수 있다.

① ㉠-㉣-㉢-㉤-㉡
② ㉢-㉣-㉡-㉤-㉠
③ ㉢-㉣-㉤-㉠-㉡
④ ㉣-㉠-㉡-㉤-㉢

문 14. 글쓴이의 견해에 대한 비판으로 가장 적절한 것은?

> 우리말은 신분적 상하 관계를 고려한 존칭어들이 많다. 우리말에 경어가 얼마나 많은가 하면 영어의 you를 뜻하는 말로 너, 자네, 당신, 댁, 그대, 나리 등이 있는가 하면, 한자어로 선생(先生), 귀하(貴下), 귀공(貴公) 등이 있다. 이런 것이 전부 신분 관계, 계급 관계에서 나온 말이고, 상대방과 대등한 입장에서 자기를 내세우고 주장했던 것이 아니라, 상대방의 눈치를 보아야 하고, 그의 배경, 신분, 지위 등을 먼저 고려해야만 하는 상황을 중시하였기 때문에 생겨난 말이었다.
> 자아를 분명히 내세우지 못한 채 자신을 죽이고 자신을 비하하며, 평등한 입장에서 너와 나를 인식하지 못했다는 것은 자아 인식이라는 보다 더 중대한 것을 잊은 데서 온 것이라고 해설할 수밖에 없다. 또한 우리 민족이 논리성에서 뒤떨어지는 것도 우리말의 어휘나 문맥이 논리성에 의해 발달하지 못하고, 이러한 신분적인 고려, 자아 말살이라는 처지에 더 중점을 두고 발달했기 때문이라고 말할 수밖에 없다.

① 점차 경어의 수가 늘어나고 있는 오늘날의 현실을 도외시한 주장이다.
② 논거는 제시하지 않고 자신의 주장만을 되풀이해서 강조하고 있다.
③ 우리말의 경어는 겸양의 미덕을 소중히 여기는 문화적 전통에서 형성된 것으로 보아야 한다.
④ 한 나라의 언어를 통해 문화나 사회상을 짐작할 수 있다는 전제는 올바르지 않다.

문 15. 다음 시에 대한 설명으로 적절하지 않은 것은?

> | | |
> |---|---|
> | 달이 어째서 | 月下伊底亦 |
> | 서방까지 가시겠습니까 | 西方念丁去賜里遣 |
> | 무량수불 전에 | 無量壽佛前乃 |
> | 보고의 말씀 빠짐없이 사뢰소서 | 惱叱古音多可支白遣賜立 |
> | 서원(誓願) 깊으신 부처님을 우러러 바라보며 | |
> | | 誓音深史隱尊衣希仰支 |
> | 두 손 곧추 모아 | 兩手集刀花乎白良 |
> | 원왕생*원왕생 | 願往生願往生 |
> | 그리는 이 있다 사뢰소서 | 慕人有如白遣賜立 |
> | 아아, 이 몸 남겨 두고 | 阿邪此身遺也置遣 |
> | 사십팔대원 이루실까 | 四十八大願成遣賜去 |
> | | - 광덕, 〈원왕생가(願往生歌)〉 |
>
> *원왕생: 부처의 구원을 받아 극락으로 가기를 바람.

① '달'은 '무량수불'과 화자를 연결해 주는 매개체이고, '서방'은 현실을 초월한 공간을 의미한다.
② 의문형 어미를 사용하여 청자의 공감을 유도하고 있다.
③ '보고의 말씀'은 '왕생'을 그리는 사람이 있음을 알리는 내용이다.
④ '그리는 이'와 '이 몸'은 동일한 존재를 가리키고 있다.

문 16. 다음 글의 중심 화제로 적절한 것은?

> 어느 시대에든지 자아실현에 장벽이 되는 요인들이 있다. 우리가 살고 있는 시대도 수많은 문제 요인들을 안고 있는데, 그중에서도 막대한 영향력을 지니고 있는 것은 바로 남성과 여성에 대한 편견이라고 할 수 있다. 사람은 성차별이 만연된 이 사회에 태어날 때부터 성별에 따라 다른 대우를 받는다. 이때부터 무의식적으로 형성되는 이 편견은 사회화 과정에서 성 역할 행동에 따른 보상과 처벌, 그리고 일정한 역할 모델에 대한 모방 등을 통하여 자아 개념의 중요한 일부분으로 자리 잡게 된다. 이렇게 형성된 편견은 사람들의 생각 속에 고정 관념이 되어 자리 잡고 있으면서 수많은 남성과 여성의 삶을 제약하고 자아실현을 가로막고 있다.

① 여성 차별의 문제
② 남성과 여성의 차이
③ 성별의 차이에 대한 편견
④ 자아실현과 성 역할

문 17. ㉠의 구체적 사례로 적절하지 않은 것은?

> 한국 사회에서 사람들의 관계 맺음은 당사자들의 작위적인 노력이나 매력보다는 연줄과 인연에 의해 많은 영향을 받는다. 예부터 농경 사회로 정착 생활을 해 온 우리 민족은 마을 밖의 사람들과 우호적으로 만날 수 있는 기회가 적었으며, 거의 모든 만남이 같은 마을에 거주하는 사람들과의 지속적인 만남이었다. 따라서 낯선 사람들과의 교류 양식 대신에 같은 마을 사람들과 교류 양식이 발달하였다. 이와 같은 오랜 문화적 자취가 오늘날과 같은 산업 사회에도 나타나고 있어, 두 사람이 동향 또는 동창이거나 같은 동네에 거주한다든가 하는 점들이 관계의 지속에 큰 영향을 준다. 이러한 요소의 공통점을 발견하게 되면 서로의 만남을 더욱 반갑게 여기고 인연이란 표현을 자주 쓴다.
> ㉠이 같은 경향성은 우리 사회에서 처음 만나 알게 된 사람들이 나누는 대화의 내용을 살펴보면 보다 분명히 드러난다. 학연, 혈연, 지연 등에 의한 인맥 동원이 활발히 이루어지며, 이에 성공했을 때 관계는 보다 순조롭게 진전된다. 이 같은 현상을 공식적이건 비공식적이건 모든 만남에서 나타난다.

① 민희는 친구에게 부탁하여 구하기 힘든 콘서트 표를 예매하였다.
② 주희는 이번 선거에서 동향인 사람이 출마하자 그에게 투표를 하였다.
③ 주영이는 수해를 입은 사람들을 위해서 회사 차원에서 모금 운동을 하여 큰 도움을 주었다.
④ 의영이는 아버지가 병원에 입원을 하게 되자 직장을 그만 두고 회사를 물려받아서 운영하고 있다.

문 18. 다음 글에서 확인할 수 있는 사실이 아닌 것은?

> 우리들에게 잘 알려진 무용총의 〈수렵도〉에는, 모필의 특징을 뚜렷이 나타내고 있는 선묘를 볼 수 있다. 특히 휘영청 휘어지는 물결 모양의 산악 표출이나 달리는 짐승과 이를 쫓는 기마상에 가해진 극히 요약된 선조(線彫, 가는 선으로 쌓아 올리거나 선을 파 들어가는 조각법)의 리듬은 모필의 운동감이 아니고는 획득될 수 없는 것으로 보인다. 때로는 굵게 때로는 가늘게 나타나는 변화 있는 두께와 유연한 리듬의 선조는 이 모필이 갖는 독특한 매재(媒材)적 성향을 가장 극명하게 보여준다.
> 중국 명나라 말기의 대표적 문인인 동기창(董其昌)은 정통적인 화공들의 그림보다 문인사대부들이 그린 그림을 더 높이 평가했다. 동양에서 전문적인 화공의 그림과 문인사대부들의 그림이 대립되는 양상을 형성한 것은 이에서 비롯되는데, 이처럼 두 개의 회화적 전통이 성립된 곳은 오로지 극동 문화권뿐이다. 전문 화가들의 그림보다 아마추어격인 문인사대부들의 그림을 더 높이 사는 이러한 풍조야말로 동양 특유의 문화현상에서만 나타나는 것이다.
> 동양에서 지·필·묵은 단순한 그림의 매재라는 좁은 영역에 머무는 것이 아니라 동양의 문화를 대표한다는 보다 포괄적인 의미를 지닌다. 지·필·묵이 단순한 도구나 재료의 의미를 벗어나 그것을 통해 파생되는 모든 문화적 현상 자체를 대표하는 것이다. 나아가 수학(修學)의 도구로 사용되었던 지·필·묵이 점차 자신의 생각과 예술을 담아내는 매재로 발전하면서 이미 그것은 단순한 도구가 아니라 하나의 사유 매체로서 기능을 하게 되었다. 말하자면 종이와 붓과 먹을 통해 사유하게 되었다는 것이다.

① 우리나라 회화의 전통은 문인화에서 비롯되었다.
② 모필은 운동감과 유연한 리듬을 나타내는 데 유용하다.
③ 〈수렵도〉에는 모필이 갖는 매재적 성향이 잘 나타나 있다.
④ 명나라 말기부터 화공의 그림보다 문인화를 더 높이 평가하는 경향이 생겨났다.

문 19. 다음 중 클래식 음악과 관련 있는 내용이 아닌 것은?

> 우리는 흔히 대중음악과 구분하는 뜻으로 클래식이라는 말을 사용한다. 그러나 클래식의 정확한 의미를 아는 사람은 많지 않은 것 같다. 클래식은 고대 로마의 계급을 나타내는 라틴어에서 비롯된 말로 '잘 정돈된, 품위 있는, 영구적이며 모범적인'이라는 뜻을 갖고 있다. 고대 로마 시민은 6계급으로 구분되어 있었는데 그 최상급을 '클라시쿠스'라고 하였고, 그 말을 따서 예술상의 최고 걸작을 '고전', 즉 클래식이라 부르게 된 것이다.
> 이에 따라 클래식은 고전파, 즉 18세기 중반부터 19세기 초까지 약 100년 남짓한 기간 동안 유럽에서 유행한 문학, 미술, 음악 같은 예술 분야의 공통적인 경향과 특징을 가리키는 말이었다. 따라서 클래식 음악이라 하면 이 시기의 음악, 달리 말하자면 고전파 음악을 가리키는 것이다.
> 서양 고전 음악이 현대인의 정서에 가장 잘 맞는 것도 아니라면 왜 모두들 서양 고전 음악을 중요하게 여기는 것일까? 왜 음악 시간에는 바로크니 고전파니 바흐니 모차르트니 하는 서양 고전 음악을 배워야 하고, 피아노를 배울 때에도 모차르트나 바흐의 음악을 교재로 삼고, 태교 음악으로도 서양 고전 음악이 주목을 받는 것일까? 왜 수백 년 전의 음악이 오늘날까지 사라지지 않고 계속 연주되는 것일까?

① 고전파 음악을 가리키는 말이다.
② 현대인의 정서에 가장 잘 맞는 음악이다.
③ 문학, 미술, 음악 등과 경향을 같이한다.
④ 18세기 중반부터 약 100년간 유행하였다.

문 20. 다음의 대화를 통해 추론한 것으로 옳은 것을 〈보기〉에서 있는 대로 고른 것은?

> 갑1: 뉴턴의 운동 법칙으로 기술될 수 있는 모든 것들은 결정론적입니다. 즉, 어떤 물체의 초기 조건이 정해지고, 그 물체의 운동 상태가 뉴턴 법칙에 의해 기술될 수 있다면, 특정 시간이 지난 후 그 물체의 운동 상태 또한 정확하게 결정될 것입니다.
> 을: 그런데, 뉴턴의 운동 법칙에 입각하여 날씨를 예측하는 기상청의 예보가 항상 정확한 것은 아닙니다. 이는 뉴턴 법칙이 결정론적이지 않거나, 대기의 가능한 모든 운동들 전부가 뉴턴의 법칙을 따르는 것은 아니기 때문이 아닐까요?
> 갑2: 날씨에 대한 예측이 정확하지 않은 것은 대기의 운동이 뉴턴의 운동 법칙의 대상이 아니기 때문이 아니라, 대기의 운동이 수많은 변수가 포함되어 있는 '비선형적 운동'이기 때문입니다. 뉴턴의 운동 법칙은 비선형 운동에 대해서도 적용될 수 있습니다. 날씨에 대한 정확한 예측을 위해서는 관여하는 모든 변수를 알고, 이를 통해 정립된 방정식을 정확하게 풀어낼 수 있어야만 가능하므로, 정확한 기상 예측은 현실적으로는 어려운 일입니다. 그러나 그것은 인간의 인식과 관련된 기술적 한계로 어려운 것이며, 아예 이론적으로 불가능한 일은 아닙니다. 즉, 우리의 능력으로 대기의 운동을 뉴턴의 법칙으로 완전히 설명할 수 없다고 해서 대기의 운동은 뉴턴의 운동 법칙을 따르지 않는다고 볼 수는 없습니다.

─〈보 기〉─
ㄱ. 모든 결정론적인 현상이 항상 현실적으로 예측이 가능한 것은 아니라는 주장에 갑은 동의할 것이다.
ㄴ. 을의 반론에 대한 답변인 갑2만으로는 을은 자신의 반론을 철회하지 않을 것이다.
ㄷ. 비결정론적인 현상에 대한 정확한 예측은 불가능하다는 주장에 을은 동의할 것이다.

① ㄱ, ㄴ   ② ㄱ, ㄷ   ③ ㄴ, ㄷ   ④ ㄱ, ㄴ, ㄷ

영 어

문 1. 밑줄 친 단어의 뜻과 가장 유사한 것은?

In case there is an important matter I need to talk to you about, I will call on you.

① apologize ② notify
③ visit   ④ fight

문 2. 밑줄 친 단어의 뜻과 가장 유사한 것은?

I gave my word to the House that I am always finally responsible, and I will deal with the matter.

① negotiate   ② encounter
③ experience ④ promise

문 3. 밑줄 친 단어의 뜻과 가장 유사한 것은?

It is imperative for policymakers to take real action to help people enjoy better lives.

① candid   ② vital
③ excessive ④ noxious

문 4. 빈칸에 들어갈 말로 가장 적절한 것은?

Without supporting data, it is easy to _____ the opinions of the critics.

① endorse   ② dismiss
③ supplement ④ approve

문 5. 빈칸에 들어갈 말로 가장 적절한 것은?

Popper spent much of his career arguing that too many philosophers were focused on obscure discussions of _____ ideas rather than problems that affected people in the real world.

① abstract ② obvious
③ apparent ④ evident

문 6. 어법상 옳은 것은?
① Machu Picchu locates in the mountains of what is now Peru.
② Students seemed delighted when they saw their work display.
③ My laundry machine has been out of commission since the last 2 weeks.
④ The facility with which she explains difficult topics is amazing.

문 7. 다음 글의 제목으로 가장 적절한 것은?

Local officials and water quality experts are calling for a renewed emphasis on infrastructure to reduce the frequency of harmful algae blooms like red tide. Congressman Vern Buchanan led a red tide roundtable to discuss the impact of the algae and brainstorm solutions. The group agreed that reducing stormwater runoff and wastewater spills could alleviate algae blooms. Improvements to water infrastructure, such as the pipes that carry sewage, could produce substantial benefits to water quality. Old pipes and wastewater systems contribute to spills and leaks that harm local waterways.

① What is red tide?
② The Responsibility of Local Officials and Water Quality Experts
③ Improvement of Water Quality Through Renewing Infrastructure
④ Brainstorming: Chronic Problem interrupting healthy discussion

문 8. 밑줄 친 부분 중 어법상 옳지 않은 것은?

Almost everyone ① has heard of Halley's Comet, but most people do not know what comets are. They think comets are bright objects moving quickly across the sky, and ② that they would be dangerous if they crashed into the Earth. In fact, you cannot see them moving, and although they belong to the solar system, they are different from planets because they are not solid and could only do local damage. Halley's Comet, which appears every 76 years, ③ are unique because other bright comets take a long time to go round the Sun. So we cannot predict when they ④ will be visible, while short-period comets cannot often be seen with the naked eye.

문 9. 다음 글의 내용과 일치하지 않는 것은?

Ari and Paul started a small restaurant in Michigan, because they wanted to serve the best sandwiches in the world. The deli was a rousing success, but after a decade or so, the two noticed a problem. Business was still strong, but the deli no longer offered challenges and opportunities for growth to employees. When one manager decided to start her own bakery to supply breads and pastries for the deli, Ari and Paul had an idea—why not tap into the dreams of employees and start a whole community of small businesses, each with the Zingerman's name but each having its own identity? Thus was born Zingerman's Community of Businesses, with each business unique, each with managing partners who have an equity stake and run the day-to-day operations, and each contributing to the success of the others. By 2011, the community consisted of 17 partners, 500 or so employees working in eight separate businesses, and revenue of $37 million a year.

① Ari and Paul's sandwich business was a huge success in Michigan.
② Ari and Paul captured new business opportunities in an employee's idea.
③ Companies in Zingerman's Community of Business are all independent.
④ In 2011, there were 500 separate businesses in Zingerman's Community of Business.

문 10. 다음 중 글의 내용과 일치하지 않는 것은?

> Chat GPT is a generative language model based on the 'transformer' architecture. These models are capable of processing large amounts of text and learning to perform natural language processing tasks very effectively. The GPT-3 model, in particular, is 175 billion parameters in size, making it the largest language model ever trained. To work, GPT needs to be "trained" on a large amount of text. For example, the GPT-3 model was trained on a text set that included over 8 million documents and over 10 billion words. From this text, the model learns to perform natural language processing tasks and generate coherent, well-written text, ultimately, by supervised fine tuning. The human AI trainers provided conversations in which they represented both the user and the AI assistant.

① The GPT-3 model is the largest of the generative language models.
② The GPT-3 model learned a set of text that included between 8 million and 10 billion documents.
③ Chat GPT model can learn how to process natural language tasks and make well-written text through the content that it was trained on.
④ The human AI trainers can provide conversations of high quality through managed fine tuning.

문 11. 밑줄 친 부분에 들어갈 말로 가장 적절한 것은?

> A: I crave sweets.
> B: You just had a big chocolate cake all to yourself.
> A: I know you also have a sweet tooth.
> B: I'm nothing compared to you.
> A: You ate all my candies the other day!
> B: It was a one time thing.
> A: No it wasn't. You don't miss desserts after a meal.
> B: But that's …… Anyways, you seriously need to cut back on sweets.
> A: No. Not at all. _____.

① It's killing two birds with one stone.
② Talk to yourself.
③ I bit off more than I could chew.
④ It will work itself out.

문 12. 다음 대화 중 가장 어색한 것은?
① A: Hey, are you busy right now?
   B: Not really. Why do you ask?
② A: Mom, I'm home! Where are you?
   B: Over here. In the kitchen.
③ A: What's got you down? Tell me.
   B: Well, I'd rather not say right now
④ A: Will you do a favor for me?
   B: No. I'm in favor of it.

문 13. 밑줄 친 부분에 들어갈 말로 가장 적절한 것은?

> Night owls who like to go for a brisk walk, bike ride, or jog later in the day are less prone to diabetes, according to new research. Scientists in the Netherlands say engaging in regular exercise late in the day improves blood glucose control among older adults. A study of 775 Dutch men and women found those who were physically active in the afternoon or evening were less likely to develop the disease in comparison to those working out in the morning. Lead author Dr. Jeroen van der Velde from Leiden University says moderate-to-vigorous physical activity (MPVA) led to a reduction of up to a quarter (25%) in insulin resistance compared with an even distribution throughout the day. Researchers add that _____ may be relevant for metabolic health and should be a consideration when experts give lifestyle advice.

① the frequency of physical activities
② the time when physical activities occur
③ appropriate types of physical exercise
④ the place where physical exercise occur

문 14. 우리말을 영어로 옳게 옮긴 것은?
① 우리의 미래는 넓은 바다에 있다.
   → Our future lays in the broad ocean.
② 더 혼잡함을 느낄수록 더 스트레스를 받는다.
   → The more crowded we feel, the more stressed we get.
③ 바다는 강과 호수처럼 조류를 가지고 있다.
   → The sea has its currents as are the river and the lake.
④ 나는 너무 부끄러워 그녀 앞에 얼굴을 들 수가 없었다.
   → I was so ashamed to face to her.

문 15. 어법상 옳은 것은?
① He grasped both my hands with his own.
② My sister always comes out good in photos.
③ The world is changing so fastly that it's hard for us to adjust to it.
④ He seemed mature though his young age.

문 16. 주어진 글 다음에 이어질 글의 순서로 가장 적절한 것은?

> Scientific inquiry refers to the diverse ways in which scientists study the natural world and propose explanations based on the evidence derived from their work.

(A) Yet the activities and thinking processes used by scientists are not always familiar to the educator seeking to introduce inquiry into the classroom. Many facets of inquiry in science education are left to be discovered.

(B) Inquiry also refers to the activities of students in which they develop knowledge and understanding of scientific ideas, as well as an understanding of how scientists study the natural world.

(C) Hence, students who use inquiry to learn science engage in many of the same activities and thinking processes as scientists who are seeking to expand human knowledge of the natural world.

① (B) - (A) - (C)   ② (B) - (C) - (A)
③ (C) - (A) - (B)   ④ (C) - (B) - (A)

문 17. 주어진 문장이 들어갈 위치로 가장 적절한 것은?

> Yet, two percent of our genes that differ from those of chimps must have been given through this evolution and responsible for all of our seemingly unique properties.

Molecular genetic studies over the last dozen years have shown that we continue to share over ninety-eight percent of our genes with the chimps. (①) This means the overall genetic distance between us and chimps is even smaller than the distance between such closely related bird species as red-eyed and white-eyed vireos, or willow warblers and chiffchaffs. (②) Since Darwin's time, fossilized bones of hundreds of creatures variously intermediate between apes and modern humans have been discovered, making it impossible for a reasonable person to deny the overwhelming evidence. (③) It means that what once seemed absurd, our evolution from apes, actually happened. (④) We did undergo some changes rather quickly and recently in our evolutionary history, enabling these distinct properties to appear.

문 18. 내용의 흐름상 적절하지 못한 문장은?

Alternative "meats" are nothing new. In the early 20th century, the food company owned by the Kellogg family sold a meat substitute known as "protose," made of a combination of soy, peanuts and wheat gluten. ① "First-generation" plant-based meat alternatives include tofu and tempeh — protein-rich foods already popular in Asian cuisines that bear little resemblance to meat. ② Pan-frying is the easiest, least fussy way to cook up a batch of ultra-crispy cubes of tofu. ③ "Second-generation" plant-based meats, however — like 'Beyond' and 'Impossible' — are designed to look, cook and taste exactly like meat. ④ Impossible even developed an ingredient called "heme," a genetically modified version of iron that allows its fake meat to "bleed" much like meat from a cow or a pig. The idea was to appeal to the general public and flexitarians.

문 19. 밑줄 친 부분에 들어갈 말로 가장 적절한 것은?

Artists have been doing amazing things with artificial intelligence (AI) and its various predecessors for decades. The work is only getting better, more interesting, more exciting. Of course, it's easy to see why people are intimidated. The worlds of artificial intelligence and machine learning are changing things up with fearful speed. We suddenly have apps at our fingertips that can turn a simple verbal prompt into an image within seconds, meaning no human touch is necessary at all. If you're a graphic designer or illustrator working in certain commercial fields, it's already clear that AI will be a _____. AI defenders say the approach of AI companies falls under fair use because the results, like Picasso's riffs on Manet or Delacroix, are transformative. But artists and illustrators feel violated and exploited. None of these apps, they point out, would work nearly as well without their skill and creativity, their life's work.

① reliable assistant
② negligible problem
③ major disruption
④ perfect substitute

문 20. 다음 글의 제목으로 가장 적절한 것은?

Roughly 1 in 4 people with bipolar disorder report a seasonal pattern in their mood symptoms. Temperature seems to serve as the key link between seasonality and bipolar symptoms. While study results vary, there's some general consensus: Episodes of depression occur more frequently in winter, and episodes of mania occur more frequently in spring and summer. Research from 2020 also suggests that among people with bipolar disorder, those with a history of suicide attempts tend to have greater sensitivity to weather and more severe meteoropathy symptoms. Participants with a greater number of suicide attempts had higher scores on meteoropathy screening tests.

① Can Climate Affect Our Mental States?
② Bipolar Disorder Caused by Extreme Mood Swings
③ How To Diagnose Bipolar Disorder?
④ Meteoropathy Screening Test: Is It Reliable?

한 국 사

문 1. 다음 토기가 주로 사용된 시기에 대한 설명으로 옳은 것만을 모두 고른 것은?

> ㄱ. 덧띠 토기 - 가락바퀴와 뼈바늘을 이용하여 옷이나 그 물을 만들었다.
> ㄴ. 붉은 간토기 - 반달 돌칼과 구멍 뚫린 돌자귀를 만들어 농경에 활용하였다.
> ㄷ. 미송리식 토기 - 거친무늬 거울을 사용하여 제사를 지내거나 의식을 거행하였다.
> ㄹ. 눌러찍기무늬 토기 - 거푸집을 이용하여 청동 도끼를 제작하였다.

① ㄱ, ㄴ
② ㄱ, ㄹ
③ ㄴ, ㄷ
④ ㄷ, ㄹ

문 2. 밑줄 친 '왕'에 대한 설명으로 옳은 것은?

> 백제왕은 장기와 바둑을 좋아하였는데, 도림이 고하기를 "제가 젊어서부터 바둑을 배워 꽤 묘한 수를 알게 되었으니 왕께 알려드리기를 원합니다."라고 하였다. …… 왕이 (도림의 말을 듣고) 나라 사람을 징발하여 흙을 쪄서 성(城)을 쌓고 그 안에는 궁실, 누각, 정자를 지으니 모두가 웅장하고 화려하였다. 이로 말미암아 창고가 비고 백성이 곤궁하니, 나라의 위태로움이 알을 쌓아 놓은 것보다 더 심하게 되었다. 그제야 도림이 도망을 쳐 와서 그 실정을 고하니 고구려왕이 기뻐하여 백제를 치려고 장수에게 군사를 나누어 주었다.
> ― 『삼국사기』 ―

① 웅진 천도를 단행하였다.
② 중국의 남북조와 각각 수교하였다.
③ 후연을 공격하여 요동으로 진출하였다.
④ 북위에 국서를 보내 고구려를 공격해줄 것을 요청하였다.

문 3. 3·1 운동과 관련된 설명 중 옳지 않은 것은?
① 미국에서는 필라델피아 한인 자유 대회가 개최되었다.
② 대한독립선언, 대동단결선언, 2·8 독립선언 순으로 발표되었다.
③ 파리강화회의에 김규식을 대표로 파견하여 독립 열망을 호소하였다.
④ 기미독립선언문의 본문은 최남선이 작성하고 공약 3장은 한용운이 작성하였다

문 4. ㉮~㉱에 대한 설명으로 옳지 않은 것은?

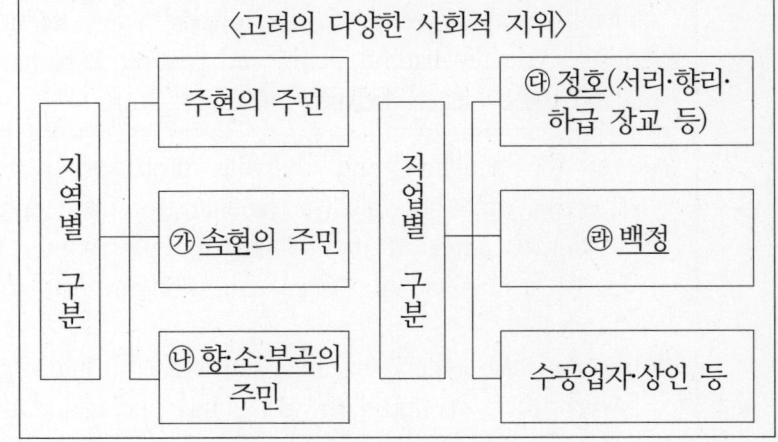

① ㉮와 ㉯는 향리의 지배를 받았다.
② ㉰는 직역에 상응하는 토지를 지급받았다.
③ ㉱는 직역을 수행하지 않고 농업에 종사하였다.
④ ㉯의 주민은 과거를 통해 하급 관료가 될 수 있었다.

문 5. 조선 시대의 관청에 대한 설명으로 옳지 않은 것은?
① 춘추관 - 시정기를 편찬하였다.
② 사간원 - 서경권을 가지고 있었다.
③ 교서관 - 국왕의 교지를 작성하였다.
④ 한성부 - 서울의 행정과 치안, 사법을 담당하였다.

문 6. 다음 글에 대한 설명으로 가장 옳지 않은 것은?

> 우리나라는 실로 신종 황제의 은혜를 입어 임진왜란 때 나라가 폐허가 되었다가 다시 존재하게 되었고 백성은 거의 죽었다가 다시 소생하였으니, 우리나라의 나무 한 그루와 풀 한 포기와 백성의 터럭 하나하나에도 황제의 은혜가 미치지 않은 것이 없습니다. 그런즉 오늘날 크게 원통해 하는 것이 온 천하에 그 누가 우리와 같겠습니까?

① 북벌 정책에 대해 논하였다.
② 송시열이 효종에게 올린 글이다.
③ 화이론에 따라 국제 관계를 바라보고 있다.
④ 청의 중국 지배 현실을 인정해야 한다고 주장하였다.

문 7. (가) 시기에 있었던 일로 옳은 것은?

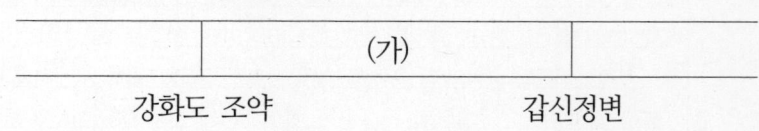

① 홍범 14조 반포
② 을미의병 발생
③ 오페르트 도굴 미수 사건
④ 조·미 수호 통상 조약 체결

문 8. (가) ~ (나) 시기에 볼 수 있는 모습으로 옳지 않은 것은?

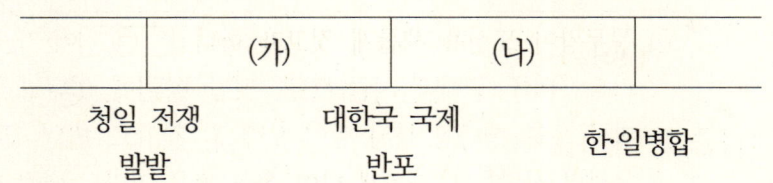

① (가) - 우체부로부터 편지를 건네받는 상인
② (가) - 명동 성당에서 미사를 보고 나오는 신도들
③ (나) - 전환국에서 당오전을 발행하는 기술자
④ (나) - 인천에서 기차를 타고 서울로 가는 상인

문 9. 다음 제시문의 (가)와 관련된 설명으로 옳지 않은 것은?

　(가) 을/를 팔아 진휼곡을 마련하도록 하였다. 흉년이 들어 곡식이 귀하므로 쌀 여섯 가마를 바치는 자에게 팔도록 할 것이다.
　　　　　　　　　　　　　　　　　　　　- 『숙종실록』 -

① 승려의 수를 제한하는 데 활용되었다.
② 국가 재정을 보충하기 위해 발행되었다.
③ 부유한 상민의 신분 상승 수단으로 활용되었다.
④ 전공을 세운 사람 또는 납속을 한 사람들에게 주어졌다.

문 10. <보기>의 그림들의 제작 시기를 시간 순으로 바르게 나열한 것은?

― <보 기> ―
ㄱ. 이상좌의 「송하보월도」
ㄴ. 안견의 「몽유도원도」
ㄷ. 장승업의 「삼인문년도」
ㄹ. 정선의 「금강전도」

① ㄱ - ㄴ - ㄷ - ㄹ
② ㄱ - ㄴ - ㄹ - ㄷ
③ ㄴ - ㄱ - ㄷ - ㄹ
④ ㄴ - ㄱ - ㄹ - ㄷ

문 11. 고려 시대 성리학의 수용 과정에 대한 설명으로 옳은 것은?
① 안향 - 공민왕이 중영한 성균관의 대사성이 되었다.
② 이제현 - 충렬왕 때 고려에 성리학을 처음 소개하였다.
③ 이색 - 정몽주, 권근, 정도전에게 성리학을 가르쳤다.
④ 정몽주 - 역사서 『사략』을 저술하였다.

문 12. 밑줄 친 '왕'에 대한 설명으로 옳은 것은?

　여러 신하들이 왕의 유언에 따라 동해 입구의 큰 바위 위에서 장례를 치렀다. 왕이 변해 용이 되었다고 세상에 전하므로, 그 바위를 가리켜 대왕석이라고 한다. 유조는 다음과 같다. "과인은 운수가 어지럽고 전쟁을 하여야 하는 때를 만나서 서쪽을 정벌하고 북쪽을 토벌하여 영토를 안정시켰고, 배반하는 무리를 토벌하고 협조하는 무리를 불러들여 멀고 가까운 곳을 모두 안정시켰다."
　　　　　　　　　　　　　　　　　　　　- 『삼국사기』 -

① 백성들에게 정전을 지급하였다.
② 귀족과 관리에게 주던 녹읍을 폐지하였다.
③ 매소성과 기벌포 전투에서 당군을 물리쳤다.
④ 진골 출신으로는 처음으로 왕위에 올라 왕권을 강화하였다.

문 13. 다음 약조가 체결된 국왕 대의 사실로 옳은 것은?

○ 왜인의 3포 거주를 허락하지 않고 3포 중 제포만 개항한다.
○ 도주(島主)의 세견선을 종전의 50척에서 25척으로 반감한다.
○ 종전의 세사미두 200석을 반감해 100석으로 한다.

① 백운동서원에 소수서원이라는 편액이 내려졌다.
② 인문종합지리서인 『신증동국여지승람』이 편찬되었다.
③ 길주 지방의 토호 세력이었던 이시애가 난을 일으켰다.
④ 정여립이 전라도에서 대동계를 조직하여 역성혁명을 도모하였다.

문 14. 다음 자료에 나타난 민족 운동이 전개된 시기에 있었던 사실로 옳은 것은?

　민중의 보편적인 지식은 보통 교육으로 가능하지만, 심오한 지식과 학문적 이치는 고등 교육이 아니면 불가하며 …(중략)… 오늘날 우리 조선인도 세계 문화 민족의 일원으로 남과 어깨를 나란히 하고 우리의 생존을 유지하며 문화의 창조와 향상을 기도하려면, 대학의 설립이 아니고는 다른 방도가 없다.

① 조선인이 발행한 신문을 검열하였다.
② 조선사상범예방구금령이 제정·공포되었다.
③ 조선 태형령을 제정하여 조선인을 탄압하였다.
④ 브나로드 운동이라는 농촌 계몽 운동이 전개되었다.

문 15. 다음 글을 지은 인물에 대한 설명으로 옳은 것은?

> 무릇 동양의 수천 년 교화계(敎化界)에서 바르고 순수하며 광대 정밀하여 많은 성현들이 전해주고 밝혀 준 유교가 끝내 인도의 불교와 서양의 기독교와 같이 세계에 큰 발전을 하지 못함은 어째서이며 …… 유교계에 3대 문제가 있는지라. 그 3대 문제에 대하여 개량하고 구신(求新)을 하지 않으면 우리 유교는 흥왕할 수가 없을 것이다.

① 대한민국 임시 정부의 대통령을 역임하였다.
② 만주에서 의민단을 조직하여 독립 전쟁을 전개하였다.
③ 신민족주의를 제창하여 민족주의의 한계를 극복하려 하였다.
④ 조선 불교 유신회를 조직하여 사찰령 철폐 운동을 전개하였다.

문 16. 밑줄 친 인물이 왕으로 즉위하여 활동하던 기간에 있었던 사실로 가장 옳은 것은?

> 개경으로 돌아온 강조(康兆)는 김치양 일파를 제거함과 동시에 국왕마저 폐한 후 살해하였다. 이 같은 소용돌이 속에서 대량원군이 임금으로 즉위하였다.

① 부모의 명복을 빌기 위해 현화사(玄化寺)를 창건했다.
② 거란의 침입에 대비하여 광군 30만을 조직했다.
③ 지방관이 없는 속군에 감무를 파견하였다.
④ 재조대장경의 각판 사업에 착수했다.

문 17. (가), (나) 시기 사이에 있었던 일로 적절하지 않은 것은?

> (가) 시모노세키 조약을 통해 일본이 요동 반도와 타이완을 차지하자 러시아가 독일, 프랑스를 끌어들여 일본을 압박하였고, 일본은 이에 굴복하여 요동 반도를 청에 반환하였다.
> (나) 일본의 통제하에 있던 중앙군 일부가 의병 진압을 위해 지방으로 출동하자, 고종은 이를 틈타 경복궁에서 러시아 공사관으로 처소를 옮겼다.

① 교정청이 설치되었다.
② 건양 연호를 제정하였다.
③ 서울에 친위대, 지방에 진위대를 설치하였다.
④ 정동파 관료들이 고종을 왕궁 밖으로 탈출시키려 시도하다 실패하였다.

문 18. ㉠과 ㉡의 인물이 수행한 활동으로 옳은 것은?

> ○ 문무왕이 도성을 새롭게 짓고자 하니, ㉠ 이/가 말하기를 "비록 궁벽한 시골[草野] 띳집[茅屋]에 있다고 해도 바른 도를 행하면 복된 일이 오래 갈 것이고, 만일 그렇지 못하면 사람을 수고롭게 하여 성을 쌓을 지라도 아무 이익이 없을 것입니다." 하니, 왕이 곧 그 성을 쌓는 것을 그만두었다.
> ○ ㉡ 의 자(字)는 총지(聰智)이며, 아버지는 원효, 어머니는 요석 공주이다. 신문왕 때 「화왕계(花王戒)」를 지었고, 성덕왕 때에는 「감산사 아미타여래조상기」를 지었다.

① ㉠ - 당에 유학하여 빈공과에 급제하였다.
② ㉠ - 당에서 유학하고 돌아와 부석사를 창건하였다.
③ ㉡ - 사산비명, 『계원필경』 등의 저술을 남겼다.
④ ㉡ - '한산기', '계림잡전', '고승전' 등을 저술하였다.

문 19. (가) ~ (라) 시기에 해당하는 사실로 옳지 않은 것은?

(가)	(나)	(다)	(라)
조선건국준비 위원회 결성	제1차 미·소 공동위원회 개최	5·10 총선거 실시	

① (가): 건국강령이 발표되었다.
② (나): 좌우 합작 7원칙이 발표되었다.
③ (다): 김구와 김규식이 남북 협상에 참여하였다.
④ (라): 경교장에서 김구가 안두희에게 암살당하였다.

문 20. 다음의 (가)와 (나) 사이에 있었던 사실로 옳은 것은?

> (가) 이제 본인은 임기 중 개헌이 불가능하다고 판단하고 현행 헌법에 따라 내년 2월 25일 본인의 임기 만료와 더불어 후임자에게 정부를 이양할 것을 천명하는 바입니다.
> (나) 첫째, 여야 합의하에 조속히 대통령 직선제 개헌을 하고 새 헌법에 의해 대통령선거로 88년 2월 평화적 정부 이양을 실현토록 하겠습니다.

① 서울 올림픽 개최
② 제13대 대통령 선거
③ 박종철 고문치사 사건
④ 민주헌법쟁취 국민운동본부 결성

2023년 5월 6일 시행

SUPER 360 공통과목 모의고사
Vol.2 제11회

응시번호	
성 명	

문제책형
가

【시험 과목】

과목	제1과목	국어	제2과목	영어	제3과목	한국사
출제		국어 이윤주 / 영어 조태정 / 한국사 고종훈				

모의고사 관련 안내

1. 공통과목 3과목을 60분 안에 푼다는 360 모의고사의 취지를 감안하여 아래 표에 과목별 실제 풀이 시간을 분 단위로 기재하고 그 변화를 스스로 체크하시기 바랍니다.

과목	국어	영어	한국사
시간			

2. 모의고사 해설 강의
   - 시험 직후 메가공무원 홈페이지(www.megagong.net)의 SUPER 360 모의고사 해설강의 페이지를 이용해주시기 바랍니다.

※ 문제지는 시험 종료 후 가지고 갈 수 있습니다.
※ 이 모의고사의 내용을 무단 전재·복제·유포하는 행위는 법적으로 처벌을 받을 수 있습니다.

메가 공무원 온라인 강의 / 메가공무원 / www.megagong.net / 1644-8806
오프라인 강의 / 메가공무원학원 / gongssel.megagong.net / 02-3280-1010

국 어

문 1. 어법에 맞고 자연스러운 문장은?
① 나는 원고지에 연필로 십 년 이상 글을 써 왔는데 이제 바꾸려고 하니 쉽지 않다.
② 나는 모닥불을 피우기 위해 숲을 뒤져 장작을 구해 왔다.
③ 올해는 쌀 재배 면적이 현저히 줄어들었다 한다.
④ 국제 사회에서 우리나라의 위상이 높아지도록 해야 한다.

문 2. 밑줄 친 말의 표기가 올바른 것은?
① 동생을 꾀여서 그런 짓을 하다니.
② 산 정상에 오르면 앞이 탁 틔여서 좋아.
③ 기분 전환도 할 겸 바람을 좀 쐬는 게 어때?
④ 땅이 비 때문에 확연히 파였다.

문 3. 다음의 예문을 ㉠에 따라 바르게 나타낸 것은?

주체 높임법은 문장의 주어를 높이는 것이고, 상대 높임법은 청자에 따라 종결어미로 높이거나 낮추는 것이고, 객체 높임법은 대상, 즉 문장의 목적어나 부사어를 높이는 것이다.
㉠다음 예문에서 높임 표현이 적용되면 [+]로, 적용되지 않으면 [-]로 나타내 보자.

할머니는 고향을 떠나신 아버지를 생각하며 눈물을 흘리셨어요.

① [주체+] [객체-] [상대+] ② [주체-] [객체-] [상대+]
③ [주체+] [객체+] [상대+] ④ [주체+] [객체+] [상대-]

문 4. 밑줄 친 접두사 중 한자에서 온 말끼리 바르게 짝지은 것은?
① 맨손 - 소규모   ② 초만원 - 들볶다
③ 난문제 - 신세계 ④ 시퍼렇다 - 덧저고리

문 5. 다음의 밑줄 친 부분과 의미가 통하는 한자성어로 옳은 것은?

문제를 어리석게 해결한다 함은, 오줌을 누어 언 발을 녹이는 경우와 같이, 당장의 문제는 일단 벗어났으나 다음에 더욱 어려운 문제가 생길 수 있게 처신했을 경우를 말한다.

① 人山人海   ② 明若觀火
③ 自激之心   ④ 姑息之計

문 6. 밑줄 친 단어의 한자 표기가 옳은 것은?
① 주의(主意)가 산만한 아이를 주시해야 한다.
② 가차(假借)없이 엄벌에 처해야 한다.
③ 두 팀은 백중세(百中勢)의 경기를 펼쳤다.
④ 내 말에 추호(秋護)의 거짓도 없다.

문 7. 다음 관용 표현과 속담의 뜻이 올바르지 않은 것은?
① 죽은 자식 나이 세기: 이왕 잘못된 일을 자꾸 생각해도 소용없다는 말.
② 마각을 드러내다: 숨기고 있던 속마음이나 정체를 보이다.
③ 변죽을 울리다: 바로 집어 말하지 않고 둘러서 말을 하다.
④ 우선 먹기에는 곶감이 달다: 매우 좋아서 취할 만함.

문 8. 두 사람의 대화에 적용된 공감적 듣기의 방법이 아닌 것은?

"윤주야, 나 오늘 속상한 일이 있었어."
"속상한 일이 있었어? 저런, 그래서 안색이 안 좋아보였구나. 무슨 일인지 자세히 얘기해 줘."
"편의점에서 일본산 맥주를 구입했다가 주위 사람들한테 한소리 들었지 뭐야."
"광복절인 오늘 일본 제품을 사서 다른 사람들에게 좋지 않게 보였을 거야. 연진이 네가 일본 맥주를 아무리 좋아한다고 해도, 오늘 같은 날은 일본에 대한 국민적 정서를 고려했어야지. 연진이 네 잘못이 맞아."
"그렇구나, 네 말대로 개인의 취향보다는 국민적 정서가 고려되어야 하는 경우도 있구나. 고마워."

① 윤주는 연진의 말에 주의를 기울이고 있음을 보여주고 있다.
② 연진은 자신과는 다른 윤주의 관점을 이해하고 있다.
③ 윤주는 연진의 말에 대한 판단을 유보하고 연진의 감정을 이해하고 있다.
④ 연진은 윤주의 말에 담긴 정확한 의미를 이해하기 위해 스스로 정리하고 있다.

문 9. 글의 흐름으로 보아 괄호 안에 들어갈 내용으로 가장 적절한 것은?

크로체(Croce)는 20세기 최대의 역사가·철학자의 한 사람이었는데, 그의 역사적 문제 의식은 이탈리아의 파시즘에 대한 비판을 토대로 한 것이었다. 그는 역사 지식과 과학 지식의 근본적인 차이를 주장하고, 결국 (   ) 이라고 말하면서 이른바 역사의 현재성(現在性)을 강조하였다. 또 중세의 사회·경제사의 대가였던 프랑스의 브로크는 1940년 이후 레지스탕스 운동에 적극 가담하여 1944년 나치스에게 심한 고통을 당한 끝에 총살되었는데, 그의 사후(死後) 출판된 '이상한 패배(敗北)'(1949년)는 2차 대전 중의 프랑스의 패전을 비판·반성하고, 그가 왜 지식인으로서, 또 애국적 시민으로서 레지스탕스에 참가하지 않을 수 없었는가를 밝혔다. 크로체와 블로크의 문제 의식이 얼마나 깊이 있는 것인가는, 그들이 갖는 사학사상(史學史上)의 확고 부동한 위치가 증명한다. 이 두 위대한 역사가는 다 같이 역사가의 사명이 진정한 의미에서 폭넓고 지속적 영향을 주는 하나의 '관(觀)'의 확립에 있다고 보았던 것이다.

① 역사가의 사명은 사실(史實)을 현재와 관련짓는 것
② 모든 역사는 사회에 대한 비판으로부터 출발하는 것
③ 모든 역사는 역사가의 마음속에서 하나의 현실로 존재하는 것
④ 역사는 역사가가 모든 사실(史實)에 객관적인 자세를 가짐으로써 알게 되는 것

문 10. 밑줄 친 ㉠의 내용을 바르게 이해한 것은?

> '죽음의 춤이란 무엇인가'에 관해 답하기란 쉬운 일이 아니다. '마카브르' 예술을 다루는 사람이라면 누구나 이러한 문제에 직면하게 된다. 이들은 각각 이미 지나간 시대나 동시대의 작품, 이를테면 그림, 연극, 문학, 춤, 음악 혹은 풍습을 천착했느냐에 따라 그것을 조금씩 다르게 이해한다.
> 초기 기독교인들은 춤을 표현 수단으로서 예배에 포함시켰던 것으로 보인다. 신학 사전과 춤의 역사에 관한 기본 학술서에서는 종교적 무도, 장례식에서의 춤, 부활의 춤에 대해 언급하고 있다. 참회서와 설교 모음집을 보면, 중세의 교회와 공동묘지는 기도 장소로뿐만 아니라 자유분방한 축제와 때로는 심지어 죽음의 축제를 위한 장소로도 사용되었음을 알 수 있다. 사람들은 특정한 축제일이나 위험이 임박할 때 춤을 춤으로써 새 삶을 얻거나 죽음의 마력을 깨뜨리려고 하였다. 이러한 풍습에 관해 가장 오래된 상징적 증거로는 옛 프란체스코 수도원 회의실에 있는 15세기의 벽화를 들 수 있다.
> 베스트팔렌 지방에서는 상가(喪家)에서 시신을 지키거나 장례식을 거행할 때 상징적인 죽음의 춤이 널리 퍼져 있었다. 참석자들은 서로 손을 잡고 원을 그리거나, 시체인 척 누워있는 사람을 제비뽑기로 결정해 모두가 그를 에워싼 채 짝을 지어 춤을 추었다. 이때, 시체로 선택된 자는 '죽은 채로' 가만히 누워 있었다. 그리고 ㉠춤을 추는 사람들은 입을 다물고 부활의 노래와 입맞춤을 통해 '고인'을 다시 깨워야만 했다.
> 19세기까지 스페인, 독일, 스칸디나비아뿐만 아니라 이탈리아, 헝가리, 슐레지엔, 스코틀랜드, 아일랜드 등 유럽의 광범위한 지역에서는 춤과 죽음이 밀접하게 연결되어 있었다.

① 제비뽑기를 통해 시체가 된 사람의 주술을 풀어주는 의식을 거행하고 있는 것이다.
② 춤을 추고 노래를 불러 시끄럽게 만들어서 죽은 척 하는 사람이 일어나도록 만든다.
③ 상징적인 죽음에서 부활을 의미하는 의식으로 죽은 자가 살아나기를 바라는 의식이다.
④ 고인을 깨우는 역할을 맡은 사람들은 입을 다물고 노래를 부를 수 있는 능력이 필요하다.

문 11. 다음 글의 표현과 그 효과에 대한 설명으로 적절하지 않은 것은?

> 이렇게 비 내리는 날이면 원구의 마음은 감당할 수 없도록 무거워지는 것이었다. 그것은 동욱 남매의 음산한 생활 풍경이 그의 뇌리를 영사막처럼 흘러가기 때문이었다. 빗소리를 들을 때마다 원구에게는 으레 동욱과 그의 여동생 동옥이 생각나는 것이었다. 그들의 어두운 방과 쓰러져 가는 목조 건물이 비의 장막 저편에 우울하게 떠오르는 것이었다. 비록 맑은 날일지라도 동욱 오뉘의 생활을 생각하면, 원구의 귀에는 빗소리가 설레고 그 마음 구석에는 빗물이 스며 흐르는 것 같았다. 원구의 머릿속에 떠오르는 동욱과 동옥은 그 모양으로 언제나 비에 젖어 있는 인생들이었다.

① 느린 서사 진행을 통해 전개될 내용을 암시적으로 보여 주고 있다.
② 시각과 청각적 이미지를 통해 인물의 내면 심리를 제시하고 있다.
③ 중심 소재가 지닌 함축적 의미를 활용해 내용을 이끌어 가고 있다.
④ 자연적 배경을 통해 작품의 분위기를 짐작할 수 있도록 하고 있다.

[12~13] 다음 글을 읽고 물음에 답하시오.

> 신병을 선발할 때는 반드시 그들의 직업을 고려해야 한다. 어부, 들새 사냥꾼, 과자 장수, 베 짜는 직공 등은 일반적으로 여성들과 맞는 직업이어서 군에 입대해서는 안 된다. 반면에 대장장이, 목수, 백정, 사냥꾼 등은 매우 적절한 직업이다. 공화국의 번영은 병사들을 잘 선발하는 데 달려 있다. 로마제국의 본질과 제국의 힘은 서로 불가피하게 연결되어 있으므로 병사 선발을 아무렇게나 해서는 절대 안 된다. 반드시 충성심이 강한 사람들을 선발해야 하며 이는 가장 중요한 일이다. 고대 로마인들은 이 점에서 철두철미한 세르토리우스를 군사적 자질이 뛰어난 인물로 평가했다. ㉠제국의 방어와 전쟁의 운명을 담당하는 군인들은 가능한 한 유명한 가문 출신의 자제들이어야 한다. 이런 사람들한테서 우리는 반듯한 정신 자세를 지닌 훌륭한 군인들을 기대할 수 있기 때문이다. 그들은 명예심으로 부적절한 행동을 하지 않고 승리할 것이다.
> 그러나 병사들이 군기가 서 있고 전투 경험을 상당히 했음에도 불구하고 선천적으로 겁쟁이라면 그들한테서 무엇을 기대할 수 있겠는가? 아무렇게나 신병을 모집하여 양성한 군대는 아무리 오랜 시간이 지나도 결코 훌륭한 군대가 되지 않는다. 이것은 대부분의 군사적 실패의 주원인이었다. 우리는 중요한 경험들을 통해서 이 점을 잘 알고 있다. 패배는 대부분 장기간의 평화에서 기인하기 쉽다. 장기간의 평화 속에선 신병 선발을 소홀하고 부주의하게 하기 쉬우며, 양질의 시민들은 군대보다 민간 직업을 선호하게 되기 때문이다. 설상가상으로 부끄럽게 이권과 부정행위에 연루된 모병관들은 장차 보충병으로나 확보해야 할 자들을 정규병으로 받아들이는가 하면 심지어 그 주인이 하인으로 쓸 수 없는 자들까지 입대시키곤 했다. 따라서 그런 중요한 책임은 반드시 유능하고 성실한 사람들에게 맡겨야 할 것이다.

문 12. 위 글의 제목으로 가장 적절한 것은?
① 훌륭한 군인의 자세
② 신병의 직업적 배경
③ 훌륭한 군대의 요건
④ 신병 선발의 유의점

문 13. ㉠과 같은 사고방식을 보이고 있는 것은?
① 현영이는 돈을 잘 버는 사업가이기 때문에 경제적으로 힘든 사람을 잘 도와준다.
② 주미는 학교에서 공부를 열심히 하지 않지만 시험을 볼 때면 늘 좋은 성적을 얻는다.
③ 소현이는 자신의 의견을 자신 있게 주장하고 다른 사람을 설득하는 능력이 있기 때문에 반장이 되었다.
④ 유명한 교육자 집안에서 태어난 주원이는 유년시절부터 부모님과 많은 대화를 나누어 바른 가치관을 지녔다.

문 14. 문맥상 ㉠~㉣ 가운데 의미가 이질적인 것은?

　　같음과 다름의 문제는 철학적으로는 ㉠보편과 특수 및 전체와 부분의 문제와 관련되며, 이런 문제는 또한 현실적으로는 ㉡평등과 차이 및 조화와 구별의 문제와도 관련된다. 이런 문제에 관해 어떤 입장을 갖느냐에 따라서 인간과 다른 존재자들과의 관계, 인간과 문화의 공통점과 차이점, 개인과 사회의 관계를 어떻게 이해하느냐가 달라진다고 할 수 있다.
　　사람다움 혹은 사랑으로서의 인(仁)을 제시한 공자는 모든 사람은 근본적으로 소중하고 평등한 존재이지만, 다른 사람을 사랑하는 구체적인 방식은 사람에 따라서 그리고 상황에 따라서 달라질 수 있다고 했다. 장자는 인간을 포함한 우주만물의 근원적 동일성과 ㉢연관성을 강조하면서도, 어떻게 하면 사람들끼리 혹은 우주만물과도 함께 서로의 다양성을 ㉣다양성으로서 이해하고 인정하면서 잘 어울려 살 수 있는가 하는 문제에 관해 이도관지(以道觀之)와 물아일체(物我一體)를 중심으로 이야기했다.

① ㉠ ② ㉡ ③ ㉢ ④ ㉣

문 15. 다음 글에 대한 설명으로 옳지 않은 것은?

　　스미스라는 미국 청년은 고교 중퇴 후 이메일 스팸을 무차별 살포한 뒤 온라인으로 진통제를 팔아 수백만 달러 수익을 올렸다. 그는 수사당국에 체포돼 고급차와 집 두 채, 현금 130만달러를 압수당하고 풀려난 뒤에 도미니카공화국으로 건너가 범죄행위를 반복하다가 당국에 체포돼 징역 6개월형을 받았다.
　　끊임없이 반복되는 스팸은 때로는 우리 사생활에 마구 끼어들어 심한 불쾌감과 스트레스를 가중시킨다. 방법 또한 교묘해지고 있다. 지인 이름으로 '잘 지내느냐', '그때 고마웠다'와 같은 제목을 달아 낚시를 하기도 한다. 새로운 스팸 살포 방법은 개인 정보 유출 문제와도 맥을 같이하고 있다. 해킹이나 개인 정보 유출로 인해 스팸리스트가 될 개인 정보가 암시장에서 거래되면서 휴대폰 스팸, 메일, 보이스피싱 등 2·3차 피해로 넘어가는 것이다. 문제는 여기서 끝나지 않는다.
　　스팸을 박멸하지는 못할지라도 스팸을 줄여 나가는 데는 지혜를 모아야 한다. 지난 6월 시만텍이 내놓은 스팸메일 발신지 조사보고서에 따르면 우리나라가 7위, 중국이 10위를 차지했다. 일본은 2006년 이전에는 스팸메일 발신지 순위에서 상위권을 유지했지만 인터넷서비스사업자(ISP)들이 자율적으로 유동IP 대역의 25번 포트 사용을 제한하면서 스팸메일 발신지 순위가 뚝 떨어졌다.
　　일반적으로 유동IP 주소는 접속할 때마다 매번 할당받는 가변 주소라 발신자 추적이 어렵다. 따라서 스패머들은 유동IP 주소를 쓰는 컴퓨터에서 발신자 인증 기능이 없는 25번 포트로 신원을 숨기고 쉽게 스팸을 발송하고 있다. 그러므로 유동IP 대역의 25번 포트 사용을 엄격하게 제한한다면 한국이 더 이상 스팸메일 발신국이라는 오명도 벗을 수 있을 것이다.
　　또한 '스팸메일 종착역'에 해당하는 사용자 개개인이 한국인터넷진흥원 118 인터넷상담센터에 신고하는 등 실질적인 스팸 퇴치 활동에 적극 나서 줄 것을 부탁한다. 정부나 유무선 인터넷사업자, 그리고 우리 모두가 힘을 모으고 합쳐 디지털 생태계를 정화하여, 후세에 쾌적한 디지털 환경을 물려주는 것, 그것이 우리의 임무다.

① 문제점을 지적한 후, 해결 방안을 제시하고 있다.
② 대상의 장단점 분석을 통해 그 문제점을 규명하고 있다.
③ 일상에서 경험할 수 있는 사례를 제시해 이해를 돕고 있다.
④ 독자의 관심을 끌 만한 이야기를 들어 논의를 시작하고 있다.

문 16. 다음 시를 이해한 내용으로 적절하지 않은 것은?

　　병원에 갈 채비를 하며
　　어머니께서
　　한 소식 던지신다

　　허리가 아프니까
　　세상이 다 의자로 보여야
　　꽃도 열매도, 그게 다
　　의자에 앉아 있는 것이여

　　주말엔
　　아버지 산소 좀 다녀와라
　　그래도 큰애 네가
　　아버지한테는 좋은 의자 아녔냐

　　이따가 침 맞고 와서는
　　참외밭에 지푸라기도 깔고
　　호박에 따리도 받쳐야겠다
　　그것들도 식군데 의자를 내줘야지

　　싸우지 말고 살아라
　　결혼하고 애 낳고 사는 게 별거냐
　　그늘 좋고 풍경 좋은 데다가
　　의자 몇 개 내놓는 거여

　　　　　　　　　　　　- 이정록, 〈의자〉

① '의자'에 대한 말을 듣는 표면적인 상대방을 설정하여 시상을 전개하고 있다.
② '의자'에 담긴 함축적 의미를 바탕으로 인간과 사물이 교감하는 모습을 제시하고 있다.
③ '의자'를 의인화하여 시적 대상에게 의자의 역할을 다할 것을 권면하고 있다.
④ '의자'라는 일상적 소재를 상징적으로 사용하여 주제 의식을 형상화하고 있다.

문 17. 다음 시조에 대한 설명으로 적절하지 않은 것은?

　　우는 거시 벅구기가 프른 거시 버들숩가.
　　이어라 이어라
　　漁어村촌 두어 집이 닛 속의 나락들락.
　　至지국悤총 至지국悤총 於어思사臥와
　　말가흔 기픈 소희 온갇 고기 쒸노ᄂ다.

　　년닙희 밥 싸 두고 반찬으란 쟝만 마라.
　　닫 드러라 닫 드러라
　　靑청약蒻笠립은 써 잇노라, 綠녹蓑사衣의 가져오나.
　　至지국悤총 至지국悤총 於어思사臥와
　　無무心심흔 白백鷗구는 내 좃는가 제 좃는가.

　　　　　　　　　　　　- 윤선도, 〈어부사시사〉

① 자연의 아름다움과 흥취를 우리말로 묘사하고 있다.
② 동작과 소리를 활용한 여음구와 후렴구를 사용하고 있다.
③ 대구법과 설의법 등 다양한 수사법으로 정서를 표현하고 있다.
④ 종장을 제외하고 초장, 중장이 2구 이상 길어져 있다.

문 18. 이 글의 내용과 일치하지 않는 것은?

스트레스 반응은 위험한 상황에 처한 개체가 생존해야 한다는 본능과 먹이를 잡을 때 효율성을 높이는 데에서 시작되었다. 결국 스트레스란 인간이 환경에 잘 적응하고 변화하기 위한 기능이다. 그런데 지금 스트레스란 단어는 '애물단지'로 이해된다. 왜 그런 것일까?

현대 사회에서는 뱀이나 호랑이와 맞닥뜨려 목숨이 위험할 일은 거의 없다. 그런데도 인간의 뇌가 스트레스성 자극에 반응하는 양상은 10만 년 전과 크게 다르지 않다. 현대인들은 수백 년 전에 비해 예측할 수 없는 자극에 둘러싸여 있기 때문에, 오히려 끊임없는 긴장으로 스트레스를 더 많이 느낀다. 인간의 뇌가 현대적인 환경에 맞춰 스트레스 자극 반응을 진화시키는 데 겨우 200년 남짓한 시간은 너무 짧기 때문이다.

반응 시스템을 바꿀 수 없다면 대뇌에서 인식의 틀을 바꾸면 되지 않을까? 그러나 이것도 쉬운 일이 아니다. 스트레스에 대한 반응은 크게 두 가지 과정을 거쳐 이루어진다. 눈과 귀로 위험하다고 인지할 만한 모호한 자극이 들어오면 일단 자율 신경계가 반응하면서, 뇌하수체나 부신피질 등을 자극하여 스트레스 호르몬을 대량으로 방출한다. 그러고 나서 전두엽에서는 이것이 무엇인지 판단한다. 별일이 아니라고 판명되면 긴장을 풀라는 신호를 보내고, 진짜라면 도망가라고 명령한다. 대상이 무엇인지 완전히 파악하는 데 걸리는 시간조차도 아까운 위급한 상황이 생길 수 있으니, 일단 화재 경보를 울리고 나중에 어디에서, 얼마나 큰 불이 났는지 알아보는 편이 낫다는 식이다. 이는 효율성의 관점에서 진화·발전된 것으로, 뇌가 효율성과 생존력을 높이기 위해 불가피하게 선택한 것이었다.

임상 심리학자인 라자루스에 의하면, 생리적 반응에 더해서 인지적으로 한 번 경험한 일은 학습된다고 한다. 즉, 예전과 비슷한 상황이 나타나면 실제로 그런 일이 벌어지지 않았는데도 몸에서 반응하는 예측 시스템까지도 갖추게 된다. 이는 인간이 스트레스를 잘 다루고 더욱 안전해지기 위한 적응 과정이었다. 그런데 진화의 결과가 지금에 와서는 도리어 현대인의 발목을 잡는 꼴이 되었다. 시험에 한 번 실패하고 나면 시험이란 말만 나와도 불안하고, 시험이 다가올수록 더욱 긴장한다. 호랑이처럼 눈에 보이는 위험이 아닌데도 '한 번의 경험'이라는 무형의 기억이 스트레스의 근원이 된 것이다.

① 스트레스는 개체의 생존 본능에서 기인한다.
② 과거에 비해 현대인들의 스트레스 발생 빈도가 높다.
③ 경험의 반복으로 형성된 기억이 스트레스의 근원이다.
④ 스트레스는 위험으로 인지되는 자극에 대한 반응으로 나타난다.

문 19. (가), (나)에 공통적으로 사용된 내용 전개 방법은?

(가) 사전에는 사전(辭典)과 사전(事典), 두 가지가 있다. 사전(辭典)은 내가 검정필이라는 별명을 얻은 다음 그 말의 뜻을 찾아보았던 것처럼 낱말이나 구절을 일정한 순서대로 모아 그 발음과 뜻을 풀이해 놓은 책이고, 사전(事典)은 낱말 풀이보다는 특정 분야별로 우리 주변의 여러 가지 사항들에 대해 하나하나 해설을 담은 책이다. 그래서 사전(辭典)에 나오는 말이 사전(事典)에는 나오지 않을 수도 있고, 또 사전(辭典)에는 나오지 않거나 한 줄로 간단하게 설명된 말이 사전(事典)에는 여러 쪽에 걸쳐 자세하게 설명되어 있을 수도 있다. 즉, 사전(辭典)이 이 세상의 모든 '말'의 뜻을 설명한 책이라면, 사전(事典)은 각 분야별로 이 세상의 모든 '사물의 일'의 이치를 설명한 책이다. 그러므로 우리는 이 두 종류의 사전만 잘 활용해도 평소 우리가 쓰는 말과 글에 대해서는 물론 세상의 여러 이치에 대해서 수시로 설명해 주고 지식을 넓혀주는 훌륭한 선생님을 곁에 두고 있는 셈이다.

(나) 세상이란 무엇일까? 그저 평범하게 생각하면, 세상이란 사람이 살고 있는 모든 공간을 가리킨다. 세상 안에는 사람들의 삶이 있다. 사람들이 살지 아니하는 세상이란 의미가 없다. 세상 속에서 사람들은 혼자 살 수 없으며, 서로 모여서 사는 공동체의 삶을 형성한다. 이런 공동체적 삶 속에는 사람들끼리 맺는 여러 가지 관계가 있다. 이런 세상을 우리는 '사회'라고 부른다. 사회 속에는 사람들이 함께 지키고 누리는 삶의 방식이 있으며, 함께 만들어 내고 누리는 가치와 문화가 있다.

문학 속에도 세상이 있다. 그런데 문학에서 말하는 '세상' 또는 '세계'는 우리가 눈으로 보는 실제의 세상과 다르다. 문학이 보여주는 세상은 실제의 세상 그 자체가 아니며, 실제의 세상을 잘 반영하여 작품으로 빚어 놓은 것이다. 그러나 문학 작품 안에 있는 세상이나 실제로 존재하는 세상이나 그 본질에 있어서는 다를 바가 없다. 오히려 문학 작품 안의 세상이 어떤 문제 의식을 더 잘 보여 주는 측면도 있다. 문학 작품은 작가가 사회에 대한 상상력과 사회 의식을 바탕으로 하여 어떤 문제 의식을 가지고 빚어 낸 것이기 때문이다.

① 예시
② 대조
③ 분석
④ 인과

문 20. 다음 연구팀의 결론에 대한 반론으로 적절한 것을 〈보기〉에서 모두 고른 것은?

독일 막스플랑크연구소의 존-딜런 헤인스 박사 연구팀은 과학저널 〈네이처 뉴로사이언스〉 온라인판에 사람이 의지에 따라 어떤 행동을 하기로 결정을 내리기 10초 전에 뇌는 이미 그런 결정을 준비하고 있음이 실험에서 확인됐다는 논문을 발표했다.

연구팀은 피실험자 14명한테 두 손에 버튼 하나씩을 쥐고서 자기 의지에 따라 버튼 하나를 누르게 하고, 동시에 피실험자들의 뇌에서 일어나는 신경 반응을 뇌기능 자기공명영상(fMRI)을 통해 관찰했다. 그랬더니 피실험자들이 '내가 어떤 버튼을 누를지 결정했다'고 생각하며 버튼을 누른 순간보다 10초나 먼저 손가락의 움직임을 맡는 뇌 부위에서 신경 반응이 나타났다. 인간의 자유결정 전에 뇌가 이미 그 결정과 관련한 활동을 준비하고 있으며, 우리가 자유의지에 따라 어떤 결정을 내렸다고 생각하는 시점은 이미 뇌에서 많은 반응들이 있고난 다음임을 보여준다는 것이다. 이로부터 연구팀은 "인간에게 자유의지는 존재하지 않는다."고 결론내렸다.

〈보 기〉

ㄱ. 인간의 결심과 뇌 부위의 신경 반응 사이의 관계에 대한 위 실험에서 나타난 결과들은 어떤 행동을 그만둘 때에는 나타나지 않는다.
ㄴ. 사람이 자신의 자유의지를 인식하는 데에는 일종의 '시차'가 있을 뿐, 신경 반응과 자유의지가 따로 존재하는 것은 아니다.
ㄷ. 뇌 활동에 대한 신경생리학적 분석은 정신현상을 이해하는 데 도움을 준다.

① ㄱ
② ㄴ
③ ㄱ, ㄴ
④ ㄱ, ㄷ

영 어

문 1. 밑줄 친 단어의 뜻과 가장 유사한 것은?

Writers and artists have utilized humor, irony and ridicule to bring attention to a situation or issue which they <u>disapprove</u> of.

① disguise
② disparage
③ distract
④ dissent

문 2. 밑줄 친 단어의 뜻과 가장 유사한 것은?

Researchers outside of English literature <u>surmise</u> that Shakespeare's ruthless actions as a businessman were intentionally overlooked so as not to tarnish his reputation as a brilliant writer.

① defend
② erode
③ conjecture
④ withhold

문 3. 밑줄 친 단어의 뜻과 가장 유사한 것은?

The written record of the conversation doesn't <u>correspond</u> to what was actually said.

① accord
② transact
③ acclaim
④ defer

문 4. 빈칸에 들어갈 말로 가장 적절한 것은?

In order to remain, the country needs to _____ internal divisions which have been serious obstacle to development first competitive and be able to present a new vision.

① carry on
② get over
③ go in for
④ stick to

문 5. 밑줄 친 부분의 뜻과 가장 유사한 것은?

While the drinking sessions used to be considered a requirement, 64.5 percent of 1,824 employees surveyed by recruiting platform said, they are able to <u>turn down</u> such "invitations" without facing negative consequences.

① produce
② seek
③ attempt
④ reject

문 6. 다음 중 어법상 옳은 것은?
① Dentists advise you to have your teeth checked every six month.
② Books are seldom returned to their right place on the shelves.
③ Since I don't have a car, I have no choice but walk.
④ One differentiating factor is that the products look like.

문 7. 이 글의 제목으로 가장 적절한 것은?

If you plan on working out in the summer months, make sure you drink plenty of water so that your muscles and internal organs remain cool and functioning properly. The U.S. National Academies of Science, Engineering, and Medicine determined that an adequate intake for men is 3.7 liters and women 2.7 liters of total beverages a day, including water. However, if you're exercising then you should be taking in more fluid to make up for the fluids lost through sweat. During exercise is when hydration is most important. You're losing fluids and electrolytes through sweat, so you'll want to rehydrate while exercising. The American Council on Exercise recommends drinking 7 to 10 ounces of fluid every 10 to 20 minutes during exercise. That's approximately 1 cup of water.

① Is sports drink better than water when we are exercising?
② Drink as much water as you can whenever you have time.
③ Should we drink water more than usual when we exercise?
④ We can enjoy various kinds of drinks other than water.

문 8. 다음 중 우리말을 영어로 옮게 옮긴 것은?
① 만약 자신을 믿고 열정을 추구한다면, 당신의 모든 걸음이 성공의 길로 당신을 안내할 것이다.
  → If you believe in yourself and pursue your passion, your every steps will lead you on the path to success.
② 고대 이집트를 연구하는 데 그들의 삶을 바친 많은 사람들이 미라를 만드는 그들의 관습에 주의를 기울입니다.
  → Many people who dedicate their lives to studying Ancient Egypt focus their attention on the practice of mummification.
③ 그들의 주택은 공원 근처 아주 좋은 위치에 있다.
  → Their house is in a very favoured position nearby the park.
④ 아, 난 그 영화 벌써 봤어. 내가 너라면 시간 낭비 안 하겠다.
  → Oh, I've already seen that movie. I wouldn't waste my time, if I was you.

문 9. 다음 빈칸에 들어갈 말로 가장 적절한 것은?

East Asian people are more likely to develop a more aggressive type of stomach cancer because of their higher likelihood of alcohol intolerance, according to a new study led by researchers in Japan. The researchers' findings, published this week in the scientific journal Nature Genetics, associate lower alcohol tolerance with higher risk of diffuse stomach cancer, a rarer type of gastric cancer that affects more than one area of the stomach. There is an interesting combination between mutation development and a specific genotype in East Asians, which _____ alcohol metabolism.

① complies with
② sympathizes with
③ conforms with
④ interferes with

문 10. 다음 글의 내용과 일치하는 것은?

> Johannes Brahms, born in 1833 in Hamburg, was one of the most well-known composers of his time. "Wiegenlied" was his most immediate success. Published at the height of his popularity in 1868, the song was written as a lullaby for an old friend to sing to her new baby boy. But it soon became a hit throughout the continent, and the world. One of Brahms's tricks for replenishing his deep well of pretty melodies was genre blending. He was a student of local music and a subtle thief of catchy choruses. When he traveled Europe, he would often visit a city's library to go through its folk song collections to study reams of sheet music and transcribe his favorite bits. Like a savvy modern songwriter sampling another artist's hook for his own music, or a clever designer stealing flourishes from other products, Brahms would incorporate far-flung folk tunes into his art songs.

① Brahms was a famous composer, but it took a long time for his work to succeed.
② Wiegenlied was made as a lullaby for Brahms to sing for the boy he gave birth to.
③ Brahms copied his favorite parts by studying numerous sheet music while traveling in Europe.
④ Like most contemporary artists, Brahms did not use folk music in defiance of it.

문 11. 밑줄 친 부분에 들어갈 말로 가장 적절한 것은?

> A: What are you doing?
> B: I'm working on my term paper. Are you done with it already?
> A: Tom is doing it for me.
> B: You forced Tom to do your term paper? Are you bullying him?
> A: I didn't force him to do that. He was willing to do it for me.
> B: _____, or what?
> A: Yeah, sort of.
> B: You are so mean.

① Is he out of this world?
② Do you put up with him?
③ Is he your man Friday?
④ Is he between jobs?

문 12. 다음 대화 중 가장 어색한 것은?
① A: Let me just tie my shoelaces. Sorry!
　 B: Take your time.
② A: Is the food to your taste?
　 B: It's too oily for my taste.
③ A: Are you confident about today's marathon?
　 B: Of course. I'm in poor health.
④ A: Excuse me. Can you get me some water?
　 B: Water is self-served.

문 13. 다음 중 글의 내용과 일치하는 것은?

> Today most people can expect to live into their sixties and beyond. Every country in the world is experiencing growth in both the size and the proportion of older persons in the population. By 2030, 1 in 6 people in the world will be aged 60 years or over. At this time the share of the population aged 60 years and over will increase from 1 billion in 2020 to 1.4 billion. By 2050, the world's population of people aged 60 years and older will double (2.1 billion). The number of persons aged 80 years or older is expected to triple between 2020 and 2050 to reach 426 million. While this shift in distribution of a country's population towards older ages – known as population ageing – started in high-income countries, it is now low- and middle-income countries that are experiencing the greatest change. By 2050, two-thirds of the world's population over 60 years will live in low- and middle-income countries.

① As time goes by, the number of people over 80 will decrease, and the number of people over 60 will increase.
② By 2050, the population of 60 or older will triple compared to 2020.
③ The increase in the proportion of the elderly is progressing faster in Asia than in Europe.
④ Middle-income countries are also likely to face an population aging in the future.

문 14. 다음 중 어법상 올바른 것은?
① At that time, we all had colds and couldn't stop to sniff and sneeze.
② We do not know how salmon return to the correct shoreline region for spawning.
③ Central to the problem to poverty and mental retardation are the utter degradation of black experience.
④ Play is such important to development that it should be recognized as a right of every child.

문 15. 다음 중 어법상 올바른 것은?
① Think of children playing with toys accompanying with other children.
② I would have gotten better grades, had I started on my assignments much sooner.
③ Overall GDP would still be almost three times as highly as it is now.
④ Upon arrived home, Ms. Oshowei noticed that the necklace was lost.

문 16. 주어진 글 다음에 이어질 글의 순서로 가장 적절한 것은?

> Lie detection is a sophisticated and elusive art form. Detecting lies can be difficult, but it is possible. For one thing, notice atypical vocabulary.

(A) Also, destabilizing the liar is useful. Ask unexpected questions to catch someone off guard. For example, change the subject to make small talk about something like the weather or a recent sports game.

(B) Pay attention to whether the person starts using third-person pronouns instead of first-person ones throughout your conversation. This verbal cue might indicate they're trying to distance themselves from the action of the story and deceive you.

(C) By doing so, you reduce the prevalence of lying in your conversation, making it easier for you to notice any differences in how the person talks about the truth versus any potential lies.

① (B) - (A) - (C)　　② (B) - (C) - (A)
③ (C) - (A) - (B)　　④ (C) - (B) - (A)

문 17. 주어진 문장이 들어가기에 가장 적절한 곳은?

> However, the high cost and non-availability of the shoes in the open market prevented the access of such shoes to all athletes.

> The World Athletics, in its guidelines on shoes (before amendment in January 2020) provided that shoes used by athletes must not be those that create an "unfair advantage" and must be "reasonably available" to all. [①] The rules were silent as to what would amount to an "unfair advantage". [②] On the application of these rules, the Nike Vaporfly 4% could be considered unfair as it had been proven to increase the efficiency of a runner thereby creating an unfair advantage. [③] There would be no issue of unfairness if these shoes were available to all runners. [④] This thus, results in an unfair and non-level playing field and is regarded as a unconventional method of doping in running dubbed as "technological doping".

문 18. 다음 글의 흐름상 가장 어색한 문장은?

> For most of the second half of the twentieth century, the workers who appeared to benefit the most from technological change were those who had more years of formal schooling behind them. And economists developed a story to explain why that was so, which went something like this. ① The main character in this story is the digital electronic computer. Invented around the middle of the twentieth century, it grew explosively in power and usefulness as time went on. ② In the late 1950s and early 1960s, businesses started to make extensive use of mainframe computers. Then the personal computer (PC) was invented and began to spread. ③ As late as 1980, the United States had fewer than one PC per hundred people, but by the turn of the century that figure had risen to more than sixty. ④ Computers did not do away with the demand for the work of human beings altogether. What's more, these machines became far more capable over time.

문 19. 다음 빈칸에 들어갈 말로 가장 적절한 것은?

> When making economic decisions, people will presumably choose the alternative that best serves their interests. However, when people start to think about all decisions and actions in terms of their economic consequences, it affects the way they think about moral issues. Even to decide the interests of the public good, people can engage in economic calculations. Thus, they must first choose whether to frame their decision as an economic one, which is based on self-interest, or as, say, a moral one, which is based on concern for what is right. We want people to choose to frame their decisions on the basis of what is right. Such decisions are what we hope for and expect from our friends, family, and lovers. They are what we look for in people who possess the virtues of character that we value. We expect people to _____ their economic interests and act in this right way.

① escalate or prioritize
② protect or share
③ ignore or submerge
④ compel or persuade

문 20. 다음 글의 제목으로 가장 적절한 것은?

> US dietary guidelines recommend consuming less than 10% of daily calories from added sugars. On a 1,500-calorie diet, a level appropriate for moderately active 4- to 8-year-olds, just less than 10% would be about 33 grams of added sugars per day. In August, the American Heart Association issued stricter sugar recommendations designed to keep kids healthy, stating that children should consume less than 6 teaspoons - or 24 grams - of added sugars per day. It also recommended that children and teens should limit their intake of sugar-sweetened drinks to no more than 8 ounces per week. Research suggests that babies are naturally inclined to crave sugar as soon as they exit the womb. It's not a preference at this very early stage but rather a biological reality. To complicate matters, consuming sugar causes kids to crave even more of the sweet stuff.

① Keep Your Child Healthy: Limit Added Sugar
② Sugar Can Trigger A Rush of Dopamine
③ Biological Magic: Sugar Craving
④ Sugar Is Not Useful at all To Our body

한국사

문 1. 단군신화와 관련된 설명으로 옳은 것을 모두 고르면?

> 가. 정치적 지배자와 제사장이 일치된 사회였음을 알 수 있다.
> 나. 『삼국유사』의 찬자인 일연은 『위서』와 『고기』를 인용하였다.
> 다. 이규보가 지은 『제왕운기』에도 단군신화가 실려 있다.
> 라. 서거정의 『동국통감』에도 단군의 건국 이야기가 실려 있다.

① 가, 다
② 나, 다
③ 나, 라
④ 가, 나, 라

문 2. (가)와 (나) 사건 사이에 있었던 사실로 옳은 것은?

> (가) 고구려 왕 거련이 군사 3만 명을 이끌고 와서 왕도인 한성을 포위하였다. 고구려 군대가 군사를 네 방향으로 나누어 협공하였고, 바람을 타고 불을 놓아 성문을 불태웠다.
> - 『삼국사기』 -
>
> (나) 왕이 신라를 습격하기 위하여 직접 보병과 기병 50명을 거느리고 밤에 구천에 이르렀는데, 신라의 복병이 나타나 그들과 싸우다가 난병들에게 살해되었다. 시호를 성(聖)이라 하였다.
> - 『삼국사기』 -

① 신라가 대가야를 병합하였다.
② 거칠부가 『국사』를 편찬하였다.
③ 고구려가 평양으로 수도를 옮겼다.
④ 신라와 백제가 동맹을 처음 체결하였다.

문 3. (가)에 대한 설명으로 옳은 것은?

> (가) 역사서의 저자는 다음과 같은 글을 지어 왕에게 바쳤다. "성상 전하께서 옛 사서를 널리 열람하시고, '지금의 학사 대부는 모두 오경과 제자의 책과 진한(秦漢) 역대의 사서에는 널리 통하여 상세히 말하는 이는 있으나, 도리어 우리나라의 사실에 대하여서는 망연하고 그 시말(始末)을 알지 못하니 심히 통탄할 일이다. 하물며 신라·고구려·백제가 나라를 세우고 정립하여 능히 예의로써 중국과 통교한 까닭으로 범엽의 『한서』나 송기의 『당서』에는 도두 열전이 있으나 국내는 상세하고 국외는 소략하게 써서 자세히 실리지 않았다. …… 일관된 역사를 완성하고 만대에 물려주어 해와 별처럼 빛나게 해야 하겠다.'라고 하셨다."

① 동명왕의 업적을 칭송한 영웅 서사시이다.
② 불교를 중심으로 고대 설화를 수록하였다.
③ 유교적 합리주의 사관에 따라 기전체로 서술되었다.
④ 고조선부터 고려에 이르는 역사를 체계적으로 정리하였다.

문 4. 밑줄 친 '왕'의 행적으로 옳은 것은?

> 왕께서 부지런히 힘쓴 지 40여 년에 큰 공이 거의 이루어졌는데, 하루아침에 집안사람들의 화로 인하여 설 땅을 잃고 투항하였습니다. …(중략)… 충신은 두 임금을 섬기지 않는다고 하였습니다. 만약 자기의 임금을 버리고 반역한 아들을 섬긴다면 무슨 얼굴로 천하의 의로운 선비들을 보겠습니까. 하물며 듣자니 고려의 왕공께서는 마음이 어질고 후하며 근면하고 검소하여 민심을 얻었다고 하니 하늘의 계시인 듯합니다. 반드시 삼한의 주인이 될 것이니 어찌 편지를 보내 우리 왕을 문안, 위로하고 겸하여 왕공에게 겸손하고 정중함을 보여 장래의 복을 도모하지 않겠습니까.
> - 『삼국사기』 -

① 철원에 수도를 정하였다.
② '천통' 연호를 사용하였다.
③ 군대를 이끌고 금성(나주)을 점령하였다.
④ 남중국의 오월, 일본과 외교 관계를 맺었다.

문 5. 〈보기〉의 대외관계에 관한 사실을 일어난 순서대로 바르게 나열한 것은?

> 〈보 기〉
> ㄱ. 강감찬이 거란군을 맞아 귀주에서 크게 승리했다.
> ㄴ. 윤관이 별무반을 편성하여 여진을 물리치고 동북 9성을 개척했다.
> ㄷ. 금이 건국된 뒤, 고려가 금을 사대하기로 결정하였다.
> ㄹ. 김취려는 몽골군과 연합하여 강동성에서 거란군을 소탕하였다.

① ㄱ-ㄴ-ㄷ-ㄹ
② ㄱ-ㄷ-ㄴ-ㄹ
③ ㄴ-ㄷ-ㄹ-ㄱ
④ ㄴ-ㄹ-ㄷ-ㄱ

문 6. 빈칸 (가), (나)에 들어갈 독립운동 단체를 바르게 나열한 것은?

> 1930년대 일제의 중국 침략이 본격화되자, 중국 본토에서 활동하던 독립운동 단체들은 좌우의 대립을 지양하고 민족 연합전선을 형성하기 위해 상하이에서 (가) 을/를 결성하고 민족 유일당 건설을 제창하였다. 이에 1935년 여러 단체의 인사들이 난징에서 회의를 열고 (나) 을 창건하였다. 이는 단순한 여러 단체의 동맹이 아니라 단일정당을 형성한 것이다.

	(가)	(나)
①	한국대일전선통일동맹	민족혁명당
②	한국대일전선통일동맹	한국독립당
③	한국광복운동단체연합회	민족혁명당
④	한국광복운동단체연합회	한국독립당

문 7. 다음 내용의 발표에 대한 설명으로 옳지 않은 것은?

> 우리보다 먼저 문명개화한 나라들을 보면 남녀평등권이 있는지라. 어려서부터 각각 학교에 다니며, 각종 학문을 다 배워 이목을 넓히고, 장성한 후에 사나이와 부부의 의를 맺어 평생을 살더라도 그 사나이에게 조금도 압제를 받지 아니한다. 이처럼 대접을 받는 것은 다름이 아니라 그 학문과 지식이 사나이 못지않은 까닭에 그 권리도 일반과 같으니 어찌 아름답지 않으리오.

① 교육입국조서 반포에 영향을 주었다.
② 발표를 계기로 찬양회가 조직되었다.
③ 서울의 북촌 양반 부인들이 발표하였다.
④ 이 발표에 따라 순성여학교가 설립되었다.

문 8. 다음의 입장을 가진 세력에 대한 설명 중 옳은 것은?

> 인륜 개화는 천하만국을 통하여 천만 년이 지나도 장구함이 변하지 않거니와, 정치 이하의 여러 개화는 시대에 따라서 변개하기도 하고 지방에 따라 다르기도 하다. 그런고로 고금의 형세를 살피고 피차 사정을 비교하여 장점을 취하고 단점을 버리는 것이 개화의 대도(大道)다.

① 흥선 대원군의 통상 수교 거부 정책을 지지하였다.
② 『조선책략』을 들여온 김홍집의 처벌을 주장하였다.
③ 양무운동을 본받아 서양 과학 기술을 수용하려 하였다.
④ 일본의 문명 개화론에 입각해 정치 개혁을 추진하였다.

문 9. (가)와 (나) 사이의 시기에 있었던 사실로 옳은 것은?

> (가) 허적과 허견의 사가(私家)의 부가 왕실보다 많은 것은 백성의 피땀을 뽑아낸 물건이 아닌 것이 없으며, 복선군이 남은 집 재물이 허적과 허견보다 많으니, 지금 적몰한 뒤에는 모두 백성을 구호해 주는 비용으로 돌리면 어찌 조정의 아름다운 뜻이 아니겠습니까.
> (나) 송시열은 산림의 영수로서 나라의 형세가 고단하고 약하여 인심이 물결처럼 험난한 때에 감히 송의 철종을 끌어 대어 오늘날 원자의 명호를 정한 것이 너무 이르다고 하였으니, 이런 것을 그대로 두면 무도한 무리들이 장차 연달아 일어날 것이니 당연히 멀리 내쫓아야 할 것이다.

① 인현왕후가 복위되었다.
② 서인이 노론과 소론으로 갈라졌다.
③ 노론이 연잉군의 세제 책봉을 주장하였다.
④ 자의 대비의 복상 문제로 붕당 간 대립이 발생하였다.

문 10. 조선 시대의 법전과 법률 제도에 대한 설명으로 옳지 않은 것은?
① 행정과 사법이 명확하게 분리되어 있었다.
② 소송은 원칙적으로 신분에 관계없이 제기할 수 있었다.
③ 지방에서 관찰사와 수령은 관할 구역의 사법권을 가졌다.
④ 백성은 상언·격쟁을 통하여 왕에게 억울함을 호소할 수 있었다.

문 11. 다음과 같은 주장을 남긴 인물에 대한 설명으로 옳은 것은?

> 하늘이 재능을 균등하게 부여하는데 관리의 자격을 대대로 벼슬하던 집안과 과거 출신으로만 한정하고 있으니 항상 인재가 모자라 애태우는 것은 당연한 일이다. 어느 시대, 어느 나라에서 노비나 서얼이어서 어진 인재를 버려두고, 어머니가 개가했으므로 재능을 쓰지 않는다는 것은 듣지 못했다.
> - 「유재론」 -

① 삼정의 문란을 폭로하는 「애절양(哀絶陽)」이라는 시를 남겼다.
② 「양반전」과 「호질」 등의 한문소설에서 양반의 부패를 풍자하였다.
③ 홍길동을 주인공으로 하여 정치의 부패상을 비판한 한글소설을 썼다.
④ 서양인 선교사를 초빙하여 서양의 과학과 기술을 배우자고 제안하였다.

문 12. 다음 ㉠의 인물에 대한 설명으로 가장 적절한 것은?

직명	성명	연령	출생지	임명연월일	사직연월일
경무국장	㉠	44	신천	1919.8.12.	·

〈내무부 직원 명부(1919년 12월 말일 현재)〉 中

① 상해에서 한인애국단을 결성하였다.
② 민족혁명당을 조직하고 조선의용대를 이끌었다.
③ 안재홍과 함께 조선건국준비위원회를 주도하였다.
④ 단독정부 수립에는 반대하였으나 5·10 총선거에 후보로 출마하였다.

문 13. 밑줄 친 '조선의 변란'에 대한 설명으로 옳은 것은?

> 본 대신(이홍장)이 방금 조선 정부에서 온 문서를 받아 본 바에 의하면, …… 군대를 파견하여 속히 와서 토벌을 대신해 달라고 간청해 왔습니다. …… 청·일 양국이 협의 결정한 조약에 따라 조선의 변란이 평정되는 대로 즉시 군대를 철수시키고 다시 머물러 방비케 하지는 않도록 하겠습니다.
> - 청이 일본에 보낸 공문 -

① 급진개화파가 일본의 후원을 약속받고 일으켰다.
② 구식 군인들이 민씨 일족과 일본 공사관을 습격하였다.
③ 보국안민, 제폭구민의 대의를 위해 농민군이 봉기하였다.
④ 단발령과 왕비 시해를 계기로 유생들의 의병 운동을 일으켰다.

문 14. <보기>에서 설명하는 사건이 일어난 왕 대의 사실로 옳은 것은?

> < 보 기 >
> 도적들이 나라 서남쪽에서 봉기하였다. 그들은 바지를 붉게 물들여 스스로 남들과 다르게 하였기 때문에 사람들은 적고적(赤袴賊)이라고 불렀다. 그들은 주와 현을 도륙하고 서울의 서부 모량리까지 와서 사람들을 위협하고 노략질하고 돌아갔다.

① 대구화상이 『삼대목』을 편찬하였다.
② 비담과 염종의 난을 진압하였다.
③ 장보고가 법화원을 건립하였다.
④ 견훤이 후백제를 건국하였다.

문 15. 다음 법령이 제정된 때와 가장 가까운 시기에 있었던 사실로 가장 적절한 것은?

> 제1조 소학교는 국민 도덕의 함양과 국민 생활의 필수적인 보통의 지능을 갖게 함으로써 충량한 황국 신민을 육성하는 데 있다.
> 제13조 심상소학교의 교과목은 수신, 국어(일어), 산술, 국사, 지리, 이과, 직업, 도화, 소공, 창가, 체조이다. 조선어는 수의 과목으로 한다.

① 상해에서 국민 대표 회의가 개최되었다.
② 의열 활동을 위해 한인애국단을 결성하였다.
③ 육군특별지원병령을 제정하여 지원병을 선발하였다.
④ 조선청년독립단의 이름으로 독립선언서를 발표하였다.

문 16. 다음 사실과 관련된 국왕이 실시한 정책으로 옳은 것은?

> ○ 전 판한성부사 정척, 동지중추원사 양성지 등이 『동국지도』를 완성하여 바쳤다.
> ○ 변방 중심에서 전국적인 지역 중심 방어체제로 바꾸는 등 국방을 강화하였다.

① 재가녀 자손의 관리 등용을 제한하는 법을 공포하였다.
② 현직 관리에게만 수조권을 지급하도록 바꾸었다.
③ 원악향리처벌법과 금부삼복법을 시행하였다.
④ 일시적으로 개경으로 천도하였다.

문 17. 고려 시대의 경제에 대한 설명으로 가장 옳지 않은 것은?
① 성종 때 주전도감을 설치하여 건원중보를 주조하였다.
② 고려에서 만든 닥종이는 중국에 수출되어 호평을 받았다.
③ 개경, 서경, 동경 등에는 책, 차 등을 파는 관영상점이 있었다.
④ 탐라 왕족, 여진 추장, 향리와 노병 등은 무산계 전시를 지급받았다.

문 18. 다음 글의 단체와 관련된 설명으로 옳은 것은?

> 우리 사회에서도 여성 운동이 개시된 것은 또한 이미 오래이다. 그러나 회고하여 보면 여성 운동은 거의 분산되어 있었다. 그것에는 통일된 조직이 없었고 통일된 목표와 지도 정신도 없었다. …… 우리는 운동상 실천으로부터 배운 것이 있으니 우리가 실지로 우리 자체를 위하여 우리 사회를 위하여 분투하려면 우리 조선 자매 전체의 역량을 공고히 단결하여 운동을 전반적으로 전개하지 아니하면 아니 된다.

① 평양 숭의여학교 교사와 학생들이 조직하였다.
② 경상도 일대에서 3·1 운동의 확산을 주도하였다.
③ 여권통문을 발표하고 순성여학교를 설립하였다.
④ 여성의 단결과 지위 향상, 생활 개선을 목표로 활동하였다.

문 19. (가), (나) 신분층에 대한 설명으로 옳지 않은 것은?

> 오래도록 막혀 있으면 반드시 터놓아야 하고, 원한은 쌓이면 반드시 풀어야 하는 것이 하늘의 이치다. (가) 와/과 (나) 에게 벼슬길이 막히게 된 것은 우리나라의 편벽된 일로 이제 몇백 년이 되었다. (가) 은/는 다행히 조정의 큰 성덕을 입어 문관은 승문원, 무관은 선전관에 임명되고 있다. 그런데도 우리들 (나) 은/는 홀로 이 은혜를 함께 입지 못하니 어찌 탄식조차 없겠는가?

① (가)는 문과와 생원, 진사시에 응시할 수 없었다.
② (가)의 신분 상승 운동은 (나)에게 자극을 주었다.
③ (나)에 해당하는 인물로 정조 때 규장각 검서관으로 등용된 이덕무, 박제가 등이 있다.
④ (나)는 주로 기술직에 종사하며 축적한 재산과 탄탄한 실무 경력을 바탕으로 신분 상승을 추구하였다.

문 20. 다음 국회에 대한 설명으로 옳은 것은?

> 국회의원 총선거에서 여당이 전체 의석의 42%에 해당하는 125석을 확보함에 따라 헌정 사상 최초로 여소야대 국회가 등장하였다. 여당이 과반수 의석 확보에 실패함으로써 정부 여당에 의한 독주가 사라지고 야당과의 상호 협조를 통해 국정이 운영되었다.

① 농지개혁법을 제정하였다.
② 내각책임제로 헌법을 개정하였다.
③ 헌법을 개정하여 대통령의 3선을 허용하였다.
④ 청문회를 열어 5·18 민주화 운동의 진상을 규명하였다.

**공통과목
3과목을
60분 안에
푼다!**

Vol. 2

SUPER 360 모의고사

해설집

제8회 공통과목 모의고사 Vol.2

국어

Speed 정답 Check

| 01 | ① | 02 | ② | 03 | ① | 04 | ② | 05 | ④ | 06 | ④ | 07 | ④ | 08 | ① | 09 | ③ | 10 | ④ |
| 11 | ② | 12 | ② | 13 | ② | 14 | ① | 15 | ④ | 16 | ④ | 17 | ④ | 18 | ① | 19 | ② | 20 | ④ |

01 문법 – 음운론 – 음운의 변동   정답 ①

해설 ① 나면 → 나(다)+면
'-면'은 ('이다'의 어간, 받침 없는 용언의 어간, 'ㄹ' 받침인 용언의 어간 또는 어미 '-으시-' 뒤에 붙어) 불확실하거나 아직 이루어지지 않은 사실을 가정하여 말할 때 쓰는 연결 어미이다. 탈락된 요소가 없다.

오답 풀이 ② 자라 → (자 + 아라), 동음 '아'가 탈락하였다.
③ 가도 → (가 + 아도), 동음 '아'가 탈락하였다.
④ 서서 → (서 + 어서), 동음 '어'가 탈락하였다.

02 규범 – 어문규정 – 띄어쓰기   정답 ②

해설 '-ㄴ데'는 뒤 절에서 어떤 일을 설명하거나 제안하기 위하여 그 대상과 상관되는 상황을 미리 말할 때에 쓰는 연결 어미이므로 '추운데'처럼 붙여 쓴다.

오답 풀이 ①은 시간의 경과를 나타내는 의존 명사 '지'가 쓰였으므로 띄어 쓴다. '여'는 접미사로 앞말에 붙여 쓴다
③은 시간이나 횟수 뒤에 쓰인 의존 명사 '만'이 쓰였으므로 띄어 쓴다.
④은 체언 뒤에 쓰인 조사 '만'이 쓰였으므로 붙여 쓴다.

03 문법 – 형태론 – 품사   정답 ①

해설 '그 노래는 언제 들어도 좋다.'와 '설악산은 언제 보아도 아름답다.'의 '언제'는 부사로 쓰인 경우로 '때가 특별히 정해지지 않았음을 나타내는 말.'이다. 한편, '언제'는 부사 이외에 대명사로도 쓰이는 품사 통용 단어이다. 즉 '보고서를 언제까지 제출해야 합니까?'와 같이 (의문문에 쓰여) '잘 모르는 때를 가리키는 지시 대명사로' 쓰이기도 한다.

오답 풀이 ② '필통에서 연필 하나를 꺼냈다.'의 '하나'는 '수효를 세는 맨 처음 수'를 나타내는 수사로 쓰인 경우이고, '우리 모두 하나가 되어 이 나라를 지킵시다.'의 '하나'는 '뜻, 마음, 생각 따위가 한결같거나 일치한 상태'를 나타내는 명사로 쓰인 경우이다.
③ '우리는 예정보다 훨씬 늦게 도착했다.'의 '늦다'는 '시간이 알맞을 때를 지나 있다.'라는 뜻을 나타내는 형용사로 쓰인 경우이고, '그는 버스 시간에 늦어 고향에 가지 못했다.'의 '늦다'는 '정해진 때보다 지나다.'라는 뜻을 나타내는 동사로 쓰인 경우이다.
④ '민수가 수희를 정말 사랑한다고 해.'의 '정말'은 '거짓이 없이 말 그대로'의 뜻을 나타내는 부사로 쓰인 경우이고, '민수가 수희를 사랑하는 게 정말이니?'의 '정말'은 '거짓이 없이 말 그대로임. 또는 그런 말'의 뜻을 나타내는 명사로 쓰인 경우이다.

04 규범 – 어문규정 – 한글 맞춤법   정답 ②

해설 누누히 → 누누이
첩어 또는 준첩어인 명사 뒤는 부사화 접미사 '-이'를 적는다.

오답 풀이 ① 삼가다: 몸가짐이나 언행을 조심하다.
삼가 + 아 = 삼가(동음 탈락)
'삼가하다'는 잘못된 표현이다.
③ 말을 걸거나 가까이 다가서다는 뜻은 원형을 밝혀 '붙이다'를 적는다.
④ 직접 경험한 사실을 말할 때에 쓰는 종결어미는 '-데'로 적는다.

05 규범 – 바른 문장 – 오류 복합   정답 ④

해설 ④는 불필요한 요소의 중복 없이 어법에 맞게 쓴 문장이다.

오답 풀이 ① '어려운'과 '난'(難 어려울 난)이 중복된다.
② 그가 스승의 뒤에서 걸어갔다는 것인지, 스승의 학문을 계승했다는 것인지, 스승을 따라 죽음을 택했다는 것인지 알 수 없다.
③ 유정 명사(사람이나 동물) 뒤에는 '에게'를, 무정 명사(식물이나 단체명사) 뒤에는 '에'를 쓴다. 그러므로 '꽃에 물을 주었다.'라고 쓰는 것이 맞는 표현이다.

06 어휘 – 한자 – 한자성어   정답 ④

해설 指鹿爲馬(지록위마) (가리킬 지, 사슴 록, 할 위, 말 마)
윗사람을 농락하여 권세를 마음대로 함을 이르는 말. 중국 진(秦)나라의 조고(趙高)가 자신의 권세를 시험하여 보고자 황제 호해(胡亥)에게 사슴을 가리키며 말이라고 한 데서 유래한다.

오답 풀이 ①, ②, ③은 문맥상 한자성어의 의미와 맞지 않다.
① 隔靴搔癢 (격화소양) (사이 뜰 격, 신 화, 긁을 소, 가려울 양)
신을 신고 발바닥을 긁는다는 뜻으로, 성에 차지 않거나 철저하지 못한 안타까움을 이르는 말.
② 康衢煙月 (강구연월) (편안 강, 네거리 구, 연기 연, 달 월)
번화한 큰 길거리에서 달빛이 연기에 은은하게 비치는 모습을 나타내는 말로, 태평한 세상의 평화로운 풍경을 이르는 말.
③ 夏爐冬扇 (하로동선) (여름 하, 화로 로, 겨울 동, 부채 선)
여름의 화로와 겨울의 부채라는 뜻으로, 격(格)이나 철에 맞지 아니함을 이르는 말. ≪논형(論衡)≫의 〈봉우편(逢遇篇)〉에 나오는 말이다.

07 어휘 – 한자 – 한자어   정답 ④

해설 '嗚咽(오열)'에서 '咽'은 '목멜 열/목구멍 인' 두 가지로 읽을 수 있는데, '嗚咽(오열)'의 경우에는 '열'로 읽는 것이 옳다.

오답 풀이 ① 相殺 – 상쇄 *殺: 죽일 살 / 덜 쇄
② 敗北 – 패배 *北: 북녘 북 / 달아날 배
③ 惡寒 – 오한 *惡: 악할 악 / 미워할 오

08 화법과 작문 – 말하기 – 말하기 방식   정답 ①

해설 일반적인 발표 절차는 다음과 같다.
1. 발표 주제, 목적, 예상 청중을 분석한다.(ㄱ)
2. 발표 자료를 수집하고 선정한다.(ㄷ)
3. 발표문 내용을 조직한다.(ㄴ)
4. 발표문을 작성한다.(ㄹ)
5. 발표의 시간과 분량을 조절한다.(ㅁ)

09 화법과 작문 – 말하기 – 말하기 방식   정답 ③

해설 'A사 직원'과 'B사 직원'은 모두, 협상 과정에서 '상대측의 책임을 지적하며 상대측이 협상안을 따르기를 요구'하는 협상 전략을 활용하지 않았다.

오답 풀이 ① 'B사 직원'의 첫 번째 발언 중 "지난 5년 동안 저희 제품을 믿고 사용하시면서 ~ 잘 아시잖아요?"에서 상대측과 그동안 형성해 온 신뢰 관계를 부각하는 협상 전략을 활용하였다.

② 'A사 직원'의 두 번째 발언 중 "하지만 이번에 납품 ~ 회사에 전달하도록 하겠습니다"에서 상대측의 양보를 통해 얻을 수 있는 다른 이익을 제시하는 협상 전략을 활용하였다.
④ 'A사 직원'의 두 번째 발언 중 "현재 귀사에서는 휴대폰용 ~ 소식을 전해 들었습니다"에서 상대측에 관한 정보를 사전에 조사하여 상대측의 관심사를 자극하는 협상 전략을 활용하였다.

10 독해 – 비문학 – 주제, 주장(견해)   정답 ④

해설 이 글에 따르면 '노후가 보장된 가입자들의 추가적인 납부를 통해 국민연금기금의 고갈 문제를 해결'하자는 것은 글쓴이의 입장에 부합하지 않는다.

오답 풀이 ① 1문단에 따르면, 글쓴이는 연금 보험료 납부와 관련하여 세대 간 갈등 같은 사회문제를 막기 위해 연금제도를 고쳐야 한다는 입장임을 알 수 있다.
② 3문단에 따르면, 글쓴이는 정부가 추후 기금 적립금이 고갈되면 그때 가서 부과 방식으로 변경할 수 있다고 밝히는 것에 대해 무책임하다고 평가하는 입장임을 알 수 있다.
③ 4문단에 따르면, 글쓴이는 정부가 국민연금의 소진 예정 정보를 국민에게 알리는 것보다 국민연금을 위해 국가가 어떻게 기여할지를 밝힘으로써 국민과의 신뢰를 회복하는 것이 더 중요하다고 보는 입장임을 알 수 있다.

11 독해 – 문학 – 현대시   정답 ②

해설 자연물을 의인화한 표현이 잘 드러나 있다.

오답 풀이 ① 화자의 시선이 근경으로 이동하고 있지 않다.
③ 반어적 어조를 사용하고 있지 않다.
④ '푸른 햇살', '초록으로 짙어 가는' 등에서 색채 이미지가 드러나지만 대비를 드러낸다고 보기는 어렵다. 또한 이를 활용하여 대상의 변화를 구체적으로 드러내는 것도 아니다.

> **✎ 작품 해제**
> 고재종, 〈초록바람의 전언〉
> · 갈래: 자유시, 서정시
> · 성격: 감각적, 희망적
> · 해제: 이 시는 봄날의 생동감 넘치는 장면을 산과 강과 들을 아우르는 봄바람을 중심으로 형상화하고 있는 작품이다. 여러 자연물을 의인화하여 서로 화답하고 조응하는 모습과 보리밭에서 김을 매던 여인의 모습을 연결하여, 봄을 맞은 세상 만물의 모습을 감각적인 이미지를 활용하여 그려 내고 있다.
> · 주제: 봄을 맞이한 자연의 생동감
> · 특징
>   – '초록바람'을 의인화하여 시적 공간의 이동에 따라 시상을 전개함.
>   – 시각적 심상과 청각적 심상을 사용하여 봄날의 생동감을 드러냄.

12 화법과 작문 – 쓰기 – 고쳐쓰기   정답 ②

해설 이 글은 '하이패스의 도입에 따른 요금 수납원의 해고 문제'를 다루고 있다. 그런데 ㉡에서 다룬 내용은 '앞으로 사라질 직업'에 관한 것이므로, 〈보기〉에 따르면 ㉡은 글의 통일성을 저해하는 내용에 해당한다. 따라서 ㉡은 내용의 통일성을 고려하여 삭제하거나, 주제와 유기적으로 연결되는 내용으로 수정해야 한다.

13 독해 – 비문학 – 논리적 순서   정답 ③

해설 (가)에서는 과학기술과 문화 예술적 감성이 상보적 관계에 있음을 강조한다.
(나)에서는 CEO들이 잘 하는 이야기로 '여섯 가지 쌍기역'이라는 내용을 제시한다.
(다)에서는 '여섯 가지 쌍기역' 중에 '꾀'와 '끼'에 해당하는 과학과 문화의 조합을 강조한다.
(라)에서는 CEO들의 '여섯 가지 쌍기역'의 내용에서 과학과 문화의 중요성을 강조하는 내용을 이끌어내고 있다.
순서에 맞게 배열하면 (나) – (라) – (가) – (다)이다.

14 독해 – 문학 – 고전시   정답 ①

해설 ① '㉠ 천리마'는 화자 자신을 비유하여 '능력은 있으나', '불우한 처지'(섶나무를 실는 것)에 대한 불만을 우의적으로 표현한 대상이다. 화자가 지향하는 대상은 아니다.

오답 풀이 ② ㉡ 쇠양마(능력 없는 양반들)는 ㉠ 천리마(재능이 있는 작가 자신)와 대조되는 대상이다.
③ 종장에서 재능도 없으면서 우쭐거리는 양반들을 살찌고 둔한 말(쇠양마는 성질이 온순하지 못하여 가다가 땅에 잘 뒹구는 말을 말한다)이라 하여 자신의 불만을 우의적인 수법으로 나타내고 있다.
④ '髀肉之嘆'(비육지탄)은 재능을 발휘할 때를 얻지 못하여 헛되이 세월만 보내는 것을 한탄함을 이르는 말. 《삼국지》〈촉지(蜀志)〉에서 중국 촉나라 유비가 오랫동안 말을 타고 전쟁터에 나가지 못하여 넓적다리에 살찜을 한탄한 데서 유래하므로 올바른 설명이다.

> **✎ 작품 해제**
> 김천택, 〈섶 실은 천리마~〉
> · 갈래: 평시조
> · 성격: 우의적, 간접적
> · 주제: 자신의 재능에 대한 자부와 불우한 처지에 대한 불만
> · 관련 고사성어: 비육지탄(髀肉之歎), 초요과시(招搖過市), 불식태산(不識泰山)

15 독해 – 비문학 – 주제, 주장(견해)   정답 ④

해설 제시문은 첫 문장인 '역사의 연구는 개별성을 추구하는 것이다'라는 내용을 중심으로 다양한 사례를 제시하고 있다. 따라서 제시문의 중심 내용은 '역사 연구에 있어서 개별성 추구의 필요성'이라 할 수 있다.

16 독해 – 문학 – 현대소설   정답 ④

해설 '나'는 '잇몸만으로 이를 가는 시늉을 하는 게 얼마나 처참한 것인지' 느끼고 있고, '어머니는 이 세상 소리가 아닌 기성을 지르며 머리카락을 부득부득 쥐어뜯다가 오줌을 받아 내는 호스도 다 뜯어 버렸다.'는 것에서 '어머니'의 행동을 광란처럼 느꼈으므로 ④의 내용은 적절하지 않다.

오답 풀이 ① '어머니'가 감당하기 어려운 상황이 오고 있음을 알고 있지만 어떤 방법으로도 해결하기 어렵다는 것을 느끼고 있으므로 적절하다.
② '어머니'가 과거의 사건에서 벗어나 현실로 빨리 돌아오기를 간절히 바라고 있으므로 적절하다.
③ '어머니'가 자신의 다리를 '오빠'의 다리와 동일시하며 광란이 심해지고 있고, 이를 보고 '나'는 괴기스럽게 느끼고 있으므로 적절하다.

> **✎ 작품 해제**
> 박완서, 〈엄마의 말뚝2〉
> · 갈래: 단편 소설, 연작 소설, 전후 소설
> · 성격: 자전적, 회고적, 사실적
> · 배경
>   – 시간: 6·25 전쟁 당시와 현재
>   – 공간: 서울
> · 시점: 1인칭 주인공 시점
> · 주제: 전쟁의 상처와 분단 문제의 극복 의지
> · 특징
>   – 세 편의 이야기가 각각 독립된 완결성을 지니면서 서사적으로 연결된 연작 소설 중 한 편임.

- 1인칭 주인공 시점을 활용함.
- 화자의 정신적 성장이 드러남.

17 독해 - 비문학 - 일치, 불일치   정답 ④

해설 2문단의 '자동기술법'은 무의식 속에 떠오르는 생각을 다듬지 않고 그대로 표현하는 것이다. 따라서 논리적으로 풀어낸다는 설명은 적절하지 않다.

오답 풀이 ① 1문단에서 초현실주의는 프로이트 정신분석의 영향을 받았음을 알 수 있다.
② 1문단에서 초현실주의는 기존의 통념을 깨는 새로운 표현 기법임을 알 수 있다.
③ 3문단에서 에른스트는 공포심이나 불안감을 표현하고자 했음을 알 수 있다.

18 독해 - 문학 - 수필   정답 ①

해설 ㉠ '토장 찌개'는 아이를 위한 정성과 함께 따뜻한 정서를 나타내는 소재이므로 '질화로'의 추억과 정감을 유발하는 역할을 하는 소재라 할 수 있다.

오답 풀이 ② ㉡ '담뱃대', ③ ㉢ '고서'는 아버지를 추억하는 소재로 그리움을 나타낸다.
④ ㉣ '신식 글'을 배우러 옛 마을을 떠나게 되었음을 알 수 있다. 이후 표박하게 되었다고 했으므로 추억과 정감을 연상하는 소재로 보기 어렵다.

> 📝 **작품 해제**
> **양주동, 〈질화로〉**
> · 갈래: 경수필
> · 성격: 회고적
> · 제재: 질화로
> · 주제: 질화로에 얽힌 추억과 정감
> · 특징
>   - 질화로에 얽힌 이야기를 통해 회고적 정서를 드러냄.
>   - 질화로를 다양한 감각적 이미지와 연결하여 표현함.

19 독해 - 비문학 - 오류의 유형   정답 ②

해설 제시문은 '만약 a이면 b이다. → b가 아니다. → 따라서 a가 아니다'의 논증 구조로 이루어져 있다. 이와 같은 후건 부정 방식의 논증 구조를 가지고 있는 것은 ②이다.

오답 풀이 ① 앞의 사건이 논리적으로 전혀 상관관계가 없음에도 불구하고, 뒤의 사건을 긍정하고 있다. 즉 '잠자는 사간'과 '미인'처럼 논리적 상관관계가 전혀 없는 것을 전제로 하고 있음에도 불구하고 이를 뒤의 사건에서 긍정하는 오류를 범하고 있다. 잠꾸러기가 아니어도 미인일 수 있다.
③ 논리적인 오류는 없지만 제시문과 달리 'a이면 b이다 → a이다. → 따라서 b이다'의 구조로 이루어져 있다.
④ 공격수를 영입하는 것은 첼시가 우승할 수 있는 여러 조건 중의 하나일 뿐이다. 따라서 하나의 조건이 충족되었다고 반드시 그러하리라고 결론을 내리는 것은 논리적인 오류가 있다. 즉, ①과 마찬가지의 오류를 범하고 있는 것이다.

20 독해 - 비문학 - 논리, 논증   정답 ④

해설 개연성이 높은 전제들을 참이라고 수용하여 결론을 도출해낼 수 있다는 나정에 대해 가영이 주장하는 바는 개연성이 높은 전제들이라고 해도 결국에는 거짓으로 밝혀지는 경우가 상당히 있다는 점을 내세워 반박하고 있다. 즉, 참인 전제들로부터의 논리적 추론을 통해 도출된 결론이 참이라는 사실을 가영 역시 인정하지만 전제가 확실히 참이라고 말할 수 없기 때문에 결론이 거짓일 수 있다고 주장하는 것이다. 따라서 옳지 않다.

오답 풀이 ① 가영과 나정의 대화를 보면, 둘 모두 증거가 책임 소재를 규명하는 데 중요한 역할을 수행한다는 사실을 전제로 삼고 있음을 알 수 있다. 따라서 옳다.
② 가영의 세 번째 발화에서 개연성이 높은 전제라도 거짓으로 밝혀지는 경우가 종종 있음을 언급하고 있다. 따라서 옳다.
③ 나정의 두 번째 발화에서 어떤 전제가 개연성이 높다면 참이라고 수용해야 하는 것이 아닌가라는 나정의 물음을 통해서 개연성이 높은 판단을 수용할 수 있다고 주장한다. 따라서 옳다.

영어

Speed 정답 Check

| 01 | ④ | 02 | ③ | 03 | ② | 04 | ④ | 05 | ③ | 06 | ③ | 07 | ② | 08 | ② | 09 | ② | 10 | ④ |
| 11 | ③ | 12 | ④ | 13 | ③ | 14 | ② | 15 | ④ | 16 | ① | 17 | ④ | 18 | ② | 19 | ③ | 20 | ③ |

01 정답 ④

선지 해석 defy 반항하다, 거역하다
① confine 한정하다, 가두다
② appreciate 평가하다, 감상하다
③ inform 알리다, 통지하다
④ resist 저항하다

해석 그들은 각각의 사진을 주의 깊게 연구하였다. 그리고 고양이가 사실은 뉴턴의 운동 법칙에 어긋나는 것이 아니라는 것을 알게 되었다.

어휘
photograph 사진   motion 운동

02 정답 ③

선지 해석 deduce 유추하다, 추론하다
① cease 중지하다, 그만두다
② restrict 제한하다, 국한하다
③ infer 추론하다
④ decrease 감소하다, 줄이다

해석 이 화석 기록은 어떻게 새로운 종이 진화하는지 그리고 어떻게 오래된 종이 사라지는지 둘 다 유추할 수 있도록 허락합니다.

어휘
fossil 화석   allow 허락하다, 허가하다
both A and B A도 B도   species 인종, 인류
evolve 진화하다   die out 사멸하다, 죽어 없어지다

03 정답 ②

선지 해석 ① give in 굴복하다
② carry on 수행하다
③ lay off 해고하다, 그만두다
④ let on 털어놓다

해석 주변에 온통 들려오는 소음에 주의를 무관심한 채, 소년은 집중했고 자기 일을 수행했다.

어휘
terrible 지독한   carry on 계속하다

04 정답 ④

선지 해석 ① prodigal 방탕한, 낭비하는
② abject 비참한, 비열한
③ absent 부재의, 방심한
④ dispassionate 냉정한, 감정에 흔들리지 않는

해석 결정권자로서 이 상황에 대해 냉정한 관점을 취하는 것이 필수적이다.

어휘
necessary 필수의, 필요한   situation 상황, 위치
decision maker 의사 결정자

05 정답 ③

선지 해석 ① alleviate 완화시키다, 줄이다
② domesticate 가축화하다, 길들이다
③ distinguish 구별하다
④ abbreviate 축약하다, 요약하다

해석 낡고 버려진 다락방 안은 너무나도 어두워서 나는 내 바로 앞에 있는 사람들의 얼굴조차도 구별할 수 없었다.

어휘
deserted 버림받은, 사람이 살지 않는   attic 다락방
in front of ~의 앞에

06 정답 ③

정답 해설 ③ "확신시키다, 설득시키다"의 의미인 동사 convince는 타동사로 항상 convince Ⓐ [that S+V]의 형태로 쓴다. (Ⓐ에게 that절의 내용을 확신시키다) 뒤에 목적어 Ⓐ가 빠져 있으므로, 수동태로 쓴다.
(convinced ⇒ was convinced)

오답 해설 ① 앞선 비교급 deeper와 비교 접속사 than이 올바르게 쌍을 이루었다.
② 전치사 between은 뒤에 and 와 항상 쌍을 이룬다. 올바른 표현이다.
④ but이 앞선 "not" (to be found)의 "not"과 함께 쓰여 "Ⓐ가 아니라 Ⓑ이다."의 의미로 올바르게 쓰였다.

해석 마르크스의 모순은 중앙집권화와 분권화의 원칙 사이의 모순에서 명백하게 드러나는 것보다 더 깊게 진행된다. 다른 모든 사회주의자들과 마찬가지로 마르크스는 인간의 해방이 정치적인 문제가 아니라 경제적, 사회적인 문제라고 확신했다. 자유에 대한 답은 국가의 정치적 형태의 변화에서 찾을 수 있는 것이 아니라 사회의 경제적, 사회적 변화에서 찾을 수 있다는 것이다.

어휘
contradiction 모순   apparent 명백한, 뚜렷한
principle 원칙, 원리   centralization 중앙 집권, 집중
decentralization 분권화, 집권 배제   on the one hand 한편으로는
socialist 사회주의자   convince 확신시키다, 설득시키다
emancipation 해방   primarily 본질적으로, 주로
political 정치의, 정치적   economic 경제적, 경제의
freedom 자유   change 변화, 변경
transformation 변화, 변형

07 정답 ②

정답 해설 ② 긱 이코노미는 근로자들에게 많은 혜택을 제공할 수 있다.
(→ 이 글은 긱 이코노미(gig economy)에 대한 글로서, 긱 이코노미의 개념을 설명한 뒤 긱 이코노미가 근로자에게 제공할 수 있는 장점과 편리한 측면에 대해 주로 서술하고 있다. 간접적인 주제문은 "Gig workers can find these temporary or freelance opportunities through online platforms or digital applications that allow the worker more autonomy than a traditional salary position."이며, 이 글에서는 경제학자들의 주장을 근거로 들며 긱 이코노미가 디지털 시대에 일의 미래가 될 수 있다고 말하고 있다. 따라서 이 글의 제목으로 가장 적절한 것은 긱 이코노미가 제공하는 혜택을 말하고 있는 ②이다.)

오답 해설 ① 노동은 점점 더 디지털 플랫폼을 통해 원격으로 이루어진다.
(→ 이 글은 긱 이코노미에 대해 소개하고 있다. 그러나 ①은 긱 이코노미의 이러한 특징 중 하나를 소개했을 뿐, 이 글 전체의 핵심 내용을 포괄하지 못하므로 요지로 적절하지 않다.)
③ 변화하는 비즈니스 환경은 긱 이코노미를 바꾸었다.
(→ 이 글은 긱 이코노미가 근로자에게 어떤 혜택과 자율성 등을 제공할 수 있는지 서술하고 있다. 그러나 변화하는 비즈니스 환경이 긱 이코노미를 변화시켰다는 것은 적절하지 않다.)
④ 가상 전용 서비스가 긱 이코노미로부터 등장했다.

(→ 이 글은 긱 이코노미에 대해 서술하며, 다양한 디지털 플랫폼을 활용하여 기회를 창출할 수 있다고 말하고 있다. 그러나 ④의 내용은 이 글에서 강조하는 핵심과 부합하지 않는다.)

해석 긱 이코노미(gig economy)는 탄력적 근로를 위한 시간제 및 정규직 고용 기회의 시스템이다. 긱 근로자는 근로자에게 기존의 급여직보다 더 많은 자율성을 허용하는 온라인 플랫폼이나 디지털 애플리케이션을 통해 이러한 임시 또는 프리랜서 기회를 찾을 수 있다. 많은 경제학자들은 긱 이코노미, 또는 공유 경제에서의 유연한 고용이 디지털 시대에 노동의 미래가 될 수 있다고 주장한다. 예를 들어, 독립적인 계약자들이 있다. 온라인 플랫폼과 다른 웹사이트는 숙련된 노동자들을 재능 있는 창의력을 가진 사람, 코더, 그리고 장인을 필요로 하는 소비자들과 연결한다. 프리랜서 직업은 전구를 바꾸는 것에서부터 웹사이트를 디자인하는 것까지 다양할 수 있다. 각 업무 전문가는 고객이 시간과 기술을 입찰할 수 있는 플랫폼에 자신의 전문성을 게시할 수 있으며, 그 반대의 경우도 마찬가지이다.

어휘
employment 고용
flexible 유연한, 탄력적인
autonomy 자율성
independent 독립적인
skilled 숙련된
light bulb 전구
bid 입찰하다
remotely 원격으로, 멀리서
perk 장점, 혜택
alter 바꾸다
emerge 등장하다, 나타나다
opportunity 기회
temporary 임시의
traditional 전통적인
contractor 계약자
craftsman 장인
expertise 전문성, 전문 지식
vice verse 그 반대도 마찬가지로
provide A with B A에게 B를 제공하다
shift 이동하다, 변화하다
virtual 가상의

08
정답 ②

정답 해설 '~을 불평하다'의 뜻은 complain about/of로 쓴다.
(complain ⇒ complain about)

오답 해설 ① 'with 명 -ing/p.p.' 표현이다. 타동사의 p.p. 뒤에 목적어가 없고, 눈이 '덮이는' 것으로 문맥상 적절하다. 올바르게 쓰였다.
③ ⅰ) most of 뒤에 명사를 쓸 때는 관사나 소유격 등 한정사를 반드시 쓴다. Most of the houses의 쓰임은 올바르다.
ⅱ) most는 부분을 나타내는 말로, 수를 나타내지 않는다. 따라서 뒤에 나오는 명사의 수에 동사의 수를 일치시키는데, 명사가 the houses, 즉 복수이므로 동사 또한 복수 형태로 쓴 것은 적절하다.
④ 가정법에서 시간부사가 따로 제시되지 않으면 동사의 모양을 맞춰준다. 주절과 if절이 각각 가정법 과거 형태로 올바르게 쓰였다.

해석 ① 그녀는 한쪽 눈을 가린 채로 그녀의 시력을 점검하고 있다.
② 나는 그가 불평하는 것을 들어본 적이 없다.
③ 우리 명부에 올라 있는 주택들 대부분이 도시 북쪽에 위치해 있다.
④ 우리가 좀 더 재활용을 했더라면, 우리는 보다 더 모았을 것이다.

어휘
cover 덮다
north 북쪽
complain about 불평하다
recycle 재활용하다

09
정답 ②

정답 해설 ② 강력한 치료사
(→ 이 글에서는 실내 식물이 면역체계에 도움이 되고 스트레스를 줄여주고, 건강 문제를 줄여준다고 설명한다. 빈칸이 포함된 문장은 주제문일 가능성이 높고, 빈칸은 주요 소재일 확률이 높다. 이 글은 실내 식물이 질병들과 싸우는 데 도움을 주고, 면역체계를 증진시켜 준다는 것을 설명하므로, 빈칸에 들어갈 말로 가장 적절한 것은 ②이다.)

오답 해설 ① 갈등의 원인
(→ 본 글은 실내에 식물을 두었을 때의 장점을 소개한다. 부정적인 내용인 ①이 답이 될 수 없다.)

③ 단순 공기청정기
(→ 이 글에서는 실내 식물이 공기를 정화해준다는 내용은 언급되지 않았다.)
④ 불면증 해결책
(→ 이 글에서는 실내 식물이 수면 문제를 해결해준다는 내용은 언급되지 않았다.)

해석 실내식물을 가지고 있는 것은 당신의 면역 체계가 어떤 바이러스와도 싸우도록 도울 것이다. 그것들은 당신이 제대로 쉬고 쉴 수 있는 환경을 만들어주고, 편한 마음과 몸은 일반적으로 더 강한 면역 체계를 의미한다. 이것은 식물이 당신의 스트레스 정도를 줄이는 데 도움을 주는 특정한 화학 물질을 가지고 있기 때문에 일어나고 이것은 당신의 면역 체계에 자연적인 힘으로 작용한다. 게다가, 당신이 식물 주위에 있을 때, 당신은 많은 질병과 싸우는 데 도움이 될 많은 훌륭한 화학물질을 얻게 된다. 이 모든 것이 왜 그들의 집에 실내 식물을 가지고 있는 사람들이 세균들과 더 효율적으로 싸울 수 있는지 설명해준다. 그들은 두통, 기침, 피부 문제, 그리고 심지어 메스꺼움을 덜 가지는 경향이 있다. 한마디로 식물은 장식으로만 사용해도 강력한 치유자다.

어휘
indoor 실내의
environment 환경
chemical 화학의, 화학물질
natural 자연적인
illness 질병
combat 싸우다
headache 두통
nausea 메스꺼움
immune system 면역 체계
certain 특정한
reduce 줄이다
aid 돕다
efficiently 효과적으로
bug 세균, 벌레
cough 기침
decor 장식

10
정답 ④

해설 글에서는 인터넷의 새로운 기술인 딥페이크 기술의 부정적인 면들을 설명하고 있다. ①, ②, ③ 모두 딥페이크의 부정적인 면을 표현하고 있으나 ④는 그와 반대되는 긍정적인 표현을 쓰고 있으므로 글의 흐름에 맞지 않다. 따라서 "파괴적인"의 의미인 destructive로 고치는 것이 옳다.
(wholesome ⇒ destructive)

해석 지난 달 State Farm은 최근 기억에 가장 널리 논의된 광고 중 하나가 된 TV 광고를 처음으로 내보냈다. 밝혀진 바에 따르면, 그 클립은 진짜가 아니었다: 그것은 최첨단 인공지능을 사용하여 생성되었다. 시청자들이 느꼈어야 할 것은 깊은 우려였다. State Farm 광고는 AI의 위험한 새로운 현상인 딥페이크의 적절한 예였다. 딥페이크 기술은 컴퓨터와 인터넷 연결이 가능한 사람이라면 누구나 실제로 말하거나 하지 않은 것들을 말하고 하는 사람들의 현실적으로 보이는 사진과 비디오를 만들 수 있게 해준다. 인상적이긴 하지만, 오늘날의 딥페이크 기술은 여전히 실제 비디오 영상과 동등한 것은 아니다. 비디오가 딥페이크임을 아는 것은 일반적으로 가능하다. 하지만 앞으로 몇 달과 몇 년 동안, 딥페이크는 인터넷의 이상한 물건에서 광범위하게 (④ 유익한 ⇒ 파괴적인) 정치적, 사회적 세력으로 성장할 것이라고 위협한다.

어휘
debut 처음으로 소개하다
widely 널리
recent 최근의
genuine 진짜의
cutting-edge 최첨단의
delight 기쁘게 하다
appropriate 적절한
enable 가능하게 하다
create 만들다
adjective 형용사
multiple 여러 개의
impressive 인상적인
authentic 진짜의, 실제의
typically 일반적으로
threaten 위협하다
destructive 파괴적인
prepare 준비하다
commercial 광고
discussed 논의된
as it turned out 밝혀진 바에 따르면
generate 제작하다
amuse 즐겁게 하다
concern 우려
phenomenon 현상
connection 연결
actually 실제로
refer to ~을 의미하다
layer 계층
equal to ~과 동등한
video footage 비디오 영상
possible 가능한
oddity 별스러운 물건, 이상함
political 정치적인

11
정답 ③

해설 ① 그가 생계를 꾸린다.
② 그가 흥을 유지해오고 있다.
③ 그가 오래 기다려왔다.
④ 그는 일을 망칠 준비가 되어 있다.

해석 A: 핀! 어디 갔었어? 내가 하루 종일 너한테 연락을 취했는데.
B: 문제에 휘말렸었어.
A: 무슨 문제?
B: 조금 있다가 얘기해 줄게. 존 사무실 안에 있어?
A: 그래. 당장 가서 이야기해. 그가 오래 기다렸어. 얼마나 기다리는 거 싫어하는지 알잖아. 화가 많이 났다고.
B: 알았어. 알려줘서 고마워.

어휘
cool one's heels 오래 기다리다

12
정답 ④

해설 ① A: 그렇게 차려입고 어디가는 거야?
B: 애드리아나가 신부 축하 파티에 날 초대했어.
② A: 방해해서 미안하지만 이것 좀 도와줄 수 있어요?
B: 그럼요, 뭐가 문제예요?
③ A: 오랜만이다. 요즘 안 보이던데.
B: 맞아. 여름 휴가에서 막 돌아왔어.
④ A: 야, 잠깐 시간 돼?
B: 조금 더 버텨 봐.

13
정답 ③

정답 해설 ③ 이산화탄소는 일종의 온실효과 가스이다.
(→ as a result of increased concentrations of greenhouse gases such as carbon dioxide in the atmosphere."를 통해 이산화탄소가 온실가스의 종류 중 하나라고 설명하고 있다.)

오답 해설 ① 기후 변화에도 불구하고 기온이 항상 상승하고 있는 것은 아니다.
(→ "Although weather will always vary from year to year, temperatures have been consistently rising, by an average of 0.14 degrees Fahrenheit since 1880 per decade, due to climate change"를 통해 기후 변화 때문에 온도가 올라가고 있다는 것을 알 수 있다.)
② 산업혁명은 지구 평균 기온 상승의 원인이 아니다.
(→ "Average global temperatures have risen 2 degrees Fahrenheit since the Industrial Revolution"를 통해 산업혁명을 기점으로 지구 평균 온도가 화씨 2도가 상승했다고 하고 있으므로 하나의 원인으로 볼 수 있다.)
④ 추운 날씨의 길이가 변하지 않을 것이다.
(→ "As a result, the duration of cold weather is getting shorter on both ends."를 통해 추운 날씨의 지속은 점점 짧아질 것이라는 것을 알 수 있다.)

해석 연방 정부에 따르면, 비록 날씨는 매년 다를지라도, 기후 변화 때문에 10년마다 평균 화씨 0.14도씩 지속적으로 온도가 상승해오고 있다. 지구의 평균 기온은 산업혁명 이후 대기 중 이산화탄소와 같은 온실가스의 농도가 증가한 결과로 화씨 2도 상승했다. "겨울이 점점 따뜻해지고 있다,"라고 매사추세츠 로웰 대학의 기후 과학 교수 매튜 발로우가 야후 뉴스에서 말했다. 결과적으로, 추운 날씨의 지속 기간은 양쪽 끝에서 점점 짧아지고 있다.

어휘
weather 날씨
temperature 온도
climate change 기후 변화
industrial revolution 산업혁명
greenhouse gas 온실가스
professor 교수
vary 다르다
Fahrenheit 화씨
federal government 연방정부
concentration 농도
carbon dioxide 이산화탄소
duration 지속

14
정답 ②

정답 해설 접속사 while 뒤에 p.p.의 형태인 held (on to)가 쓰여 분사구문이 되었다. 분사구문에서 p.p.는 수동으로 뒤에 목적어를 쓸 수 없는데, "고수하다"의 의미인 hold on to의 뒤에 목적어 religious values가 쓰였다. 따라서, 능동의 형태인 holding on to를 쓴다.
(held ⇒ holding)

오답 해설 ① want 동사 뒤에 to ⓡ의 형태인 to endorse가 능동으로 올바르게 쓰였다.
③ "~해야 한다"의 의미인 be forced to ⓡ이 올바르게 쓰였다.
④ "Ⓐ가 아니라 Ⓑ이다"의 의미로 「not Ⓐ but Ⓑ」가 올바르게 쓰였고, ④의 is의 주어는 앞선 God(단수)이다. 올바르게 수일치 되었다.

해설 Erich Fromm의 딜레마는 종교적 가치는 고수하면서도 Feuerbach, Marx, Freud, Weber의 종교에 대한 비판을 지지하고 싶다는 것이다. 그렇기 때문에 그는 초월적인 하나님에 대한 믿음이 위대한 종교 교사들의 특징이 아니라 오히려 그들 추종자들의 신경증적인 성격의 표현이라는 입장을 취할 수 밖에 없는 것이다.

어휘
dilemma 딜레마, 진퇴양난
critique 비판, 비평
hold on to 고수하다, 계속 유지하다
value 가치, 유용성
be forced to do ~해야 한다, ~하도록 강요받다
adopt 채택하다, 적용하다
belief 믿음, 신뢰
characteristic 특징, 특성
expression 표현, 표시
follower 추종자, 신봉자
endorse 지지하다, 통과시키다
religion 종교
religious 종교적인
position 입장, 처지
transcendental 초월적인
rather 오히려
neurotic 신경증의, 신경의

15
정답 ④

정답 해설 i) 2형식 be 동사 뒤에 형용사 dangerous를 보어로 쓴 것은 적절하다.
ii) 접속사 when 뒤에 -ing를 쓴 분사구문이다. 능동의 형태인 -ing 뒤에 목적어를 쓴 것은 적절하며, 분사구문의 생략된 주어인 Bears가 먹이를 쫓고, 새끼를 보호하는 것으로 문맥상 적절하다.
iii) 등위접속사 or을 중심으로 -ing 형태가 나열된 것은 올바르다.

오답 해설 ① information은 절대 불가산명사로, 수를 셀 수 없다. 따라서 복수 형태가 될 수 없고 단수로만 쓴다.
(informations ⇒ information)
② where이 이끄는 절은 타동사 know의 목적어절로, 종속절이다. 종속절에서는 도치하지 않으므로 정치시키는 것이 옳다.
(where is the bank ⇒ where the bank is)
③ '~을 고대하다'의 의미는 look forward to -ing를 쓴다.
(to spend ⇒ to spending)

어휘
information 정보
stranger 낯선 사람, (어떤 곳에) 처음 온 사람
dangerous 위험한
pursue 뒤쫓다, 추적하다
cub 새끼
laborious 힘든, 고된
especially 특히
protect 보호하다, 지키다

16
정답 ①

주어진 문장 주어진 문장은 RGB(레드, 그린, 블루)는 디지털 디스플레이 화면에서 사용되는 색상을 나타내는 시스템을 나타낸다고 말하고 있다.

해설 이 글은 적색, 녹색, 청색을 사용한 디지털 디스플레이의 색상 모델인 RGB에 대해 설명하고 있다. 주어진 문장에 언급된 내용은 (B)에서 RGB 개념에 대한 부연 설명을 제시하는 것으로 이어질 수 있으며, (B)에서는 각 색상들이 어떤 비트와 값을 사용

하는지 말하고 있다. 이 내용은 (A)에서 'This'로 받아지며, 이 값들이 수백만 값으로 변형되어 색을 표현할 수 있다는 내용으로 이어진다. 한편, (A)에서는 전자 시대 이전에 전자 디스플레이가 없었다고 말하는데, 이는 (C)에서 'So'와 함께 RGB 모델이 없었지만 어떻게 탄생했는지 말하는 것으로 연결될 수 있다. 따라서 주어진 글 다음에 이어질 글의 순서로 가장 적절한 것은 (B) - (A) - (C)이다.

해석 RGB(레드, 그린, 블루)는 디지털 디스플레이 화면에서 사용되는 색상을 나타내는 시스템을 말한다. (B) 적색, 녹색, 청색은 다양한 비율로 조합되어 가시 스펙트럼의 어떤 색도 얻을 수 있다. RGB 모델은 적색, 녹색, 청색 색상에 있어 각각 0부터 23까지 8비트를 사용한다. 또한 각 색상에는 0에서 255 사이의 값이 있다. (A) 이것은 수백만 가지 색으로 변형된다. 이러한 색 공간은 텔레비전, 컴퓨터 모니터, 디지털 카메라 및 다양한 유형의 조명과 같은 전자 디스플레이에 사용되는 색 표현 방법이다. 전자 시대 이전에는 전자 디스플레이 같은 것이 없었다. (C) 그래서 RGB 색상 모델은 존재하지 않았다. 색상 모델을 만들기 위해, 과학자들은 색을 전자적으로 표현하는 방법이 필요했다. 그들은 적색, 녹색, 청색의 세 가지 요소를 생각해냈다. 이 구성 요소들은 인간이 그것들을 쉽게 볼 수 있었기 때문에 선택되었다.

어휘
represent 나타내다, 재현하다
method 방법
various 다양한
combine 결합하다
obtain 얻다
come up with ~를 생각해내다
translate 변환하다, 변형하다, 번역하다
electronic 전자의
lighting 조명
proportion 비율
visible 가시적인
component 구성 요소

17 정답 ④

정답 해설 ④의 뒤의 문장에서 "also(또한) 만들었다"고 했으므로 그 앞에는 "만들었다"는 내용이 있어야 한다. 따라서 주어진 문장은 ④에 들어가는 것이 옳다.

해석 순수 수학에서 미적분의 진화는 교배와 그것의 이득의 이야기였다. 수학의 오래된 부분들은 미적분과 교차된 후에 활기를 띠게 되었다. 예를 들어, 숫자와 그 규칙성에 대한 고대 연구는 적분, 무한합 멱급수와 같은 미적분 기반 도구의 주입에 의해 다시 활기를 띠게 되었다. 그 결과로 발생하는 혼성의 분야는 해석적 수 이론이라고 불린다. 마찬가지로, 미분 기하학은 매끄러운 표면의 구조를 조명하기 위해 미적분을 사용했고 그들이 알지 못했던 관련된 개념들(cousins), 4차원 이상에서 상상할 수 없는 곡선 형태들을 드러냈다. ④ 이런 식으로, 미적분의 폭발은 수학을 더 추상적이고 더 강력하게 만들었다. 이것은 또한 수학을 더 가족처럼 만들었다. 미적분은 수학의 모든 부분을 하나로 묶는 숨겨진 관계들의 그물망을 드러나게 한 것이다.

어휘
pattern 규칙, 양상
infusion 주입, 삽입
power series 멱급수
evolution 진화, 발전
crossbreeding (종의) 교차
invigorate 원기, 활기 등을 돋우다
likewise 마찬가지로
reveal 드러내다
dimension 차원, 공간
abstract 추상적인
hidden 숨겨진
revitalize 소생시키다, 회복시키다
integral 적분
within ~내에서
calculus 미적분
benefit 혜택, 장점, 이득
hybrid 혼종의, 혼합의
shed light on ~를 조명하다, 비추다
unimaginable 상상할 수 없었던
explosion 폭발
web 거미줄, 그물 같이 엮인 것
tie 묶다, 연결하다

18 정답 ②

해설 이 글은 특성이 절대적이거나 직접 관찰되는 것이 아니라, 사람의 키나 몸무게와 같이 모두가 지니고 있지만 그것의 정도만 다른 것이라고 설명하고 있다. ①, ③, ④의 문장에서는 모두 일관되게 이러한 성격 특성에 대해 서술하고 있다. 그러나 ②의 문장은 몇몇 이론은 생물학적 영향과 관련된 성격 유형의 수가 제한적이라고 시사한다고 말함으로써, 이 글의 핵심 내용인 '모든 사람에게는 특성이 존재하지만 정도의 차이만 있다'는 것과 무관한 내용을 언급하고 있다. 따라서 흐름상 가장 어색한 문장은 ②이다.

해석 당신은 특성을 직접 관찰할 수 없다. 대신, 당신은 그들의 행동을 통해 한 사람의 성격의 정도를 유추할 수 있다. 어느 누구도 항상 긴장하지는 않겠지만, 어떤 사람들은 다른 사람들보다 더 자주 그리고 더 넓은 범위의 상황에서 긴장할지도 모른다. 이런 긴장을 자주 하는 성향은, 특성으로 자격을 갖추려면, 시간이 지남에 따라 상당히 일관적이어야 할 것이다. 특성은 사과와 배의 대결 같이 별개의 것이라기보다는 마치 사람의 키와 같이 연속적인 것이다. 특성의 구조는 사람마다 동일하며, 정도만 다르다. (② 몇몇 이론은 생물학적 영향과 관련된 성격 유형의 수가 제한적이라는 것을 시사한다.) 즉, 모든 사람이 키와 몸무게를 가지고 있듯이, 모든 사람은 모든 성격을 가지고 있다. 우리가 다른 지점은 키와 몸무게의 규모, 또는 성격의 각 차원에 대한 정도이다.

어휘
observe 관찰하다
directly 직접적으로
circumstance 상황
qualify 인정받다, 자격을 갖추다
continuous 연속적인
architecture 구조
biological 생물학적
magnitude 규모, 강도
trait 특성
infer 추론하다
propensity 성향
consistent 일관된
discrete 별개인, 따로따로의
theory 이론
influence 영향, 영향력
dimension 차원

19 정답 ③

정답 해설 빈칸이 있는 문장을 살펴보면, 빈칸에 따라 어떤 불안감이 전화 공포증의 심리적 증상을 불러일으키는지 정해진다. 문장 내 빈칸의 뒷부분을 살펴보면 극도의 긴장과 불안을 전화 전, 후, 중으로 느낀다고 했으므로, 빈칸에는 ③ '고조된'이 들어가야 '고조된 불안감'으로 적절하게 해석된다. 따라서 정답은 ③이다.

선지 해석 ① 조절된, 억제된
② 피할 수 있는
④ 무시할 수 있는

해석 어떤 사람들에게, 전화를 하거나 받는 것은 스트레스를 주는 경험이다. 전화 불안 또는 전화 공포증은 전화상 대화를 두려워하고 피하는 것이며 사회증 불안 장애가 있는 사람들 사이에서 흔히 발생한다. 전화기에 대한 혐오감이 있다고 해서 전화기에 대한 불안감이 있는 것은 아니다, 두 가지가 관련이 있을 수는 있지만 말이다. 물론, 전화를 걸거나 받는 것을 싫어하는 사람들이 많이 있다. 하지만 만약 이 혐오가 당신이 특정 증상을 경험하게 한다면, 당신은 전화 불안증을 가진 것일 수도 있다. 전화 불안증의 일부 감정적인 증상에는 불안감이 고조되어 전화 걸기를 늦추거나 피하는 것, 통화 전, 통화 중, 후에 극도로 긴장하거나 불안함을 느끼는 것, 당신이 무슨 말을 할지에 대해 괴로워하거나 걱정하는 것 등이 포함된다. 신체적 증상으로는 메스꺼움, 심박수 증가, 호흡 곤란, 어지러움, 근육 긴장이 포함된다.

어휘
receive 받다
avoidance 회피
common 흔한
hatred 혐오
certain 특정한
emotional 감정적인
nervous 긴장한
physical 신체적인
dizziness 어지러움
anxiety 불안, 불안감
conversation 대화
disorder 장애
necessarily 반드시, 필수적으로
symptom 증상
extremely 극도로
obsess 고민하다, 괴로워하다
nausea 메스꺼움

20 정답 ③

정답 해설 ③ 과일에 들어 있는 당분은 당신에게 괜찮을까?
(→ 이 글은 과일에 있는 천연 당분은 건강한 에너지원이고 과일에는 여러 영양소가 있기에 몸에 좋다고 설명한다. 그러므로 ③이 제목으로 가장 적절하다.)

오답 해설 ① 인공 감미료를 능가하는 천연 당분
(→ 이 글에서는 천연 당분의 장점에 대해 언급했지만 그것이 인공 감미료를 능가한다는 내용은 언급되지 않았다.)

② 과일로 졸음을 깨라
(→ 이 글에서는 과일과 단백질을 같이 먹는 것이 카페인과 같은 힘을 준다고 언급한다. 하지만 이것이 글의 주요 내용은 아니다.)
④ 라즈베리 VS 애플: 최고의 과일은 무엇일까?
(→ 이 글에서는 당뇨, 인슐린 저항, 혈당 문제가 있는 사람들은 라즈베리를 요거트와 치즈같은 단백질과 결합해보라고 언급한다. 하지만 사과와 라즈베리를 비교하는 내용은 언급되지 않았다.)

해석 어떤 과일 관련 두려움은 당분 함량에서 온다. 당분의 양이 많다는 것은 과일이 당신에게 나쁘다는 것을 의미하는가? 공인된 영양사인 크럼블 스미스는 절대 그렇지 않다고 말한다. "과일에는 우리 몸이 필요로 하는 비타민, 미네랄, 섬유질, 물 그리고 다른 영양소들이 많이 들어 있다."라고 그녀는 말한다. 사실, 과일은 대부분의 사람들이 커피 한 잔을 더 마시기 위해 손을 뻗는 오후의 슬럼프와 싸울 수 있다. 천연 당분은 건강한 에너지원이기 때문에, 과일과 단백질을 결합하는 것은 카페인을 통해 얻을 수 있는 비슷한 힘을 줄 것이다. 크럼블 스미스는 당뇨병, 인슐린 저항 또는 혈당 문제가 있는 사람들에게 주의를 권고한다. 그런 경우에는, 1회 제공량에 주의하거나 요구르트나 치즈와 같은 단백질과 오후의 산딸기를 곁들여 보아라.

어휘
fear 공포
absolutely 절대적으로
fiber 섬유질
combat 싸우다
source 자원
recommend 권고하다, 추천하다
diabetes 당뇨병
mindful 염두에 두는
amount 양
dietitian 영양사
nutrient 영양소
natural 천연의, 자연의
pair 결합하다, 짝으로 만들다
caution 경계, 주의
resistance 저항
portion size 1회 제공량

한국사

Speed 정답 Check

| 01 | ③ | 02 | ③ | 03 | ② | 04 | ① | 05 | ③ | 06 | ③ | 07 | ① | 08 | ② | 09 | ① | 10 | ① |
| 11 | ④ | 12 | ③ | 13 | ② | 14 | ② | 15 | ③ | 16 | ② | 17 | ③ | 18 | ④ | 19 | ① | 20 | ② |

01 부여
정답 ③

『삼국사기』에 의하면 고구려는 기원전 37년 부여에서 내려온 주몽 중심의 이주민 세력이 토착 세력을 규합하여 건국하였다고 한다. 5세기 이후 고구려의 적극적인 남하 정책에 밀린 백제의 개로왕(455~475)이 472년에 북위에 국서를 보내 도와줄 것을 간청하였으나 실패하였다. 이때 보낸 국서에서 백제의 근원이 부여라고 밝혔다.
부여의 형벌은 매우 엄하여 사람을 죽인 사람은 사형에 처하고 그 집안사람은 적몰(籍沒)하여 노비로 삼았다. 도둑질을 하면 도둑질한 물건의 12배를 변상케 했다. 남녀 간에 음란한 짓을 하거나 부인이 투기하면 모두 죽였다.

오답분석 ① 삼한에는 소도라는 별읍이 있었으며, 군장의 지배가 미치지 않은 곳이었다.
② 고구려에 상가, 고추가 등이 국가대사를 결정하는 제가회의가 있었다.
④ 옥저에는 민며느리제라는 혼인 풍습이 있었다.

02 광개토대왕
정답 ③

제시된 자료는 광개토대왕릉비의 396년조 기사로, '백잔(百殘)'이라는 표현은 고구려인들이 백제를 지칭할 때 사용했던 멸칭이다.
광개토왕 대에는 백제와의 전쟁에서 군사적 우위를 차지하고, 임진강~예성강 유역에서 한강 유역까지 남진할 수 있었다. 특히 396년(고구려 광개토왕 6년, 백제 아신왕 5년) 고구려는 백제의 왕성(王城)을 공격해 아신왕(392~405)으로부터 항복을 받아냈을 뿐 아니라 58성·700촌을 새롭게 차지하였다. 이후 백제는 재기를 도모하며 399년(아신왕 8년) 왜 및 가야와 연합해 신라를 공격하였다. 신라는 고구려에 구원을 요청하였고, 광개토왕은 이를 받아들여 대대적인 반격에 나서면서 고구려는 신라·가야 지역까지 진출하게 되었다.
광개토대왕의 뒤를 이은 장수왕(413~491)은 분열된 중국의 남북조와 각각 수교하여 배후를 안정시킨 후 평양으로 도읍을 옮기고(427), 적극적인 남진 정책을 실시하였다. 고구려의 남진 정책은 백제와 신라에 위협을 주었으며, 신라(눌지왕)와 백제(비유왕)는 동맹을 맺어 대응하였다(433, 나제동맹).

오답분석 ① 371년에 백제가 고구려 평양성을 공격하여 고국원왕을 전사하게 하였다.
② 384년 침류왕은 동진의 승려 마라난타를 통해 불교를 받아들여 왕실의 권위를 높이고 백성들의 사상적 통합을 꾀하였다.
④ 백제 근초고왕(346~375) 때 고흥이 『서기』를 편찬하였다.

03 제3차 수신사
정답 ②

'지난 6월의 군변', '일본이 군대를 동원하여 속약을 개정' 등의 단서를 통해 임오군란 후 박영효가 3차 수신사로 파견되는 상황임을 알 수 있다.
임오군란은 1882년 6월에 구식 군인들이 일으킨 폭동으로, 구식 군인들에 대한 차별 대우와 민씨 정권의 개화 정책에 대한 보수파들의 불만이 겹쳐 일어났다. 군란이 일어나자 왕십리와 이태원 일대의 빈민들도 합류하여 일본 공사관을 습격하고 별기군의 일본인 교관(호리모토 소위)을 죽였다.

오답분석 ① 경복궁 점령사건(1894), ③ 갑신정변(1884), ④ 거문도 점령사건(1885)

04 고려 태조(왕건)
정답 ①

제시된 자료는 고려 태조 왕건이 934년(태조 17년)에 예산진(禮山鎭)에 행차하여 민심을 위로하고, 지배층의 도덕적 애민 통치를 권장하는 상황을 보여준다. 자료에서 "전 임금이 온갖 혼란을 평정하고 국가 기초를 닦았으나 말년에 와서는 무고한 백성들에게 피해를 끼쳤고 국가가 멸망하였다."는 부분은 궁예의 폭정에 대한 언급이다. 후백제와 대치하는 상태에서 예산진을 방문하여 내린 이 조서는 호족들을 포섭하고 민심을 달래 왕건의 세력을 늘리는 중요한 계기가 되었다.
926년에 발해가 거란(요)에 멸망당하자, 고구려계 유민이 고려로 망명해 왔다. 태조는 발해의 왕자 대광현을 우대하여 왕계(王繼)라는 성명을 내려주고 그 조상의 제사를 받들게 하였다. 태조(왕건)는 발해를 멸망시킨 거란을 적대시하여, 거란 사신을 귀양 보내고 조공품으로 보내온 낙타 50필을 만부교 밑에서 굶겨 죽였다.

오답분석 ② 광종은 대상 준홍, 좌승 왕동 등의 공신을 모역죄로 제거하고 왕권을 강화하였다.
③ 태봉의 군주 궁예는 미륵 신앙을 이용하여 전제 정치를 도모하였다.
④ 성종은 최승로의 건의를 받아들여 연등회를 축소하여 팔관회를 폐지하였다.

05 근대 개혁 정강(순서나열)   정답 ③

(다)는 1884년 갑신정변 때 제시된 14개 개혁 정강의 일부이다.
(나)는 1894년 군국기무처가 주도한 제1차 개혁의 일부이다.
(가)는 1898년 관민공동회에서 결의한 헌의 6조의 일부이다.
(라)는 1899년 대한제국 당시 제정된 대한국국제의 일부이다.

06 혼일강리역대국도지도   정답 ③

이회가 우리나라와 일본의 지도를 덧붙여 만든 '새로운 지도'는 혼일강리역대국도지도이다.
태종 때 제작된 혼일강리역대국도지도는 김사형·이회 등이 중국에서 만든 성교광피도·혼일강리도와 조선·일본의 지도를 합하여 만들었다. 혼일강리역대국도지도는 현존하는 동양 최고(最古)의 세계지도로, 현재 원본은 전하지 않으며 후대의 모사본 가운데 하나가 일본의 류코쿠 대학에 소장되어 있다. 지도에는 중국이 세계의 중심이라는 중화사상이 반영되어 중국과 조선을 실제보다 몇 배나 크게 그렸고, 아시아·유럽·아프리카가 표현되어 있다. 유럽과 아프리카의 영역은 중국을 통해 전파된 이슬람의 지도학의 영향을 받아 그린 것으로 파악할 수 있다.

오답분석 ① 명종 때 작성된 조선방역지도는 8도의 주현(州縣)과 수영 및 병영이 표시되어 있으며, 각 군현은 색을 달리하여 표시하였다.
② 김정호가 제작한 대동여지도는 산맥, 하천, 포구, 도로망의 표시가 정밀해지고, 거리를 알 수 있도록 10리마다 눈금이 표시되었다.
④ 세조 때 정척·양성지 등이 완성한 동국지도는 하천, 산맥, 도로, 병영, 수영 등의 인문 사항을 수록하였다. 이 지도는 압록강 이북까지 상세히 기록하여 만주를 미수복지로 생각하고 있던 당시의 국토 관념을 반영하고 있다.

07 고려의 신분 제도   정답 ①

고려와 조선 시대에는 소유주가 각기 다른 노와 비가 혼인하더라도 가정을 이루는 것이 가능하였다. 1039년(정종 2)에 천자수모법이 제정되어 주인이 다른 천인 사이에서 자녀가 출생할 경우 소유권이 어머니 쪽의 주인에게 귀속된다는 규정이 만들어졌다. 한편 귀족들은 재산으로 간주된 노비를 늘리기 위하여 법적으로 금지된 양천교혼의 방식을 선호하였고, 일천즉천에 의해 부모 중 한쪽이 노비이면 그 자식도 노비가 되게 하였다.
고려 말기에 홍건적과 왜구의 침입 등에 군공(軍功)을 세운 사람을 포상하기 위해 공민왕 3년부터 첨설직을 수여하였다. 첨설직은 실직이 없는 관직으로, 주요 대상은 선비층과 향리층이었다. 첨설직을 얻은 향리들은 당대를 이어 자손대에는 사족에 편입되어 재지사족으로 변하였다. 이렇게 재지사족이 증가하면서 호장은 향촌 사회의 주도권을 상실해갔다.
향리의 자제는 3경·4도호부·3목의 지방장관인 계수관(界首官)이 실시하는 시험에 합격하면 향공(鄕貢)이 되었고, 국자감시에 합격하면 향공진사(鄕貢進士)가 되었다. 그리고 마지막으로 예부시에 합격하면 개경으로 생활근거지를 옮기고 입사계층(入仕階層)으로 출세할 수 있었다.

오답분석 ① 남반은 궁중의 숙직·국왕의 시종·호종·경비·왕명의 전달·의장 등의 사무를 맡아 보았고, 서리가 중앙의 각 사에서 기록 등 행정의 말단을 맡아 실무에 종사하였다.

08 태종   정답 ②

태상왕(태조)과 심한 갈등이 있었고, 왕권을 안정시키기 위해 신하, 공신, 처남 등을 가리지 않고 처단한 인물은 조선의 3대 임금 태종이다. 두 차례에 걸친 왕자의 난을 통하여 개국 공신 세력을 몰아내고 왕위에 오른 태종은 왕권을 강화하고 국왕 중심의 통치 체제를 정비하고자 하였다.
태종은 동북면 도순문사 박신의 건의를 받아들여 경성과 경원에 무역소를 설치하여 국경 무역을 허락하는 등 여진에 대한 경제적 회유정책을 펼치기도 하였다.

오답분석 ① 1419년(세종 1)에 왜구의 소굴인 쓰시마 섬을 정벌하였다.
③ 세종은 사가독서제를 실시하여 젊은 문신들의 학문 활동을 장려하였다.
④ 세조 때 평안도에 역둔전을 새로 설치하고 전국의 관둔전을 증액하였다.

09 16세기 정치 상황   정답 ①

(가)는 1555년 명종 때 일어난 을묘왜변, (나)는 1592년 선조 때 일어난 임진왜란이다. 선조 때 정여립 모반 사건(기축옥사, 1589)으로 다수의 동인들이 처형되었다. 정여립 모반 사건은 동인 정여립이 전라도 진안에서 대동계를 조직하여 모반을 꾀하였다는 사건이다. 정여립은 체포 직전 자결하였으며 조사를 담당한 서인 정철은 많은 동인 인사들을 연루시켜 제거하였다. 한편, 2년 뒤 좌의정 정철이 세자 책봉을 건의한 사건(건저)으로 서인이 실각하였다. 이때 서인의 처벌을 둘러싸고 동인은 강경파인 북인과 온건파인 남인으로 나뉘었다.

오답분석 ② 삼포왜란(1510)은 중종 때 삼포에 거류하던 일본인들이 조선의 교역통제에 불만을 갖고 일으킨 난동이다. 이 사건으로 비변사가 처음 설치되었으며, 임신약조가 체결되었다. 임신약조는 기존의 세견선을 50척에서 절반으로 감하여 25척만 허락하였으며, 세사미두도 매년 100석으로 줄었다.
③ 임진왜란 이후 광해군 때 명의 요청으로 강홍립이 이끄는 원군을 파견하였다.
④ 중종 때 주세붕이 풍기에 백운동 서원을 건립하였다.

10 순조(홍경래의 난)   정답 ①

'가산의 토적이 변란을 일으켜 청천강 이북의 수많은 생령이 도탄에 빠'졌다는 구절은 홍경래의 난(1811)을 의미하므로, 자료는 순조(1800~1834)가 남긴 글이다.
순조 때에는 왕의 외척 가문인 안동 김씨 등 소수의 가문 출신이 중앙 정치를 주도하는 세도 정치가 전개되었다. 순조는 김조순 및 외가 인물들의 권력 강화에 맞서 선왕의 여러 정책을 모범으로 국정을 주도하려고 노력하였다. 이에 국왕 친위부대 강화, 하급 친위 관료 육성, 암행어사 파견, 『만기요람(萬機要覽)』 편찬 등의 방식으로 국정을 파악하고 국왕의 권한을 강화하려 하였다.
정조 사후 순조의 나이가 어려 정순왕후가 3년 동안 수렴청정을 하였다. 이 기간에 노론 벽파가 득세하였는데, 신유박해를 일으켜 시파 세력을 정계에서 축출하였으며, 1802년에는 장용영을 혁파하였다.
1801년(순조 1) 내수사를 비롯하여 각급 중앙 관서에 소속된 공노비 6만 6천여 명을 해방시켰다.

오답분석 ② 정조 때 호조의 옛 사례를 모아 『탁지지』를 편찬하였다.
③ 철종 때 진주민란을 계기로 삼정이정청을 설치하여 삼정의 개혁을 시도하였다.
④ 숙종 때 이순신에게 현충이라는 시호를 내리고 강감찬 사당을 건립하였다.

11 현대사 연표   정답 ④

1972년 7월 4일 남한과 북한은 자주·평화·민족 대단결의 통일 3원칙에 합의한 공동성명을 서울과 평양에서 동시에 발표하였다(7·4 남북공동성명). 전두환 정부 때인 1983년 10월 9일 북한이 전두환 대통령을 암살하기 위해 아웅산 폭탄 테러 사건을 일으켜 대통령 수행원과 기자들이 사망하였다.
1988년 노태우 대통령은 7·7 선언을 발표하여 북한과의 관계를 동반자 관계로 발전시키고 상호 교류를 통해 공동체로 통합을 모색하자고 제안하였다. 1991년 9월 남과 북은 유엔에 함께 가입하여 회원국이 되었다. 1991년 12월 13일에는 남북기본합의서가 채택되었다.
1998년 출범한 김대중 정부는 햇볕 정책이라는 이름으로 적극적인 대북 포용 정책을 펴나갔다. 그런 가운데 1998년 6월에 현대 그룹의 정주영 명예회장이 소 떼를 몰고 북한을 방문한 후, 1998년 11월 18일에 현대금강호가 첫 출항을 하면서 해로를 통한 금강산 관광 사업이 시작되었다.

오답분석 ④ 2000년 남북정상회담과 6·15 공동선언의 후속 사업으로 개성 공업 지구가 조성되었다. 그 후 2003년 개성 공업 지구 착공식을 가졌다.

12 이상설   정답 ③

서전서숙을 세워 민족 교육을 실시하고, 연해주에서 권업회를 조직한 인물은 이상설이다. 이상설은 1907년 헤이그에서 개최된 만국평화회의에 이준, 이위종과 함께 특사로 참석하였다. 1908년 7월 미국에서 한인독립운동단체를 통합하여 애국동지대표회를 결성하고, 1909년 미국에서 최정익 등과 국민회를 조직하였다. 1909년에는 밀산에 100여 가구를 정착시켜 독립운동기지인 한흥동(韓興洞)을 건설하였다. 1910년 유인석, 이범윤 등과 연해주 방면에 모인 의병을 규합하여 13도 의군을 편성하였고, 1911년 권업회를 조직해 '권업신문'을 발행하였다. 1913년 이동휘 등과 나자구(羅子溝)에 사관학교를 세워 광복군 사관을 양성하였고, 1914년에는 이동휘, 이동녕 등과 대한 광복군 정부를 만들었다.

오답분석 ③ 이상설 사후 1918년 상하이에서 김규식 등이 신한청년당을 조직하였다.

13 실학자   정답 ②

㉠은 『임원경제지』를 집필한 서유구, ㉡은 『마과회통』을 저술한 정약용이다.
서유구는 아버지 서호수의 농학 연구를 계승하였다. 서유구는 『임원경제지』에서 전국 주요 지역에 국가 시범 농장인 둔전을 설치할 것을 역설하였다.
정약용은 『마과회통』을 지어 마진(홍역)에 대한 연구를 심화시켰으며, 박제가 등과 함께 종두법을 연구하기도 하였다.

오답분석 ① 정약용이 신유박해(1801) 때 유배형에 처해졌다.
③ 정약용의 형 정약전은 신유박해 때 흑산도로 유배를 떠났다. 흑산도에서 『자산어보』를 지어 어류 연구에 기원을 열었다.
④ 유형원이 『반계수록』에서 관리·선비·농민 등 신분에 따라 차등있게 토지를 재분배하고 조세와 병역도 조정하자고 주장하였다.

14 조선민흥회 발기문   정답 ②

제시된 자료는 1926년에 결성된 조선민흥회의 발기문이다. 1926년 7월 조선 물산 장려회를 주축으로 한 비타협적 민족주의자들(민족주의 좌파)은 자치 운동론에 반대하면서 서울청년회 등의 일부 사회주의자들과 함께 조선민흥회를 결성하였다.
조선 총독부는 1922년 제2차 조선교육령을 발표하여 형식상으로는 일본 학제와 동일하게 융화정책을 사용하였다. 이에 따라 조선인들이 다니는 보통학교의 수업연한을 4년에서 6년으로, 고등보통학교는 4년에서 5년으로, 여자고등보통학교는 3년에서 4년으로 연장하였다. 제2차 조선교육령은 1938년까지 시행되었다.

오답분석 ① 일제는 1937년 중일 전쟁 발발 직후 '황국 신민 서사'라는 충성 맹세문을 일상생활 속에서 제창하도록 하였다.
③ 1917년 이광수는 "매일신보"를 통해 우리나라 최초의 근대 장편 소설인 『무정』을 발표하였다.
④ 대한 광복군 정부는 연해주의 블라디보스토크에서 1914년 조직되었다. 그러나 1914년 8월 제1차 세계대전 발발 이후 러시아 정부에 의해 해산되었다.

15 시일야방성대곡(황성신문)   정답 ③

제시된 사설은 1905년 『황성신문』의 주필이었던 장지연이 을사늑약의 부당함을 알리기 위해 쓴 『시일야방성대곡』이다.
남궁억 등이 창간한 『황성신문』은 양반 지식인들을 대상으로 삼아 국한문 혼용체로 발행되었고, 유근·박은식·장지연·신채호 등이 주필로 활동했다. 『황성신문』은 1904년 보안회의 황무지 개간권 반대 운동을 지원했으며, 1905년에는 장지연의 항일 논설 『시일야방성대곡』을 최초로 게재하여 정간을 당하기도 했다. 한편 장지연은 논설 바로 아래에 『오건조약청체전말』을 수록하여 을사늑약의 체결과정을 소상히 알리기도 하였다.

오답분석 ① 『대한매일신보』가 일본의 검열을 피하기 위해 영국인 베델을 발행인으로 초빙하였다.
② 1898년 5월 서재필이 출국한 이후 윤치호가 독립신문의 주필을 맡아 독립협회 활동의 기관지 역할을 수행하였다.
④ 천도교 측에서 발행한 신문은 『만세보』이다.

16 고려 시대 역사서   정답 ②

고려 인종 때 김부식 등이 왕명을 받아 편찬한 『삼국사기』는 현존하는 가장 오래된 역사서로, 기전체 방식을 도입하여 본기·연표·지·열전으로 구성되었다. 본기는 삼국 왕실의 역사를 균형있게 기록하여 외형적으로는 중립적 입장에 서 있으나, 연표·지·열전 등은 신라사에 치중되어 있다.
이규보는 1193년에 고구려 건국의 영웅인 동명왕의 업적을 서사시로 엮은 『동명왕편』을 지었다. 『동명왕편』은 『삼국사기』의 신라 계승 의식을 비판하고 고려가 고구려를 계승하고 있다는 고려인의 자부심과 민족의식을 드러내 보였다.

오답분석 ㄴ. 고려 고종 때 각훈은 삼국 시대 이래의 고승 30여 명의 행적을 기록한 『해동고승전』을 저술하였다. 교종 승려였던 각훈은 교종을 정당화하는 관점에서 불교사를 정리하였다.
ㄹ. 충숙왕 때 민지가 『본조편년강목』을 저술하였으나 현재 전하지 않는다. 공민왕 때 이제현이 『사략』을 저술하였는데, 성리학적 유교 사관이 반영되어 있다.

17 신라 말의 사회모습   정답 ③

제시된 비문은 최치원이 저술한 『해인사 묘길상탑기』의 일부이다. 당나라에서 관직 생활을 하며 직접 황소의 난을 겪은 최치원은 귀국 후 10여 년간 목격한 신라의 상황을 당나라의 혼란이 파급·연장되어 동쪽으로 온 것이라 표현하였다.
최치원이 활동한 시기는 신라 하대 진성여왕 때이다. 신라 하대에는 정치 혼란이 계속되며 지배층의 대토지 소유가 확대되고, 농민의 부담은 더욱 무거워졌다. 잇따른 자연재해, 왕실과 귀족들의 사치와 향락으로 국가 재정이 바닥났다. 이에 농민들에 대한 강압적 수취가 뒤따랐고, 살기 어려워진 농민들은 토지를 잃고 노비로 몰락하거나 초적이 되었다. 진성여왕(887~897) 때 일어난 원종·애노의 난이 대표적인 농민 반란이다.

오답분석 ① 7세기 후반에 당과의 전쟁이 있었다. 신라 말에는 당과의 전쟁이 없었다.
② 고려 무신집권기에 공주 명학소의 주민들이 신분 해방을 목적으로 반란을 일으켰다.
④ 신라 하대에는 진골 귀족들 사이에서 권력다툼이 있었다.

18 발해의 발전   정답 ④

(가)는 732년 발해의 무왕이 장문휴를 보내 당의 덩저우 지역을 공격한 사실, (나)는 10대 선왕의 즉위 상황을 보여주고 있다.
무왕의 아들인 문왕(대흠무, 737~793)은 친당 정책을 취하고 신라와도 상설 교통로를 개설하여 대립 관계를 해소하려 하였다. 그리고 당의 문물을 받아들여 3성 6부를 설치하고 주자감을 설치하는 등 통치 체제를 정비하였다.
문왕 때인 755년 수도를 중경에서 상경으로 옮겼으며, 그 후 785년 상경에서 동경으로 옮겼다. 문왕 사후 5대 성왕 때 다시 수도를 상경으로 옮겼다.

오답분석 ④ 고왕(대조영) 때 당으로부터 발해군왕의 책봉을 받고, 713년 국호를 진국에서 발해로 바꾸었다.

19 일장기 말소 사건   정답 ①

1936년 손기정이 베를린 올림픽 마라톤에서 우승한 사실을 보도하면서 조선중앙일보와 동아일보 기자들은 사진에서 일장기를 지워 손기정이 조선인이라는 점을 은연중에 부각시키려 하였다(일장기 말소 사건). 이에 대해 총독부는 해당 기자들을 구속하고 두

신문에 무기 정간 조치를 내렸다. 이로써 조선중앙일보는 결국 재정난까지 겹쳐 문을 닫았고, 동아일보는 11개월 동안 신문을 발간하지 못하였다.
수양동우회는 1926년 안창호가 서울에서 조직한 흥사단 계열의 개량주의적 민족운동 단체이다. 1937년 일제는 조선인들의 독립 의지를 꺾어버리기 위해 안창호, 이광수를 비롯한 지식인들을 검거해 치안유지법을 적용하여 기소하였다(수양동우회 사건). 안창호는 1937년 수양동우회 사건으로 수감되어 같은 해 12월에 병보석으로 출감하였다가, 다음 해 3월 간경화증으로 사망하였다.
일제가 중·일 전쟁을 도발하고 본격적인 대륙 침략을 시작한 후, 일제는 문학 작품에서 간접적이고 우회적인 항일의 표현도 일체 허용하지 않았고, 더 나아가 일제의 군국주의를 찬양할 것만을 요구하였다. 이러한 상황에서 문인들은 작품 활동을 중단하고 침묵으로 일관하였다. 일부 문인 중에는 이광수, 최남선 등과 같이 일제에 동원되어 이용당하거나 일제에 협력하는 사람도 나타났다. 그 가운데에서도 이육사와 윤동주는 저항 의식을 담은 작품 활동을 계속하다 일본 경찰에 체포되어 옥사하였다. 윤동주의 유고 시집인 『하늘과 바람과 별과 시』는 광복 이후인 1948년에 간행되었다.
일제는 1940년에 조선영화령을 공포하여 식민 통치를 찬양하는 영화만 상영을 허가하는 등 영화 활동을 통제하였다.

오답분석 ① 1931년부터 동아일보사 주도로 브나로드 운동이라는 농촌 계몽 운동이 전개되었다. 그러나 일제 당국의 탄압으로 1934년 중단되었다.

20 6·25 전쟁   정답 ②

(가)는 1947년 11월 유엔 총회에서 인구 비례에 의한 자유 총선거 실시와 유엔 한국 임시 위원단 구성을 결의한 내용이다.
(나)는 1950년 6월 26일에 유엔 안전보장이사회에서 북한을 침략자로 규정하고 유엔군 파견을 결정한 내용이다.
1949년 6월 26일 백범 김구는 경교장에서 육군 소위 안두희에게 암살당하였다.
1948년 7월 17일 제헌국회는 제헌헌법을 공포하였다.
1949년 12월 제헌국회는 귀속재산처리법을 제정하여 귀속기업체를 불하하는 법률적 근거를 마련하였다.

오답분석 ② 1946년 12월에 미군정청 자문기구로 남조선과도입법의원이 구성되었다.

SUPER 360  공통과목 모의고사 Vol.2

📖 국어

🚀 Speed 정답 Check

01	②	02	④	03	③	04	②	05	④	06	③	07	④	08	④	09	④	10	④
11	①	12	④	13	③	14	④	15	④	16	④	17	②	18	③	19	④	20	③

01 어휘 – 어휘의 의미관계 – 유의 관계   정답 ②

해설 '덧거리'는 '사실에 보태어 없는 일을 덧붙여서 말함. 또는 그렇게 덧붙이는 말'을 의미하므로 '말대꾸'로 바꾸는 것은 적절하지 않다.
'말대꾸'는 '남의 말을 듣고 그대로 받아들이지 아니하고 그 자리에서 제 의사를 나타냄. 또는 그 말'을 의미한다.

02 규범 – 어문규정 – 한글 맞춤법   정답 ④

해설 ④에서는 '졸인'이 아니라 '조린'이 맞다.
졸이다: 속을 태우다시피 초조해하다. / 액체의 양을 줄게 하다.
조리다: 고기나 생선, 채소 따위를 양념하여 바짝 끓이다.

03 규범 – 어문규정 – 로마자 표기법   정답 ③

해설 국어의 로마자 표기는 국어의 표준 발음법에 따라 적는 것을 원칙으로 한다. '금요일'의 표준 발음은 'ㄴ' 첨가가 일어나지 않아서 [금뇨일]이 아닌 [그묘일]이므로, 'Geumyoil'로 적어야 한다.

04 규범 – 바른 문장 – 중복, 중의성   정답 ②

오답 풀이 ① 다시 – 재고
③ 주의 깊게 – 주목
④ 계속 – 지속

05 문법 – 형태론 – 파생어, 합성어   정답 ④

해설 합성어에서 '깨'의 어근 형태를 알고 있는지에 대해 묻는 문제이다. '깨끔하다'는 '깔끔하고 아담하다.'는 의미로서 합성어가 아니라 파생어이다.

오답 풀이 ① '깨물다'는 '깨다'와 '물다'의 합성어이다.
② '깨두드리다'는 '깨다'와 '두드리다'의 합성어이다.
③ '깨다'와 '부수다'의 합성어이다.

06 규범 – 어문규정 – 표준어 규정   정답 ③

해설 ㉠ 혼란: 뒤죽박죽이 되어 어지럽고 질서가 없음.
㉡ 혼잡: 여럿이 한데 뒤섞이어 어수선함.
㉢ 혼돈: 마구 뒤섞여 있어 갈피를 잡을 수 없음.

07 어휘 – 한자 – 한자성어   정답 ④

해설 수구초심(首丘初心): 고향을 그리워하는 마음 / 근본을 잊지 않음.

오답 풀이 ① 격화파양(隔靴爬癢): 어떠한 일의 핵심(核心)을 찌르지 못하고 겉돌기만 하여 매우 안타까운 상태(狀態) / 답답하여 안타까움. ≒격화소양(隔靴搔癢)
② 물아일체(物我一體): 외물(外物)과 자아, 객관과 주관, 또는 물질계와 정신계가 어울려 하나가 됨. ≒물아일여(物我一如)
③ 개관사정(蓋棺事定): 사람이 죽은 후에야 비로소 그 사람에 대한 평가가 제대로 됨을 이름.

08 어휘 – 어휘의 의미관계 – 유의 관계, 반의 관계, 상하 관계   정답 ④

해설 ④는 '반의 관계', 나머지는 '유의 관계'이다.
④ '미명'은 '날이 채 밝지 않음. 또는 그런 때', '황혼'은 '해가 지고 어스름해질 때. 또는 그때의 어스름한 빛'의 의미이므로 반의 관계이다.

오답 풀이 ① '미연'은 '어떤 일이 아직 그렇게 되지 않은 때', '사전'은 '일이 일어나기 전. 또는 일을 시작하기 전'의 의미이므로 유의 관계이다.
② '가량'은 '어떤 일에 대하여 확실한 계산은 아니나 얼마쯤이나 정도가 되리라고 짐작하여 봄', '짐작'은 '사정이나 형편 따위를 어림잡아 헤아림'의 의미이므로 유의 관계이다.
③ '요지'는 '말이나 글 따위에서 핵심이 되는 중요한 내용', '골자'는 '말이나 일의 내용에서 중심이 되는 줄기를 이루는 것'의 의미이므로 유의 관계이다.

09 독해 – 비문학 – 주제, 주장(견해)   정답 ④

해설 이 글에서 파머는 사람들의 우려에도 모든 환자들의 생명은 동등하게 가치 있다는 생각을 갖고 멀리까지 왕진을 다닌다. 그리고 잘사는 나라와 못사는 나라의 격차가 크다는 사실에 분노하며, 사람들이 불쌍한 이들을 돌보지 않고 모르는 척 하는 세태를 안타까워하고 있다. 그러므로 파머의 이러한 태도는 '마음은 팔 수도, 살 수도 없는 것이지만 줄 수 있는 보물이다.', 즉 마음을 다해 아픈 이들을 돌보는 자세라고 할 수 있다.

10 화법과 작문 – 말하기 – 말하기 방식   정답 ④

해설 먹이사슬을 통해 축산물에 다이옥신이 축적될 수 있다. 그래서 남자는 축산물을 섭취할 때는 반드시 원산지를 확인하거나 안전한 사료를 먹고 자란 동물인지 혹은 소각장 근처에서 사육되지 않았는지를 파악해야 한다고 언급했다. 단순히 축산물 섭취를 줄여야 한다는 내용은 대화에 제시되어 있지 않으므로 적절하지 않은 내용은 ④이다.

11 독해 – 비문학 – 일치, 불일치   정답 ①

해설 구체적이며 정교한 것은 하드 싱킹의 특징에 해당한다.

12 독해 – 비문학 – 미루어 추리   정답 ④

해설 지문의 내용에는 고학력자가 다시 전문대학에 입학하는 학력 U턴 현상이 심각해지는 현상이 논제로 제시되어 있다. 그리고 이러한 현상의 원인으로 경기 침체로 인한 취업난, 이공 계열의 기피 현상, 대학의 경직된 인력 양성 제도를 들고 있다. 따라서 ㉮에서는 이런 원인에 대한 해결 방안을 제시해야 하는데 ④는 대학 운영의 효율을 높이는 방안을 강구하므로 적절하지 않은 내용이다.

13 화법과 작문 – 쓰기 – 고쳐쓰기   정답 ③

해설 ⓒ을 제외한 나머지는 고등학교 평준화에 반대하는 입장에서 주장과 근거를 제시하고 있다. 그런데 ⓒ의 내용은 사립학교가 전체 고등학교의 절반 가량인데, 전체 고등학교의 대다수가 재정문제로 정부보조를 받고 있다는 것이므로 제시문의 논지와 어울리지 않는다.

14 독해 – 비문학 – 논리적 순서   정답 ④

해설 글의 전개는 에이즈의 발견, 에이즈의 감염경로, 에이즈의 발병 메커니즘, 예방 백신이 개발되지 않는 이유의 순서로 흘러가는 것이 적절하다. 따라서 정답은 ④이다.

15 독해 – 문학 – 고전시   정답 ④

해설 ④ 7행의 '과(過)도 허물도 천만(千萬) 업소이다'는 자신의 억울함을 호소하는 구절로, 왕을 모시고 싶다는 충정은 5행에서 드러난다.

오답 풀이 ① 1, 2행의 접동새의 울음은 접동새에 감정을 이입하는 것으로 자신의 한스러움과 억울함을 표상한다.
② 4행의 '잔월효성(殘月曉星)'은 '지는 달과 새벽 별'이라는 뜻이다.
③ 5행의 '넉시라도 님은 혼뒤 녀져라'는 임을 모시고 싶다는 화자의 충정이 드러난다.

> **작품 해제**
> 정서, 〈정과정〉
> · 갈래: 고려가요, 향가계 고려 가요
> · 성격: 애상적
> · 제재: 임과의 이별
> · 주제: 임금을 향한 변함없는 충절
> · 특징
>   - 형식 면에서 향가의 전통을 이음.
>   - 감정 이입을 통해 정서를 표출함.

16 독해 – 비문학 – 미루어 추리   정답 ④

해설 ④ ㉱ 간통죄의 위헌 결정은 부부 간의 정조 의무를 위반한 행위가 비도덕적이기는 하나 법으로 처벌할 사항은 아니라고 보았으므로, 도덕적으로 허용되지 않는 행위가 반드시 위법한 행위가 된다고 본다는 설명은 적절하지 않다.

오답 풀이 ① 착한 사마리아인의 법은 '위기에 빠진 사람을 외면해서는 안 된다'는 근본적으로 도덕적·윤리적 문제 아래 시행되는 법이다.
② ㉮는 도덕적 차원의 문제를 법의 강제력으로 실현하려 하였다는 점에서 프로이센 '일반란트법'의 제179조나 미국의 '금주법'과 그 취지가 상통한다고 볼 수 있다.
③ ㉱ 간통죄 위헌 결정은 도덕의 영역이 법의 영역보다 더 크다는 전제를 바탕으로 하였다.

17 독해 – 문학 – 현대시   정답 ②

해설 시적 화자는 열매를 달지 않고 꿋꿋하게 알몸 상태로 서리를 견디는 겨울나무들의 모습을 통해 '앙상함'이 가진 참다운 의미를 성찰한다.

오답 풀이 ① 색채 대비는 나타나지 않는다.
③ 현재형의 시제로 시상을 전개하고 있다.
④ 특정 종결 어미의 반복이 보이지 않는다.

> **작품 해제**
> 최승호, 〈앙상함〉
> · 갈래: 자유시
> · 주제: 앙상함의 참된 의미
> · 구성
>   - 1연: 앙상한 겨울 나무
>   - 2연: 앙상한 스님
>   - 3연: 앙상한 조각을 남긴 자코메티
>   - 4연: 앙상함의 의미

18 독해 – 문학 – 고전소설   정답 ③

해설 여공은 홍계월이 보국을 중군장으로 임명한 것을 두고 나랏일을 위해서는 어쩔 수 없다고만 했지 다행으로 여기지는 않았다.

오답 풀이 ① '평국이 예전에는 밖에 나와 일을 했기에 불렀지만, 지금은 규중에 머물러 있는 여자인지라 차마 불러 낼 수가 없는데, 어찌 전쟁터로 보내겠는가?'에서 확인할 수 있다.
② '호령이 서릿발 같아, 모든 장수와 군졸들이 두려워하며 어찌할 줄 몰라 했다.'에서 확인할 수 있다.
④ '평국은 집 안에서 홀로 지내면서 날마다 시녀들을 데리고 장기와 바둑을 두며 세월을 보내고 있었다.'에서 확인할 수 있다.

19 독해 – 문학 – 고전소설   정답 ④

해설 (A)에서는 오나라와 초나라가 반복하여 침범하고 있다는 현재의 상황을 토대로 나라와 조정을 지키라는 말을 전하고 있고, (B)에서는 천자가 자신의 죄를 용서해 주었던 과거의 경험을 근거로 은혜를 갚겠다고 다짐하고 있다.

오답 풀이 ① (A)에 천자가 평국을 위로하며 안심시키는 내용은 없다.
② (B)에 평국이 천자에 대한 반가움을 적극적으로 표현하는 내용은 없다.
③ (B)에서 평국은 잘못을 바로잡는 책무를 천자에게 전가하지 않고 자신이 해결하겠다고 하고 있다.

20 독해 – 비문학 – 논리, 논증   정답 ③

해설 ㄱ. (O) 논자는 과거와 미래가 존재론적으로 구별되는 것이 아니라고 주장하고 있으므로, 이 보기의 내용은 적절한 판단이다.
ㄴ. (X) 논자는 전반적으로 현상을 잘 '설명'하는 가설을 요구하고 있으며, 가설의 '참'일 가능성에 대해서는 논하고 있지 않다.
ㄷ. (O) 논자는 엔트로피의 시간에 대한 비대칭성이 기억의 시간에 대한 비대칭성을 잘 설명할 수 있다고 주장한다. 따라서 엔트로피가 시간에 대해 비대칭적이지 않다는 통계역학적 연구 결과는 논증을 약화시킨다.

영어

Speed 정답 Check

| 01 ② | 02 ③ | 03 ④ | 04 ② | 05 ④ | 06 ④ | 07 ③ | 08 ③ | 09 ② | 10 ① |
| 11 ③ | 12 ③ | 13 ④ | 14 ④ | 15 ② | 16 ② | 17 ② | 18 ③ | 19 ④ | 20 ① |

01
정답 ②

선지 해석 hold water 이치에 맞는, 타당한
① incessant 끊임없는
② valid 타당한, 유효한
③ uneasy 불안한, 꺼림직한
④ legitimate 합법적인

해석 나는 좋고 나쁜 관리자에 대한 주장들이 많은 경우에 논리적으로 타당하지 못하여 매우 혼란스럽다.

어휘
confuse 혼란시키다, 당황케 하다
argument 주장, 논쟁

02
정답 ③

선지 해석 ① impulsive 충동적인
② normal 표준적인, 정규인
③ deficient 부족한
④ loquacious 말이 많은

해석 만약 비타민이 부족하면, 어지럽거나, 기억 상실이나 일반적인 피로감을 느낄 것입니다.

어휘
experience 느끼다, 경험하다
confusion 혼란, 혼동
loss of memory 기억 상실
tiredness 피로, 권태

03
정답 ④

선지 해석 ① indifferent 무관심한
② apathetic 무감각한, 냉담한
③ adverse 해로운, 반대의
④ preliminary 사전의, 예비의

해석 소비자들이 에어컨을 구입하고자 할 때는, 구입하기 전에 몇 가지 사전 조사를 하는 것이 좋다.

어휘
consumer 소비자
purchase 사다, 구입하다

04
정답 ②

선지 해석 ① hypothesis 가설
② discontent 불만
③ satisfaction 만족
④ vigor 활력

해석 우리 나라의 가장 큰 음식점 체인 중 하나인 그 식당의 대변인 David는 금지 조치가 너무 과도하다고 주장하며 식품의약품안전청의 최근 결정에 대한 불만을 표시했습니다.

어휘
spokesman 대변인, 대표자
express 표현하다, 나타내다
KFDA 한국식품의약청
decision 결정, 결심

claim ~을 주장하다
restriction 금지, 제한
excessive 과도한, 과대한

05
정답 ④

선지 해석 anything but ~이 결코 아닌
① nearly 거의, 대략
② only 오직
③ immediately 즉시
④ never ~이 결코 아닌, 절대 ~않다

해석 모든 계층의 사람들을 담배연기의 위험으로부터 보호하고 싶어하는 것은 결코 불합리하지 않다.

어휘
danger 위험
cigarette smoke 담배연기

06
정답 ④

정답 해설 ④ 5형식의 동사 make 뒤에서 목적어 a story가 쓰였고, 목적격 보어 자리에 「감정동사」 interest가 p.p로 쓰였다. 「감정동사」의 p.p는 수동의 의미로 "감정을 느끼는"의 의미인데, 앞선 목적어 a story(사물)이 감정을 느낄 수는 없다. 따라서, "감정을 느끼게 하는"의 의미로 –ing의 형태로 쓴다.
(interested ⇒ interesting)

오답 해설 ① 명사 something 뒤에 that이 쓰여 관계대명사가 되었다. 관계대명사 that 뒤에 주어가 빠진 불완전한 문장이 쓰인 것은 옳다.
② seem 동사 뒤에서 to ⓡ의 형태로 보어가 쓰였다. base가 수동의 형태로 to be based로 쓰였고, 뒤에 전치사 on(be based on)의 형태로 쓰인 것은 옳다.
③ is(단수)의 주어는 앞선 some information(단수)이다.

해석 "뉴스"가 항상 의심할 여지 없이 사실인 것을 의미하는 것은 아니다. 뉴스가 사실에 근거한 것처럼 보이지만, 이러한 사실들은 언론이 그것들을 보도하기 위해 선택하는 방식으로 해석되고 보도된다. 예를 들어, 뉴스로 나타나는 어떤 정보는 정말로 기자들에 의해 형성된 추측이나 이론일 뿐이다. 게다가, 많은 언론인들과 기자들은 이야기를 더 흥미롭게 만들기 위해 뉴스 사건을 선정적으로 묘사하거나 극화하기도 한다. 불행하게도, 선정주의는 종종 진실을 왜곡하고 그것이 희생시키는 이들에게 고통을 준다.

07
정답 ③

정답 해설 ③ 친숙한 것이 항상 최선인 것은 아니다
(→ 이 글에서는 단순 노출 효과로 인해 우리가 친근하게 생각하는 것을 선택하는 경향이 있다고 설명하며 친근한 것이 아닌 최고의 것을 선택해야 한다고 서술한다. 이 글의 내용을 가장 포괄적으로 담고 있는 것은 ③이다.)

오답 해설 ① 어려운 의사 결정: 지나치게 많은 대안
(→ 이 글에서는 우리가 대안들 중에 친근한 것이 아닌 최고의 것을 선택해야 한다고 설명한다. 하지만 대안이 많아서 의사 결정이 어렵다는 것은 언급되지 않았다.)
② 가장 나쁜 것이 아닌 익숙한 것을 선택하라
(→ 이 글의 내용과 반대된다.)
④ 제한된 관점과 아이디어의 단점
(→ 이 글에서는 아는 것만 고수하는 것은 새로운 것, 아이디어, 관점에 대한 노출을 제한한다고 설명하지만 제한된 관점과 아이디어의 단점은 언급하지 않았다.)

해석 단순 노출 효과는 단순히 우리가 그것들에 익숙하기 때문에 사물에 대한 선호도를 발전시키려는 우리의 경향을 설명한다. 이러한 이유로, 그것은 친숙도 원칙이라고도 알려져 있다. 단순 노출 효과로는 차선의 의사 결정을 내릴 수 있다. 좋은 결정은 익숙함이 아니라 효과적임에 따라 가능한 모든 행동 방침을 평가함으로써 이루어진다. 대안을 결정할 때, 우리는 익숙한 옵션을 선택하는 것이 아니라 최선의 옵션을 선택해야 한다. 때때로 가장 좋은 옵션이 가장 친숙한 옵션이 아니기 때문이다. 때때로 가장 효과적인 행동 방침은 우리에게 익숙하지 않은 것이다. 게다가, 우리가 아는 것을 고수하는 것은 새로운 것, 아이디어, 관점에 대한 우리의 노출을 제한한다.

어휘
mere exposure effect 단순 노출 효과
describe 묘사하다, 설명하다
develop 발전시키다, 개발하다
be familiar with ~에 익숙하다
principle 원칙
evaluate 평가하다
course 방침, 진행, 추이
alternatives 대안
limit 제한하다
viewpoint 관점
tendency 경향
preference 선호도
familiarity 친함
suboptimal 차선의
possible 가능한
effectiveness 효과적임
stick with 고수하다
exposure 노출

08
정답 ③

정답 해설 ⅰ) 해당 문장의 주어 The answers와 동사 were가 각각 복수 형태로 올바르게 수 일치되었다.
ⅱ) 명/주/동 구조에서, 일반명사를 쓰고 있으므로 관계대명사 목적격이 생략된 구조이다. 동사 gave 뒤에 목적어가 생략된 것은 올바르다.
ⅲ) 2형식 be 동사 뒤에 형용사 revealing을 보어로 쓴 것은 적절하다. extremely는 형용사를 수식하는 부사로 쓰여 어순 또한 올바르다.

오답 해설 ① the number of는 '~의 수', 즉 단수이므로 동사 또한 단수 취급한다.
(are ⇒ is)
② '~하곤 했다'의 의미인 조동사 used to의 뒤에는 ⓡ을 쓴다.
(going ⇒ go)
④ 해당 문장의 동사는 have cancelled, 즉 현재 완료 시제로, 능동형이다. 따라서 뒤에 목적어가 있어야 하나 목적어가 없고, 항공편이 '취소된' 것이 문맥상 적절하므로 수동태로 고친다.
(have cancelled ⇒ have been cancelled)

해석 ① 인터넷 사용자 수가 엄청나게 증가하고 있습니다.
② 우리는 여름이면 호수로 배를 타러 가곤 했다.
③ 그 아이들이 내놓은 대답들은 대단히 흥미로운 사실들을 보여주었다.
④ 날씨가 나빠 모든 항공기 운항이 취소되었다.

어휘
sail 항해하다
revealing 흥미로운 사실을 드러내는
cancel 취소하다
extremely 대단히, 몹시
flight 비행

09
정답 ②

해설 글에서는 비물질화로 ②의 뒤에 나오는 because절이 힌트가 된다. because절의 내용이 "폐기물이 줄었다"고 했으므로 결과적으로 환경에는 "이롭다"는 내용이 되어야 한다. 따라서 '해로운'의 의미인 detrimental을 '이로운'의 의미인 beneficial로 고친다.
(detrimental ⇒ beneficial)

해석 제품이 진화함에 따라 제품은 무게가 더 가벼워지고 종종 크기가 작아지는 경향이 있다. 1960년대에 제조된 세탁기는 오늘날 제조된 비슷한 기계보다 훨씬 무거웠다. 다른 생활가전, 자동차, 전자제품도 마찬가지. 이와 같이 시간이 지남에 따라 제품의 무게가 감소하는 것을 비물질화라고 한다. 이상적으로는, 비물질화는 생산과 소비 모두에 있어서 폐기물의 양을 줄이기 때문에 환경에 (② 해롭다 → 이롭다.) 비록 비물질화가 이처럼 광물 및 기타 다른 물질의 소비를 줄이는 것처럼 보일지라도, 때로는 비물질화가 역효과를 가져온다. 고장난 경량 품목을 수리하는 것은 어렵고 원제품보다 비용이 더 들 수 있기 때문에, 유통업체와 제조사는 소비자에게 수리보다는 교체를 권유한다. 다시 말해, 비록 각각의 품목을 만드는 데 사용되는 재료의 무게는 줄었음에도, 주어진 기간 동안 사용되는 그러한 품목의 개수는 실제로 증가했을 수도 있는 것이다.

어휘
product 제품, 상품
evolve 진화하다

manufacture 제조하다
household appliance 생활가전
electronic 전자제품
beneficial 이로운, 유익한
quantity 양
consumption 소비
repair 수리하다
encourage 격려하다, 북돋다
mass 질량
comparable 비슷한, 동등한
automobile 자동차
dematerialization 탈물질화, 비물질화
environment 환경
production 생산
appearance 겉모습, 외관
lightweight 가벼운, 경량의
replace 교체하다
opposite effect 역효과

10
정답 ①

해설 (A해설) 이 글에서는 AI 기반 필기 도구가 증가하면서 표절이 보편화되고, 그것을 탐지하기 어렵기에 교육자들이 표절을 식별하고 예방해야 한다고 설명한다. (A) 앞의 문장을 보면 표절이 학계에서 보편화되고 있다고 설명한다. 그것의 결과로 교육자들이 표절을 예방하고, 식별하고, 중단해야 하는 상황에 직면하는 것이 내용상 적절하다. 따라서 (A)에는 'As a result'가 오는 것이 적절하다.
(B해설) (B) 앞의 문장은 표절이 탐지하기 힘들다고 설명한다. (B) 다음 문장에는 전 세계적으로 패러프레이징과 텍스트 교체가 늘어났다고 설명한다. 표절을 탐지하기 힘들지만, 패러프레이징과 텍스트 교체가 전 세계적으로 늘어났기 때문에 교육자들이 표절을 다뤄야 한다는 것이 내용상 적절하므로 (B)에는 'But'이 들어가는 것이 적절하다.

해석 AI 기반 필기 도구의 증가가 더욱 발전하고 학생들이 이용할 수 있게 됨에 따라 표절은 학계에서 보편화되고 있다. (A) 결과적으로, 교육자들은 표절을 탐지하는 것이 점점 더 어려워지고 있는데도 표절을 예방하고, 식별하고, 중단해야 하는 상황에 직면해 있다. (B) 하지만, 왜 교육자들은 표절을 계속해서 다루어야 하는가? 최근 연구에 따르면, 2020년 코로나(pandemic) 기간 동안 2019년과 비교하여 전 세계적으로 말만 바꾸는 경우 및 텍스트 끼워 넣기가 현저하게 증가했다. 평균 유사도 점수는, 어떤 내용이 번역되었는지와 어떤 내용이 원래의 것인지를 감지했을 때 나오는 점수로, 35.1%에서 49.6%로 증가했다.

어휘
plagiarism 표절
academia 학계
prevent 예방하다
detect 감지하다
replacement 대체
average 평균
original 원래의, 최초의
ubiquitous 편재하는
available 이용 가능한
identify 식별하다
tackle 다루다
pandemic 유행병
similarity 유사성, 유사도

11
정답 ③

해석 ① A: 그래서 우리 반 가르치는 것 어땠어?
B: 좋았어. 재미있었어.
② A: 너 정말 굉장한 파티를 놓쳤어!
B: 나도 알아. 나도 놓쳐서 속상해. 늦게까지 일해야 했어.
③ A: 너 신나서 얼굴이 빛나는데?
B: 나는 가망없는 일을 하는 거야.
④ A: 파티는 언제 끝났어?
B: 새벽 2시 정도에.

12
정답 ③

해설 ① 그거 곧 제거될 거야.
② 너 계속 그런 척하고 있어.
③ 이거 정말 편리하다.
④ 너는 책임을 추궁당할 거야.

해석 A: 오늘의 메뉴가 뭐야?

B: 파스타 만들 거야.
A: 당신의 주력 메뉴잖아! 도움 필요해?
B: 물론! 저 캔 좀 따줄래?
A: 문제 없지. 그런데 …… 어떻게 열지?
B: 잠깐만, 나 그거 지난번에 샀는데. 어디에 넣어 놨냐면 ……
A: 이거 말하는 거야?
B: 응, 그거 코스트코에서 샀어. 유용해 보였거든.
A: 이거 정말 편리하다.

어휘
come in handy 편리하다

13
정답 ④

정답 해설 ④ 아이스박스의 코팅은 햇빛의 열에 쉽게 취약해진다.
(→ 'Some iceboxes or cool bags also have a reflective outer coating to deflect radiation, such as sunlight, away from the precious picnic cargo.'를 통해 일부 아이스박스 또는 쿨링 백은 햇빛이 닿지 못하게 막는 반사성의 외부 코팅을 갖고 있다는 것을 알 수 있다. 그러나 아이스박스의 코팅이 햇빛 열에 취약하다는 것은 언급되지 않았다.)

오답 해설 ① 아이스박스의 벽은 절연 물질로 채워져 있다.
(→ 'The walls of an icebox consist of multiple layers, filled with an insulating material such as polystyrene that is full of air pockets.'를 통해 아이스박스의 벽은 폴리스티렌과 같은 절연 물질로 채워진 여러 층으로 구성되어 있음을 알 수 있다.)
② 폼 사이에 있는 공기는 열의 전달을 느려지게 한다.
(→ 'Air is a poor conductor of heat, so the gaps in the foam help to slow down the energy transfer of heat from the outside to the inside of the box.'를 통해 폼의 틈새에 있는 공기는 외부에서 내부로 열이 전달되는 속도를 느리게 한다는 것을 알 수 있다.)
③ 외부의 따뜻한 공기는 아이스박스를 뚜껑을 닫은 채 통과할 수 없다.
(→ 'When cold food is placed into the icebox and the lid is shut, very little heat can reach the food via convection because warm air from the outside cannot pass through the box.'를 통해 차가운 음식을 아이스박스에 넣고 뚜껑을 닫았을 때, 외부의 따뜻한 공기는 아이스박스를 통과할 수 없다는 것을 알 수 있다.)

해석 아이스박스는 보통 두꺼운 뚜껑과 함께 부피가 큰 플라스틱으로 만들어진, 다소 못생겨 보이는 물건이다. 하지만 매력적인 미적 요소가 정당한 이유로 희생된 것인데, 그것은 곧 절연이라는 목적을 위해서다. 아이스박스의 벽은 에어 포켓이 가득 찬 폴리스티렌과 같은 절연 물질로 채워진 여러 층으로 구성되어 있다. 공기는 열 전도체로서 좋지 않기 때문에, 폼의 틈새는 외부로부터 아이스박스 내부로 열이 전달되는 속도를 느리게 하는 것을 돕는다. 차가운 음식을 아이스박스에 넣고 뚜껑을 닫았을 때, 외부의 따뜻한 공기는 아이스박스를 통과할 수 없기 때문에 대류를 통해 음식에 도달하는 열은 거의 없다. 일부 아이스박스 또는 쿨링 백은 햇빛과 같은 방사선이 피크닉에 쓰여지는 소중한 짐에 닿지 못하도록 굴절시키는 반사성의 외부 코팅도 가지고 있다.

어휘
bulky 부피가 큰   lid 뚜껑
attractive 매력적인   aesthetic 미학, 미적인 요소
sacrifice 희생하다   insulation 단열
consist of ~로 구성되다   multiple 여러 개의, 다중의
layer 층   material 물질
air pocket 에어 포켓   conductor 전도체
transfer 이동, 전달   reflective 반사성의, 반사하는
deflect 피하게 하다, 굴절시키다   radiation 방사선이
precious 소중한, 귀중한   cargo 짐, 화물
susceptible 취약한

14
정답 ④

정답 해설 ④ 5형식의 유도동사 enable 뒤의 목적격 보어 자리에는 항상 to ®을 쓴다. 원형의 형태인 participate를 to participate로 고친다.
(participate in ⇒ to participate in)

오답 해설 ① "~와 마찬가지로"의 의미로 전치사 as with를 쓴 것은 옳다.
② 앞선 5형식의 동사 make를 고려하면, "reading the newspaper"(목) "a part of your everyday routine"(목)(보)의 자리이다. 목적격 보어 자리에 명사를 쓴 것은 옳다.
③ 뒤의 , and 뒤의 동사 "enables"를 고려하면, 동사가 3개 나열된 구조임을 알 수 있다. (broadens/gives/enables) 따라서 주어 it(단수)에 맞추어 단수 형태로 쓴 것은 옳다.

해석 다른 운동 프로그램과 마찬가지로, 여러분은 스스로를 단련하고 신문을 읽는 것을 여러분의 일상의 일부로 만들어야 한다. 그러면 운동이 여러분의 몸을 더 강하게 하듯이, 독서는 여러분의 마음을 더 강하게 한다. 그것은 여러분의 흥미를 넓히고, 중요한 문제에 대해 비판적으로 생각할 수 있는 능력을 주며, 흥미로운 대화에 참여할 수 있게 해준다.

15
정답 ②

정답 해설 ⅰ) many a가 나오면 a에 수 일치시킨다. many a 뒤의 명사 day와 동사 has passed의 수가 단수 형태로 적절하게 쓰였다.
ⅱ) '시발점'을 나타내는 since와 현재완료 시제 has passed가 올바르게 쓰였다. 이때 since절의 동사는 항상 과거시제로 쓰는데, 과거 형태인 broke out을 쓴 것 또한 올바르다.

오답 해설 ① occur는 자동사로, 수동태로 쓸 수 없다. 따라서 능동 형태로 고친다.
(is occurred ⇒ occurs)
③ that 앞에 명사가 없는 것으로 보아, that을 접속사로 본다. 접속사 뒤에는 완전한 문장을 써야 하나 타동사 do 뒤에 목적어가 빠져 불완전하므로 앞에 명사를 쓰지 않고, 뒤에도 불완전한 문장을 취하는 관계대명사 what으로 고친다.
(that ⇒ what)
④ "매 ~ 마다"의 의미로 쓸 때 「every + 기수 + 명(복수)」 혹은 「every + 서수 + 명(단수)」의 형태로 쓴다.
(five year ⇒ five years / fifth year)

해석 ① 그 책에서 가장 흥미진진한 에피소드 중 하나가 4장에 나온다.
② 전쟁이 발발한 이후로 많은 날이 지났다.
③ 후식을 먹으며 우리는 이후에 무엇을 할까 곰곰이 생각했습니다.
④ 그 회사는 매 5년마다 평가를 시행한다.

어휘
interesting 흥미로운   episode 에피소드, 삽화
occur 일어나다, 생기다   break out 발발하다
ponder 곰곰이 생각하다, 숙고하다   afterwards 나중에, 그 뒤에
conduct 수행하다   assessment 평가, 판단

16
정답 ②

주어진 문장 주어진 문장은 제로섬 게임은 한 사람의 이익이 다른 사람의 손실인 관계, 경쟁 또는 비즈니스 거래를 설명한다고 말하고 있다.

해설 이 글은 제로섬 게임과 논제로섬 게임에 대한 글로서, 주어진 문장에서는 제로섬 게임의 특징에 대해 소개한다. 이는 (B)의 부연설명으로 이어질 수 있으며, (B)에서는 제로섬과 대조되는 논제로섬 게임의 특징을 서술하고 있다. 이는 (C)에서의 논제로섬 게임에 대한 부연 설명과 사례를 드는 내용으로 이어질 수 있다. (C)에는 두 당사자가 모두 이익을 얻는 논제로섬이 언급되는데, 이는 (A)에서 'also'와 함께 두 당사자가 모두 손해를 보는 논제로섬의 내용으로 연결될 수 있다. 따라서 주어진 글에 이어질 글의 순서로 적절한 것은 (B) - (C) - (A)이다.

해석 제로섬 게임은 한 사람의 이익이 다른 사람의 손실인 관계, 경쟁 또는 비즈니스 거래를 설명한다. (B) "제로섬 게임"이라는 용어는 게임 이론에서, 그리고 한 사람이

이기고 다른 사람이 지면, 이것은 0의 순 이득을 낳는다는 개념에서 유래한다. 그러나, 논제로섬 게임에서는 양 당사자의 운명이 함께 오르내릴 수 있다. (C) 논제로섬 게임의 가장 좋은 유형은 양 당사자가 모두 거래에서 이익을 얻는 'win-win(양 쪽에게 유리한)' 상황이다. 예를 들어, 두 스포츠 팀이 선수들을 서로 교환하고 각 팀이 필요를 만족시킨다면, 그 거래는 양의 값의 순 총계를 산출한다. (A) 논제로섬 게임은 또한 양 당사자 모두에게 똑같이 부정적인 결과, 즉 'lose-lose(양 쪽에게 불리한)' 상황을 초래할 수도 있다. 예를 들어, 두 스포츠팀이 선수를 맞교환했는데 한 팀의 선수가 부상을 당해 다른 팀의 선수가 거래를 받아들이기보다 은퇴를 선택했다면, 이는 lose-lose 상황이 될 것이다.

어휘

describe 설명하다, 묘사하다 relationship 관계
competition 경쟁 gain 이익
loss 손실 yield 생기게 하다, 초래하다, 가져오다
consequence 결과 party 당사자
injure 부상을 입히다 retire 은퇴하다
notion 개념 net 정량(正量), 순중량, 순이익
fortune 운명 satisfy 충족시키다, 만족시키다

17 정답 ②

정답 해설 제시된 문장의 핵심 단서는 'that'이고, '그것을 뒤집으려 하기보다는, 그것을 포용하고 적응할 줄 알아야 한다.'는 내용의 문장이다. 제시된 문장을 자연스럽게 삽입하려면, 포용하고 적응해야 하는 'that'이 무엇인지 먼저 제시되어야 한다. 이 글은 우리가 적응해야 할 세계 인구감소와 감소로 인해 나타날 수 있는 결과들이 주된 내용이므로, '세계 인구의 필연적인 감소'가 적응해야 하는 'that'에 가장 적절하다. 따라서 ②이 적절한 위치이다.

해석 세계 인구가 계속해서 증가하거나 심지어 수평을 유지해야 할 이유가 없다. 그리고 이전의 공황이 중국과 다른 곳에서 해로운 정책으로 이어졌던 것처럼, 출산율을 높이려는 시도들은, 그것이 부질없다는 것이 증명될지도 모르는데, 여성을 다시 한번 출산 기계로 보는 위험을 감수하고 있다. 세계 인구는 필연적으로 감소할 것이다. 우리는 그것을 되돌리려 노력하기보다는 그것을 받아들이고 적응할 필요가 있다. 지구상의 더 적은 인구는 인류의 생태학적 발자국과 한정된 자원에 대한 경쟁을 감소시킬 수 있다. 부유한 국가들은 더 가난한 나라에서 온 이민자들에게 더 많이 의존하게 되고, 그 이민자들은 현재 선진국에 집중된 세계적인 번영에 더 많이 접근할 수 있게 된다. 이 새로운 인구 통계학은 질 좋고 저렴한 보육을 제공하고, 대학 교육을 더 저렴하고 공평하게 만들고, 보장된 최저 임금을 제공하고, 사회를 더 양성 평등하게 만들 필요성을 포함한 새로운 과제를 가져온다.

어휘

rather than ~하기보다는 reverse 뒤집다
embrace 포용하다, 수용하다 adapt 적응하다
population 인구 remain 유지하다
panic 공황 harmful 해로운
policy 정책 effort 노력
fertility 출산율 futile 헛된, 쓸데없는
risk 위험을 감수하다 inevitably 필연적으로
decline 감소하다 humanity 인류
ecological 생태학적 footprint 발자취
competition 경쟁 finite 한정된
rely on ~에 의존하다 immigrant 이민자
migrant 이주자 prosperity 번영
currently 지금, 현재 concentrated in ~에 집중된
demography 인구 통계학, 인구학 challenge 과제, 도전
quality 질 좋은 affordable 저렴한, 적당한 가격의
equitable 공정한, 정당한 guarantee 보장하다
minimum 최소한의 gender 성
equal 평등한, 동등한

18 정답 ③

해설 이 글은 분젠 버너에 대한 글로서, ①, ②, ④에서 모두 분젠 버너의 특징에 대해 서술하고 있다. 구체적으로, ①, ②의 문장은 분젠 버너의 도구적 특성과 ④의 문장은 분젠 버너의 다양한 적용성을 언급하고 있다. 그러나 ③은 이와 무관하게 개방형 화염을 실험실에서 사용하지 않는 것이 좋다는 내용을 다루고 있다. 따라서 이 글의 흐름상 가장 어색한 문장은 ③이다.

해석 로버트 분젠은 19세기 중반에 목적을 달성하기 위한 한 가지 수단으로 분젠 버너를 발명했다. 현대의 분젠 버너는 약 13cm(5인치) 길이의 직선형 금속 튜브로 구성되어 있으며, 베이스 스탠드에 부착되어 있다. 가스 호스로 알려진 얇은 고무 튜브는 바닥에 연결되어 분젠에 가스를 공급한다. 금속 이음 고리는 베이스에서 공기구멍의 크기를 변경하여 튜브로 유입되는 공기의 양을 조절하는 역할을 한다. 공기와 산소가 가스와 혼합되도록 함으로써, 더 뜨겁고 더 완전한 반응이 일어나며 매우 뜨겁고 푸른 불꽃이 생성된다. (③ 개방형 화염은 실험실에서 사용하지 말라고 권고되는데, 그것은 병원균을 포함할 수 있는 에어로졸을 생성하기 때문이다.) 분젠은 살균과 세포를 현미경 슬라이드에 고정하는 일을 포함하여 오늘날에도 여전히 풍부한 실험실에서의 적용성을 가지고 있다.

어휘

invent 발명하다 means 수단
end 목적 consist of ~로 구성되다
metal 금속의
measure (길이, 폭 등이) ~이다, ~로 나가다
attach 붙이다, 부착하다 rubber 고무의
supply 제공하다, 공급하다 collar 이음 고리
adjust 조정하다 amount 양
alter 바꾸다, 변경하다 oxygen 산소
complete 완전한 reaction 반응
flame 불꽃 recommend 권장하다, 추천하다
generate 생성하다, 만들어 내다 aerosol 에어로졸
contain 포함하다 pathogen 병원균
an abundance of 많은, 풍부한 laboratory 실험실
application 적용성, 응용, 적용 sterilization 살균
fix 고정하다 microscope 현미경

19 정답 ④

정답 해설 ④ 분할
(→ 이 글은 예측모델의 분석에 대한 글로, 특정 변수의 값을 추정하기 위해 모집단을 하위 집단으로 분할하는 과정에 대해 설명하고 있다. 빈칸 앞에서도 "분할" 과정에 대해 설명하고 있고 빈칸은 반복되는 소재인 "분할"의 정의를 설명하고 있으므로 빈칸에는 ④가 들어가는 것이 옳다.)

오답 해설 ① 보편성
② 전통
③ 개선

해석 예측 모델은 특정한 관심 대상의 변수의 값을 추정하는 데 초점을 맞춘다. 관리 방식으로 데이터에서 패턴을 추출하는 직관적인 사고방식은 모집단을 대상 변수에 대해 다른 값을 갖는 하위 집단으로 분할하는 것이다. 분할은 동시에 인간이 이해할 수 있는 분할 패턴의 집합을 제공할 수 있다. 그러한 한 가지 분할은 "뉴욕에 거주하는 중년 전문직 종사자들의 이직률은 평균 5%이다."와 같이 표현될 수 있다. 구체적으로, "뉴욕에 거주하는 중년 전문직 종사자들"이라는 용어는 몇몇 특정한 속성을 참조하는 그 분할의 정의이며, "5%의 이직률"은 그 분할에 대한 대상 변수의 예측된 값을 설명한다.

어휘

predictive 예측의 estimate 추정하다, 추산하다
value 가치, 값 particular 특정한
target 목표물, 대상, 타겟 variable 변수
intuitive 직관적인 extract 추출하다
supervise 지도하다, 감독하다 segment 분할하다, 구획으로 나누다
population 인구, 모집단 subgroup 하위 집단

at the same time 동시에
middle-aged 중년의
reside in ~에 살다, 거주하다
term 용어
reference 참조하다, 참조용으로 인용하다
attribute 속성
resemblance 유사성
exceed 넘다, 초과하다
forecast 예측하다
measure 재다, 측정하다

provide 제공하다
professional 전문직 종사자
on average 평균적으로
definition 정의
describe 묘사하다, 설명하다, 서술하다
trait 특징, 특성
maximum 최대의
characteristic 특징, 특성

20 정답 ①

정답 해설 ① 많은 산업분야에서 공통되게 요구되는 전략은 기후 변화에의 적응이다.
(→ 이 글은 경제, 사회, 환경, 기술 등 다양한 시장 분야에서 변화의 바람이 불고 있다고 말하며, 그것의 구체적인 사례를 함께 기술하고 있다. 두 번째 문장 "Adapting to ~ supreme challenge"가 주제문으로 각 업계가 기후 변화에 대응하는 것의 예시들이 나열되고 있다.)

오답 해설 ② 소비자들의 변화에 빠르게 대응하지 못하는 기업은 실패한다.
(→ 이 글은 시장과 환경의 변화에 대한 글로서, 많은 기업들이 어떻게 변화를 모색하는지 설명하고 있다. 그러나 '소비자의 변화'에 대해서는 일부 사례만 언급되었으며, ②의 내용 또한 이 글을 통해 전반적인 근거를 찾을 수 없다. 따라서 ②는 이 글의 요지로 적절하지 않다.)
③ 기술 변화가 비즈니스 활동에 미치는 영향은 유해할 수 있다.
(→ 이 글은 다양한 산업과 시장의 변화에 대해 언급하고 있다. 그러나 기술의 변화가 비즈니스 활동에 미치는 영향이 유해할 수 있다는 것은 전혀 언급되어 있지 않다.)
④ 새로운 현실에 적응하기 위해, 지도자들은 생각하는 방식을 바꿔야 한다.
(→ 이 글은 새로운 현실과 산업적 변화, 시장의 흐름에 적응하여 변화하는 산업들에 대해 설명하고 있다. 그러나 지도자들이 사고방식을 바꿔야 한다는 것은 이 글과 부합하지 않는다.)

해석 변화는 모든 사람들에게 피할 수 없는 인생의 현실이다. 세계의 에너지 사용량만큼 복잡하고 예측할 수 없는 환경의 변화에 적응하는 것은 아마도 최고의 도전일 것이다. 연료비 상승에 대응하여, 아메리칸, 델타, 유나이티드를 포함한 많은 항공사들은 연료 효율이 낮은 항공기를 퇴역시키고 항공편을 없애고 있다. 비록 어떤 변화는 갑작스러운 위기의 결과일 수 있지만, 더 자주 그것은 생활 방식, 소득, 인구 및 다른 요소들의 점진적인 경향의 결과이다. 소비자들은 환경에 미치는 영향을 최소화하는 "친환경" 제품 구매에 점점 더 많은 관심을 보이고 있다. 기술 또한 시장의 갑작스러운 변화를 촉발할 수 있다. 단에, 인터넷 상에서의 음원 다운로드가 전통적인 CD를 대체한 것으로 나타났다. 그리고 아이폰을 출시한 지 불과 몇 달 만에, 애플은 아이폰에서 터치스크린 기술을 빌린 아이팟 터치 MP3 플레이어를 선보였다.

어휘
fact of life 피할 수 없는 인생의 현실
environment 환경
unpredictable 예측 불가능한
challenge 도전
fuel 연료
crisis 위기
income 소득
good 재화, 상품, 제품
impact 영향
technology 기술
in one fell swoop 단번에, 한번에
common 흔한, 공통의
detrimental 유해한, 해로운

adapt 적응하다
complex 복잡한
supreme 최고의, 최상의
in response to ~에 대응하여, 반응하여
eliminate 제거하다, 없애다
gradual 점진적인
factor 요인
minimize 최소화하다
environment 환경
trigger 유발하다
replace 대체하다
strategy 전략

한국사

Speed 정답 Check

| 01 | ③ | 02 | ① | 03 | ④ | 04 | ④ | 05 | ④ | 06 | ③ | 07 | ② | 08 | ③ | 09 | ③ | 10 | ④ |
| 11 | ② | 12 | ② | 13 | ④ | 14 | ③ | 15 | ① | 16 | ① | 17 | ② | 18 | ③ | 19 | ④ | 20 | ② |

01 삼국의 사회 정답 ③

(가)는 의복이 고구려와 유사하고 솔(率), 덕(德)계열 등으로 16관등이 구성된 백제이다. (나)는 관직자들이 새 깃털로 장식한 모자를 썼고, 수혈(국동대혈)에서 제사를 지냈으며, 온돌 장치를 통해 난방을 한 고구려이다.
고구려는 형법을 엄격하게 시행하여 통치 질서와 사회 기강을 유지하였다. 반역을 꾀하거나 반란을 일으킨 자는 화형에 처한 뒤 다시 목을 베었고 그 가족들은 노비로 삼았다. 적에게 항복한 자나 전쟁에 패한 자도 역시 사형에 처하였다. 우마를 함부로 도살하는 자는 신분을 낮추어 노비로 삼으며, 도둑질한 자는 훔친 물건의 12배를 물게 하는 등 형률을 엄격하게 시행하였다.

오답분석 ① 고구려의 관등 조직이 족장 출신의 형(兄) 계열과 조부를 거두어들이는 관료 출신의 사자(使者) 계열로 분화되었다.
② 발해의 지배층은 고구려계가 대부분이었고, 주민의 다수는 말갈인이었다.
④ 부여에서 12월에 제천행사인 영고가 열렸고, 1세기 초에 이미 왕호를 사용하였다.

02 신라의 발전 정답 ①

백제의 비유왕과 신라의 눌지왕은 433년 고구려 장수왕의 남진 정책에 맞서 동맹을 맺었다(나제동맹).
신라 진흥왕 때 거칠부가 역사서인 『국사』를 편찬하였다(545).
성덕대왕 신종은 경덕왕이 아버지 성덕왕의 위업을 기리기 위해 제작을 시작하였으나, 혜공왕 때 비로소 완성되었다.
5세기 후반 소지왕 때 우역을 설치하고 관도를 정비하였다.
황룡사 9층 목탑은 선덕여왕 때 자장법사의 건의로 만들어졌다.
경덕왕 때 김대성이 석굴암과 불국사를 중건하였다.

오답분석 ① 608년이 진평왕은 승려 원광에게 수나라에 군사를 청하는 글을 쓰게 하였는데, 이를 걸사표라고 한다. (나)에 들어가야 맞다.

03 고려 후기 정치 동향 정답 ④

원은 만주 일대에 사는 고려인을 통제하기 위해 심양에 별도로 고려 왕을 두었는데, 충선왕이 최초로 심양왕의 봉작을 받았다. 원은 심양왕을 고려의 국왕과 경쟁하도록 함으로써 고려의 왕실을 견제하였다.
충선왕은 사림원을 설치하여 충렬왕의 측근 세력을 제거하고 관제를 바꾸었으며, 강제로 노비가 된 사람을 양민으로 환원시키는 개혁을 추진하였다. 그러나 개혁이 권세가들의 반발로 실패하자 아들 충숙왕에게 왕위를 물려주고 북경으로 가서 만권당이라는 연구 기관을 설립하고 문화 교류에 힘썼다.
충선왕의 뒤를 이어 즉위한 충숙왕은 개혁을 추진하기 위해 찰리변위도감을 설치하였다. 충숙왕 때에는 유청신, 오잠 등의 부원 세력이 고려를 원나라의 직속령인 성(省)으로 만들려는 입성책동을 벌였으나 이제현 등이 저지하였다. 충숙왕은 1330년 정치에 싫증을 느껴 세자(충혜왕)에게 양위하고 원나라로 갔으나, 충혜왕이 원에 의해 폐위되자 복위하였다.

오답분석 ④ 충목왕(1344~1348) 때 이제현, 박충좌 등이 주도하여 정치도감을 설치하고 개혁을 추진하였다.

04 임오군란과 갑신정변 정답 ④

(가)는 임오군란(1882), (나)는 갑신정변에 대한 기사이다.
임오군란 발발 직후 군인과 도시 빈민들이 궁궐까지 침입하자 고종은 흥선대원군을 불러 사태 수습을 위임하였다. 흥선대원군은 통리기무아문과 별기군을 폐지하여 민씨 정권주도의 개화 정책을 중단하고, 5군영과 삼군부를 부활시켰다. 그러나 민비 측의 지원을 받은 청군이 군란을 진압하였고 대원군은 톈진으로 압송되었다.

임오군란을 진압한 청은 용산에 3,000여 명의 군대를 주둔시키고 조선에 대한 본격적인 내정 간섭을 시작하였다. 이때 청은 내정 고문으로 마젠창, 외교 고문으로 독일인 묄렌도르프를 두었다. 또 조선을 청의 속방국으로 명기한 '조청상민수륙무역장정'을 강제로 체결하여 청 상인들이 서울에서 점포를 설치할 수 있는 권리와 내지에서 통상을 할 수 있는 권리를 획득하였다.

한편, 일본의 하나부사 공사가 군함을 이끌고 제물포에 나타나 무력시위를 하자, 조선 정부는 굴복하여 '제물포조약'과 '즈일수호조규속약'을 맺었다. 제물포조약은 군란의 주모자 처벌, 조선 정부의 사과와 배상금 5만원 지급, 일본 공사관 경비 병력의 주둔을 규정하였다.

오답분석 ① 1880년에 통리기무아문을 설치하여 개화 정책을 추진하였다.
② 1881년 초에 이만손 등이 영남 만인소를 올려 『조선책략』을 들여온 김홍집의 처형을 주장하였다.
③ 1885년에 영국이 거문도를 불법으로 점령하고 해군기지를 건설하였다.

05 조소앙 정답 ④

(가)는 상하이에서 이동녕 등과 함께 한국독립당을 결성하고 삼균주의를 제창한 조소앙이다.

조소앙은 중국으로 망명하여 1917년 상하이에서 신규식·박은식·신채호 등과 함께 대동단결선언을 발표하였다. 1919년에는 2·8 독립선언서의 계기를 조성하기도 하였고, 임시 정부 수립 과정에 주도적으로 참여하여 국무위원에 선출되었다.

1930년에는 상하이에서 한국독립당을 창당하고 삼균주의를 처음 제기하였다. 충칭 임시 정부에 가담한 후에는 삼균주의에 기반한 대한민국 건국 강령을 공표하였고, 이후 대일 선전 포고문, 대독 선전 포고 등 대외문서 작성을 주도하였다.

해방 후에는 한국독립당의 일원으로 김구와 함께 반탁운동에 나섰다. 1948년에는 김구, 김규식과 함께 5·10 총선거에 불참하는 공동성명을 발표하고, 평양에서 열린 '전조선 정당 사회단체대표자 연석회의'에 참가하였다. 1948년 12월에 독자적으로 사회당을 결성하여 1950년 총선거에 전국 최고득표로 당선되었다. 6·25 전쟁 과정에서 납북되어 1958년 10월 사망하였다.

오답분석 ① 안재홍, 정인보, 문일평 등이 조선학 운동에 앞장섰다.
② 1944년 여운형이 조선 건국 동맹을 조직하였다.
③ 백남운이 '조선 민족의 진로'라는 글에서 연합성 신민주주의를 표방하였다.

06 고려의 경제 상황 정답 ③

전시과 제도를 시행하고, 2년 3작의 윤작법이 보급된 '이 나라'는 고려이다.

고려 시대에는 개경에 시전을 설치하고, 서경과 동경 등 대도시에는 관영상점을 운영하기도 하였다. 관영상점에는 서적점, 약점, 다점 등이 있었다.

고려에서는 재정과 관련된 기관으로 호부와 삼사가 있었다. 호부에서는 호적과 양안을 작성하여 인구와 토지를 파악하고 관리하였다. 삼사에서는 재정 수입과 지출에 관련된 회계 사무 등을 담당하였다. 실제의 조세 수취와 집행은 각 해당 관청에서 담당하였다. 고려는 편성된 호를 인구의 많고 적음을 고려하여 9등호로 나누고 부역을 부과하였다.

오답분석 ③ 조세는 토지에 부과된 세금으로 생산량의 10분의 1을 납부하였다. 조세는 토지를 논과 밭으로 나누어 비옥한 정도에 따라 3등급으로 나누어 부과하였다.

07 러일 전쟁과 한일 의정서 정답 ②

(가)는 1904년 일어난 러일 전쟁, (나)는 1904년 2월에 체결된 한일 의정서이다.

1904년 2월 8일 일본이 뤼순을 기습공격하고 다음날 제물포의 러시아 함대를 격침한 뒤 선전포고하면서 러일 전쟁이 시작되었다. 러일 전쟁이 발발하자 일본은 곧바로 서울에 군대(한국주차군)를 주둔시키고, 한일 의정서 체결을 강요하였다. 한일 의정서의 주요 내용은 한국이 내정 개혁을 위해 일본의 충고를 받아들이고, 군사 전략상 필요한 지점을 일본에게 제공하는 대신에 일본은 대한제국의 독립과 영토 안정을 보장한다는 것이었다.

오답분석 ① 포츠머스 강화 조약으로 러일 전쟁은 종결되었으며, 을사늑약 체결 이후 미국 등의 주한 공사들이 철수하였다.
③ 조선에 대한 청의 종주권을 뺏기 위해 일어난 전쟁은 청일 전쟁이다. 또 한일 신협약(1907. 7.)의 부수 비밀 각서에 따라 대한제국의 군대가 해산되었다.
④ 청일 전쟁의 결과 체결된 시모노세키 조약에서 랴오둥 반도와 타이완 할양을 규정하였다. 1905년 체결된 을사늑약에 따라 일본은 대한제국의 외교권을 빼앗고 통감부를 설치하였다.

08 실학자 정답 ③

(가)는 실옹과 허자의 문답 형식을 빌려 고정관념을 비판하였던 『의산문답』의 일부로, 조선 후기의 실학자 홍대용의 저술이다. (나)는 기술의 발전이 인간의 삶을 풍요롭게 한다고 주장하고 외국의 기술을 적극 수용할 것을 강조하였던 정약용이 쓴 「기예론」이다.

노론 명문 출신인 홍대용은 청에 왕래하며 얻은 경험을 토대로 『임하경륜』, 『의산문답』 등을 저술하였다. 그는 균전제를 주장하며 농업에도 관심을 보였으나, 기술의 혁신과 문벌 제도의 철폐, 그리고 성리학의 극복이 부국강병의 근본이라고 강조하였다. 홍대용은 영조 때 『주해수용』을 저술하여 동서양의 수학 연구 성과를 정리하기도 했다. 정약용은 지방 행정의 개혁에 대하여 쓴 『목민심서』, 중앙 정치 제도의 개혁 방안을 다룬 『경세유표』, 형벌 제도의 개혁 방안을 다룬 『흠흠신서』 등을 비롯해 500여 권의 책을 저술하여 실학을 집대성하였다. 또한 마진(홍역)에 대한 의서인 『마과회통』을 통해 제너의 종두법을 처음으로 소개하였다.

오답분석 ① 김석문이 『역학도해』를 저술하였다.
② 최한기가 『명남루총서』를 저술하였다.
④ 홍대용이 『주해수용』을 저술하였다.

09 혜심 정답 ③

자료는 혜심이 유불일치설을 주장하는 내용이다. 지눌의 제자인 진각국사 혜심은 고려 무신집권기에 활동한 조계종 승려로『선문염송집(禪門拈頌集)』 30권을 저술하였다.

오답분석 ① 광종 때 승려 균여는 화엄 사상을 정비하고 보살의 실천행을 펼쳤다.
② 의천의 교관겸수에 관한 내용이다.
④ 신라 말 도선국사는 동리산문의 승려이자 음양풍수설의 대가로서 개성, 평양, 한양이 국가의 중심지가 될 것을 예언하였다.

10 조선의 법전 정답 ④

(가) 세조, (나) 영조, (다) 정조, (라) 고종이다.

『경국대전』은 세조 대에 그 편찬이 시작되어 성종 때 마무리되고 반포되었다. 세조는 불교 보호 정책을 펼쳐 간경도감을 설치하고, 원각사 10층 석탑을 건립하였다.

영조는 민생 안정과 산업 진흥을 위한 여러 개혁을 추진하였다. 균역법을 시행하여 양역의 불균형을 바로잡고 군역 부담을 크게 줄였다. 가혹한 형벌을 폐지하는 등 형벌 제도를 개선하고, 사형수에 대한 삼심제를 엄격히 시행하였다.

정조는 유득공, 이덕무, 박제가 등 서얼 출신 학자를 규장각 검서관에 기용하였다. 또 공노비의 해방을 추진하는 등 서얼과 노비에 대한 차별을 개선하기 위해 노력하였다.

오답분석 ④ 철종 때 임술농민봉기(1862)를 계기로 삼정이정청을 설치하였다.

11 광해군 정답 ②

이이첨, 정인홍은 광해군 때 정권을 잡았던 북인이므로 폐위된 (가)는 광해군임을 알 수 있다.

광해군은 대내적으로 전후 복구 사업을 실시하면서 대외적으로는 명과 후금 사이에서 신중한 중립 외교 정책으로 대처하였다. 조선은 임진전쟁 때 명의 도움을 받았으므로 명의 원군 요청을 거절할 수 없었고, 새롭게 성장하는 후금과 적대 관계를 맺을 수도 없었다. 이에 광해군은 강홍립을 도원수로 삼아 원군을 파견하면서 상황에 따라 적절히 대처하도록 명령하였다. 결국 조·명 연합군은 패하고, 강홍립 등은 후금에 항복하였다. 이후에도 광해군은 압록강 입구의 가도에 주둔한 명의 모문룡 부대에 식량을 지원하면서도 다른 한편으로는 후금과 친선을 도모하는 등 중립적인 정책을 취했다.
서인들은 광해군의 중립 외교 정책이 명에 대한 의리를 저버리는 것이라고 비판하였다. 더욱이 광해군이 영창대군을 죽이고 인목 대비를 유폐시키자 서인은 이를 구실 삼아 정변을 일으켜 광해군을 축출하고 인조를 왕으로 추대하였다(인조반정, 1623).

오답분석 ① 효종과 숙종 때 북벌론이 제기되었다.
③ 연산군이 어머니인 폐비 윤씨 사건에 관련된 자들을 제거한 갑자사화를 일으켰다.
④ 연산군 때 실존 인물인 홍길동을 우두머리로 하는 집단이 충청도 일대를 중심으로 활동하였다.

12 대한제국 지계   정답 ②

대한제국에서 전답을 가진 자에게 소유권을 인정하며 발급한 '관계'는 지계를 가리킨다. 대한제국은 조세 수입을 늘리고 근대적인 토지 소유권 제도를 확립하기 위해 1898년에 양지아문을 설치하고 미국인 측량 기사를 초빙해 양전 사업을 실시하였다. 1901년에는 지계아문을 설립하여 강원도와 충청남도 일대에서 근대적인 토지 소유 증명서, 즉 지계를 발급하였다. 양전 사업과 지계 발급은 실제 경작지를 파악하여 조세 수입을 늘리는 데 이바지하였다. 또 개항장 이외의 지역에서 외국인의 토지 소유를 법적으로 제한하여 외국인의 토지 침탈을 막는 효과도 있었다. 양전 사업과 지계 발급 사업은 일본의 방해로 러일 전쟁 과정에서 중단되었다.
1903년 압록강 주변에서 벌채 사업을 추진하던 러시아는 용암포 및 압록강 하구 일대를 불법으로 점령하고 조선 정부에 조차를 요구하였다. 이 사건은 일본과 영국 등의 항의와 간섭으로 성공하지 못하였으나, 러일 전쟁의 발단이 되었다.

오답분석 ① 1881년 신식 군대인 별기군이 설치되었다.
③ 미국으로 망명했다 귀국한 서재필이 1896년에 독립신문을 창간하였다.
④ 1905년 손병희는 동학을 천도교로 개칭하고 민족 종교의 정통성을 지키려 하였다.

13 고대의 고분   정답 ④

발해의 정혜공주 묘는 굴식 돌방무덤으로 모줄임 천장 구조가 고구려 고분 양식을 계승하고 있다.

오답분석 ① 고구려는 초기에 돌무지무덤을 만들었다. 돌무지덧널무덤은 신라 전반기의 무덤 양식이다.
② 무덤의 둘레돌에 12지신상을 조각한 것은 신라에서 나타난 양식이다.
③ 백제는 중국 남조의 영향을 받은 벽돌무덤을 만들었는데, 무령왕릉이 대표적이다.

14 일제의 식민통치   정답 ③

한일 강제 병합에 따라 일본은 '대한 제국'이란 국호를 '조선'으로 개칭하였는데, 이때 조선은 국명이 아니라 일본의 일개 지명이라는 의미였다.
헌병 경찰 제도란 군사 경찰인 헌병이 일반 경찰인 경관과 함께 보통 경찰 사무를 담당하는 것이었다. 헌병 경찰은 본래 업무인 치안과 첩보 수집, 의병 토벌은 물론 납세 독촉, 일본어 보급 등 각종 행정 사무에까지 간여하였다. 또한, 헌병 경찰은 '범죄 즉결례'와 '경찰범 처벌 규칙'에 따라 정식 재판 절차를 거치지 않고도 조선인에게 벌금을 물리거나 구류 처분을 할 수 있었다.

오답분석 ③ 육해군 대장 중에서 임명되는 조선총독은 '천황'에게 직접 명령을 받는 특별한 지위를 가졌으며, 식민지의 최고 권력자로서 입법, 사법, 행정, 군통수권 등 전 분야에 걸쳐 방대한 권한을 가졌다. 특히 조선 총독은 조선에서 필요한 입법사항에 대해 법률과 칙령에 위배되지 않는 범위 안에서 제령(制令)과 부령(府令)을 제정하여 시행할 수 있었다.

15 한국독립군   정답 ①

중국인 부대와 연합하여 항일 무장 투쟁을 벌였고, 지청천을 총사령관으로 삼았다는 사실을 통해 (가) 무장 단체는 한국독립군임을 알 수 있다.

한국독립군은 중국 호로군과 연합하여 북만주 일대에서 쌍성보, 대전자령, 동경성에서 일본군을 상대로 큰 승리를 거두었다.

오답분석 ② 조선혁명군(양세봉)에 대한 설명이다.
③ 북로군정서군(김좌진)에 대한 설명이다.
④ 조선의용대 화북지대에 대한 설명이다.

16 문자 보급 운동   정답 ①

제시된 자료는 문자 보급 운동의 참여를 독려하는 조선일보의 기사이다. 조선일보는 문맹퇴치운동의 일환으로 1929년부터 문자 보급 운동을 전개했다. 동아일보에서도 1931년부터 브나로드 운동이란 이름을 내세워 농촌 계몽 운동을 전개했는데, 문자 보급 운동과 브나로드 운동은 일제의 탄압으로 1934년 중단되었다.
1931년 조선어 연구회는 이윤재, 이극로, 최현배 등이 중심이 되어 조선어학회로 확대·개편하고 문자 보급 운동에 쓰일 교재를 제작·보급하는 한편, 전국 각지에서 조선어 강습회를 열어 문맹 퇴치를 위해 노력했다. 조선어학회는 1933년 한글 맞춤법 통일안을 제정하였다.

오답분석 ② 1936년 베를린 올림픽에서 손기정이 금메달을 획득하였다. 동아일보와 조선중앙일보가 일장기를 삭제하고 보도하자 조선 총독부는 이를 혹독하게 탄압하였다(일장기 말소 사건).
③ 1925년 일제는 사회주의자들을 탄압하기 위해 치안유지법을 만들었다.
④ 1923년 백정들이 진주에서 조선형평사를 창립하고 형평 운동을 전개하였다.

17 신량역천인   정답 ②

봉수대에 소속된 봉수군, 의금부에 속하여 형장 업무나 압송하는 일을 담당했던 나장(羅將), 역참에 배속되어 군사 정보나 왕명의 전달 등과 같은 임무를 담당하던 역졸(驛卒)은 양인 중에서 천역을 담당하였던 신량역천이다.
조선 시대 양인 중에서 천역을 담당하는 계층을 신량역천이라 하였는데, 조례(관청의 잡역 담당), 나장(형사 업무와 죄인의 압송), 일수(지방관아의 잡역), 조군(조운 업무), 수군, 봉수군(봉수 업무), 역졸(역의 업무) 등이 포함되었다. 칠반천역이라고도 불린 이들 신량역천은 일정 기간 국역을 지면 양인으로서 공민권을 가질 수 있게 되는 조건부 양인으로 그 수도 그리 많지 않았다. 그리하여 15세기 말에 이르면 신량역천은 상당수가 일반 양인으로 승격되었다. 이들은 서리, 잡학인, 노비 등과 함께 잡색군에 소속되었다.

오답분석 ① 향리에 대한 설명이다.
③ 노비에 대한 설명이다.
④ 서얼에 대한 설명이다.

18 발해 무왕   정답 ③

(가)는 대조영의 아들로, 인안이라는 연호를 사용한 발해 무왕(대무예, 719~737)이다. 무왕은 동북방의 여러 세력을 복속하고 북만주 일대를 장악하였다. 발해가 세력을 확대하자 신라는 북방 경계를 강화하였고, 흑수말갈도 당과 연결하고자 하였다.
이에 무왕은 당에 대문예의 송환을 요구하고 장문휴로 하여금 수군을 동원하여 산둥반도(덩저우)를 공격하고(732), 당군과 요서에서 전쟁을 벌였다(732~733).
한편 무왕은 당과 신라를 견제하기 위해 초원제국인 돌궐과 연합하고, 일본과 외교 관계를 강화하였다.

오답분석 ① 발해 문왕 때 3성 6부의 중앙 관제를 마련하였다.
② 발해 선왕 때 5경 15부 62주의 지방 제도를 정비하였다.
④ 대조영(고왕)이 고구려 유민과 말갈족을 규합하여 동모산에서 발해를 건국하였다.

19 조선 전기 문화·예술   정답 ④

세종 때 화원 출신인 안견은 안평대군이 꿈에 본 광경을 듣고 몽유도원도를 그렸다. 몽유도원도는 신선이 산다는 환상적인 이상세계를 낭만적으로 그려낸 작품이다. 이 그림은 구도가 웅장하고 필치가 씩씩하며 대각선적인 운동감을 활용하여 구현한 걸작으로, 현재 일본 덴리(天理) 대학에 남아 있다.

오답분석 ① 조선 후기에 판소리, 잡가, 가면극 등이 유행하였다.
② 조선 후기에 청화백자가 제작되었고, 조선 초기에는 분청사기가 유행하였다.
③ 김정희는 조선 후기에 활약한 서예가이다.

20 통일을 위한 노력 정답 ②

남북한이 유엔에 가입한 것은 1991년으로 노태우 정부 시기의 사실이다.
1988년 출범한 노태우 정부는 북방 정책을 추진하여 동유럽 각국, 소련, 중국 등 공산권 국가들과 수교를 맺었다. 1990년부터는 남북한 총리회담과 함께 5차례에 걸쳐 남북 고위급 회담을 개최하였다. 그 결과 남북은 UN에 동시 가입하였고(1991. 9. 18.), 남북 기본합의서를 채택하였다(1991. 12. 13.). 한편, 남북한은 1991년 12월 31일에 한반도의 비핵화에 관한 공동선언에 합의하고, 제6차 남북고위급회담(평양)에서 이를 공식 발효(1992. 2. 19.)시켰다.

오답분석 ① 전두환 정부 시기에 분단 이후 최초로 이산가족의 상봉이 실현되었다(1985).
③ 김대중 정부 시기에 6·15 남북 공동 선언의 후속 사업으로 경의선과 동해선 철도가 연결되었다.
④ 문재인 정부 시기에 판문점 선언이 채택되었다(2018).

SUPER 360

제 10 회 공통과목 모의고사 Vol.2

📖 국어

🚀 Speed 정답 Check

01	②	02	④	03	③	04	③	05	②	06	②	07	②	08	③	09	③	10	②
11	①	12	③	13	③	14	③	15	③	16	③	17	③	18	①	19	②	20	④

01 규범 – 어문규정 – 표준어 규정 정답 ②

해설 '뚱딴지'가 표준어이다.
『식물』국화과의 여러해살이풀.

오답 풀이 ①, ③, ④는 모두 옳은 복수 표준어이다.

02 문법 – 통사론 – 문장의 종류 정답 ④

해설 ㉣의 관형절에 쓰인 '할'은 미래 시제를 표현한다.

오답 풀이 ① '내가 잃어버린'은 관형절(안긴문장)이고 '-ㄴ'이 과거 시제 관형사형 어미이다.
② 대등적 연결어미 '-고'를 쓰고 있지만 의미상 선후 관계이므로, 종속적으로 이어진 문장이다.
③ '내가 어제 만난'은 관형절, '손이 크다'는 서술절이다.

03 규범 – 어문규정 – 한글 맞춤법 정답 ③

해설 '머지않다'는 시간적인 개념을 나타낼 때 쓰고, '멀지 않다'는 공간적인 개념을 나타낼 때 쓴다. 또한 '머지않다'는 '봄이 머지않았다.'와 같이 붙여 쓰지만, '멀지 않다'는 한 단어가 아니므로 '여기에서 학교까지는 멀지 않다.'처럼 띄어 쓴다.

오답 풀이 ① '아니오' ⇒ '아니요'
② '띠는' ⇒ '띄는'
④ '나로써는' ⇒ '나로서는'

04 규범 – 바른 문장 – 높임 표현 정답 ③

해설 '말씀'은 다른 사람이 하는 말을 높이는 단어로도 쓰이고 자신의 말을 낮추어 이르는 단어로도 쓰인다.

오답 풀이 ① '야단'은 '소리를 높여 마구 꾸짖는 일'이라는 뜻으로서 그 행위를 하는 대상을 가볍게 여기는 말이다. '야단(을) 맞다'는 '꾸지람/꾸중/걱정(을) 듣다'로, '야단(을) 치다'는 '꾸지람/꾸중(을) 하다'로 쓰는 것이 언어 예절에 맞다.
② '여쭈다/여쭙다'는 객체 높임의 특수 어휘로, 목적어나 부사어가 가리키는 대상을 높이는 말이다. 아이보다 자기가 높다고 해도 자기 자신을 높이는 예문은 언어 예절에 맞지 않는다.
④ '수고(受苦)'는 '고생을 당하다'라는 뜻으로서 의미상 윗사람에게 쓰면 언어 예절에 어긋난다. 그냥 "안녕히 계십시오."와 같은 평범한 인사말이 더 적절하다.

05 어휘 – 한자 – 한자어 정답 ②

해설 '否'은 '아닐 부, 막힐 비' 등 두 가지로 읽을 수 있다. '否運'의 경우는 '비운'으로 읽어야 하며, '비운'은 '막혀서 어려운 처지에 이른 운수 또는 불행한 운명'을 뜻한다. '불운'으로 읽을 때에는 '不運'으로 표기한다.

오답 풀이 ① 龜裂(터질 균, 찢어질 열[렬]): 거북의 등에 있는 무늬처럼 갈라져 터짐. / 친하게 지내는 사이에 틈이 남. / 추위 따위로 손발이 터짐.
③ 嗚咽(탄식할 오, 목멜 열): 목메어 욺. 또는 그런 울음
④ 拓本(박을 탁, 근본 본): 비석, 기와, 기물 따위에 새겨진 글씨나 무늬를 종이에 그대로 떠냄. 또는 그렇게 떠낸 종이

06 어휘 – 한자 – 한자성어 정답 ②

해설 '破竹之勢(파죽지세)'는 '대나무를 쪼갤 때의 맹렬한 기세'를 말한다.

오답 풀이 ① 切磋琢磨(절차탁마): 옥이나 돌 따위를 갈고 닦아서 빛을 낸다는 뜻으로, 부지런히 학문과 덕행을 닦음을 이르는 말.
③ 大義滅親(대의멸친): 큰 도리를 지키기 위하여 부모나 형제도 돌아보지 않음.
④ 累卵之勢(누란지세): 층층이 쌓아 놓은 알의 형세라는 뜻으로, 몹시 위태로운 형세를 비유적으로 이르는 말.

07 어휘 – 고유어 – 관용어, 속담 정답 ②

해설 오금이 쑤시다: 무슨 일을 하고 싶어 가만히 있지 못하다.

오답 풀이 ① 발이 길다: 음식을 먹는 자리에 우연히 가게 되어 먹을 복이 있다.
③ 부아가 치밀다: 억울하거나 뜻대로 되지 않은 일 등을 당하여 분노하거나 노여운 감정이 생기다.
④ 미주알고주알 캐다: 속속들이 자세히 알아보다.

08 독해 – 문학 – 현대소설 정답 ③

해설 ③ ㉢에는 누이가 도시에서 가져온 헌 옷 몇 벌과 두어 가지의 화장 도구만 담겨 있다. 따라서 ㉢은 누이가 살았던 도시에서의 삶의 흔적을 떠올리게 한다고 볼 수 있다.

오답 풀이 ① ㉠은 고향의 자연 공간을 말하는 것이지만, 고향에서 '나'와 누이가 겪었던 아픔과 시련을 상징하는 것은 아니다.
② ㉡은 고향의 강물에 떠다니는 배를 가리키는 것으로, 도시 생활에 대해 누이가 지니고 있는 회한을 나타내는 것은 아니다.
④ ㉣은 어머니가 누이가 침묵하는 이유를 알기 위해 자신의 사랑을 보여 주는 것으로, 어머니가 자신의 과거의 삶을 반추하게 하는 역할을 하는 것은 아니다.

09 독해 – 비문학 – 주제, 주장(견해) 정답 ③

해설 제시문은 한국 술 문화의 시·공간적 구조가 의례의 단계(구조)에 정확히 일치됨을 설명한 것이다.
이는 마지막 문장인 '이렇게 볼 때, 술 문화의 구조는 기본적으로 모든 의례 행위의 구조와 동일하다고 볼 수 있다.'에서 더욱 명확해진다.
따라서 이 글의 제목으로는 ③이 가장 적절하다.

10 화법과 작문 – 말하기 – 말하기 방식 정답 ②

해설 A 업체 대표는 자신의 업체가 자금 회전에 어려움을 겪는 작은 업체임을 강조하며 상대측이 요구를 받아들일 것을 강조하고 있다.

오답 풀이 ① A 업체 대표가 설문 조사를 언급하지는 않았다.

③ B 업체 대표는 상호 양보를 의도하고 있으며, 여러 제안을 묶어 제시해 상대와 제안을 교환하지는 않았다.
④ B 업체 대표는 원재료 상승 폭과 빵 가격 상승 폭을 비교하여 상대측 요구가 부당함을 강조하였다.

11 독해 - 문학 - 현대시   정답 ①

해설 의미를 강조하기 위해 어순을 도치한 부분은 찾을 수 없다.

오답 풀이 ② 입가의 주름을 '골짜기'에 비유함으로써 노모의 외양을 묘사한 부분이 있다.
③ '~와'와 '~을 다 받아먹는다'라는 구조의 문장을 반복하여 노모의 동작을 표현하고 있다.
④ '오물오물'이라는 의태어를 통해 동작을 생동감 있게 표현한 부분을 찾을 수 있다.

> 🖊 **작품 해제**
> 문태준, 〈노모〉
> · 주제: 노모의 주름진 입가에서 발견되는 아름다움
> · 해제: 이 시는 입가에 잔뜩 주름이 진 노모의 모습을 아름답게 그리고 있는 작품이다.
> · 특징
>   - 비유적 표현과 의태어 사용하여 노모의 모습을 묘사
>   - 'ㄹ'음을 사용하여 경쾌한 리듬감을 줌.
>   - '~와'와 '~을 다 받아먹는다'라는 구조의 문장을 반복

12 독해 - 비문학 - 미루어 추리   정답 ③

해설 제시문은 네안데르탈인과 현대 인류 조상의 손뼈 구조의 차이를 비교 분석한 결과 네안데르탈인과는 달리 정교한 손뼈 구조를 가진 현대 인류 조상이 진화를 거듭하게 되었다는 내용을 설명하고 있다. 따라서 네안데르탈인의 손뼈 구조가 갖는 한계를 지적하는 ③의 내용이 괄호 안에 들어가기에 가장 적절하다.

13 독해 - 비문학 - 논리적 순서   정답 ③

해설 이 제재의 내용을 볼 때,
'ⓒ 컴퓨터 통신의 보편화(현실 상황) ⇒ ② 컴퓨터 통신 문화의 미정립(문제 제기) ⇒ ⓓ 현재의 상황에서 본 정보화 사회의 어두운 미래(문제의 심각성 고취) ⇒ ⓐ 올바른 컴퓨터 통신 문화의 정립(문제 해결의 방향) ⇒ ⓑ 국가적 차원의 제도 마련(문제 해결의 방안)'으로 연결되어야 글의 전체적 흐름이 자연스럽다.

14 독해 - 비문학 - 반론, 비판 / 오류   정답 ③

해설 · 글쓴이의 견해 확인: 글쓴이는 경어를 많이 사용하는 우리말의 특징을 우리의 문화나 사회상과 결부하여 자신의 견해를 드러내고 있다. 즉, 경어가 많다는 사실은 자아에 대한 인식이 부족하고 자신을 비하하며 심지어는 자아를 말살했던 우리의 생활상 때문이었다고 주장하고 있다.
· 글쓴이의 견해의 문제점 파악: 경어의 사용이 자신을 비하하고 자신을 잊어버리는 데서 온 것이라는 글쓴이의 견해는 지나치게 주관적이고 개인적인 견해일 뿐이다.
· 글쓴이의 견해를 비판한 근거 확인: 우리말에 경어가 많은 것은 겸양의 미덕을 소중히 여기는 문화적 전통과 나를 희생함으로써 우리를 드러내는 공동체적 윤리관에 의해 형성된 것으로 이해해야 한다.

15 독해 - 문학 - 고전시   정답 ②

해설 화자는 '가시겠습니까', '이루실까' 등의 의문형 어미를 사용하여 자신의 바람을 완곡하게 표현하고 있다.

오답 풀이 ① 화자는 서쪽으로 움직이는 속성을 지닌 '달'을 보며 서방의 무량수불에게 자신의 소원을 전해 달라고 부탁하고 있다. '달'은 화자와 무량수불을 이어 줄 매개체라 할 수 있다.
'서방'은 화자가 가고자 하나 마음대로 갈 수 없는 먼 곳으로, 현실을 초월한 공간이다.
③ 화자가 달에게 부탁하는 '보고의 말씀'은 5~8구에서 구체화되고 있으며, 그 내용은 '왕생'을 그리는 자신을 무량수불에게 말해 달라는 것이다.
④ '두 손 곧추 모아' 왕생을 '그리는 이'는 무량수불에게 자신의 기원이 닿기를 바라는 화자이다. 두 손을 똑바로 모으고 있는 모습에서 간절함을 느낄 수 있고, 무량수불이 '이 몸', 즉 자신을 구원해 주기를 바라고 있음을 알 수 있다.

> 🖊 **작품 해제**
> 광덕, 〈원왕생가〉
> · 해제: 이 작품은 신라 문무왕 때 광덕이 지었다고 전해지는 10구체의 향가이다. 아미타불에게 의지하여 서방정토로 가려는 소망을 달을 통해 전하려 하는 노래로, 불교적 내세관을 보여 주고 있다. 아미타불이 맹세한 중생 제도의 서원을 상기시켜 화자의 왕생에 대한 의지를 강조하고 있다.
> · 주제: 극락왕생에 대한 간절한 염원
> · 구성
>   - 1~4구: 무량수불에게 소원을 전해 주기를 달에게 부탁함.
>   - 5~8구: 부처에게 간절히 왕생을 기원하는 화자의 모습
>   - 9~10구: 무량수불에게 서원의 실행을 당부함.

16 독해 - 비문학 - 주제, 주장(견해)   정답 ③

해설 이 글에서는 자아실현의 장벽이 되는 요인으로서 '남성과 여성에 대한 편견'을 중심으로 내용을 전개하고 있다. 즉, 성별의 차이에 따른 편견이 형성되는 과정을 밝히고, 그러한 편견이 자아 개념의 중요한 일부분으로 자리 잡음으로써 자아실현에 장벽이 되고 있음을 설명하고 있는 것이다. 따라서 이 글의 중심 화제는 '성별의 차이에 따른 편견'이 가장 적절하다.

17 독해 - 비문학 - 사례 적용   정답 ③

해설 ㉠의 '이 같은 경향성'은 한국 사회는 학연, 혈연, 지연 등에 의해서 이루어진다는 것이다. 이와 같은 것이 실제 상황에 나타나지 않은 것을 찾으면 된다.
③ 주영이가 수해를 입은 사람들에게 도움을 주는 것은 봉사 정신이라 할 수 있다.

18 독해 - 비문학 - 미루어 추리   정답 ①

해설 회화적 전통이 문인화에서 비롯되었다는 정보는 제시문에서 확인할 수 없는 내용이다.

오답 풀이 ②, ③은 첫째 문단 〈수렵도〉의 기법을 설명하는 부분에서 운동감과 유연한 리듬을 지닌 모필의 특성을 확인할 수 있다.
④는 둘째 문단에서 동양에서 문인들의 그림을 더 높이 평가했던 경향을 확인할 수 있다.

19 독해 - 비문학 - 일치, 불일치   정답 ②

해설 세 번째 문단의 첫 문장에 "서양 고전 음악이 현대인의 정서에 가장 잘 맞는 것도 아니라면~"이라고 서술되어 있다.

오답 풀이 ①, ③, ④는 모두 두 번째 문단에 나타나 있다.

20 독해 - 비문학 - 논리, 논증   정답 ④

해설 ㄱ. (O): 갑은 대기의 운동이 비록 뉴턴의 법칙을 따르지 않는 운동이 아님을 인정하면서 동시에, 대기의 운동이 수많은 변수가 포함되어 있는 '비선형적 운동'이기 때문에 정확한 예측이 어렵다는 것도 인정하고 있다. 따라서 갑은 모든 결정론적인 현상이 항상 예측이 가능한 것은 아니라는 주장에 동의할 것이다.

ㄴ. (O): 갑2의 내용은 을의 반론의 주 내용인 뉴턴 법칙이 결정론적이지 않다는 것과 대기의 가능한 모든 운동들 전부가 뉴턴의 법칙을 따르는 것이 아니라는 내용 중에 후자의 내용만을 다루고 있다. 따라서 을은 뉴턴의 법칙이 결정론적인지의 여부를 따지는 문제를 다시 해결해 줄 것을 요구할 수 있다.

ㄷ. (O): 을은 뉴턴의 법칙에 근거한 날씨 예측이 항상 정확하지 않는 것이 뉴턴의 법칙이 비결정론적이기 때문이라고 주장하고 있다. 이는 "비결정론적인 현상에 대한 정확한 예측은 불가능하다."는 명제와 통한다. 따라서 옳은 보기이다.

영어

Speed 정답 Check

01	③	02	④	03	②	04	②	05	①	06	④	07	③	08	③	09	④	10	②
11	②	12	④	13	②	14	②	15	①	16	②	17	④	18	②	19	③	20	①

01   정답 ③

해설 call on 방문하다, 요청하다
① apologize 사과하다
② notify 알리다, 통지하다
③ visit 방문하다
④ fight 싸우다

해석 의논하고 싶은 중요한 문제가 있을 경우엔, 방문하겠습니다.

어휘
in case ~ 만약 ~인 경우에는   matter 문제, 일

02   정답 ④

해설 give one's word 약속하다
① negotiate 타협하다, 협상하다
② encounter 맞닥뜨리다
③ experience 경험하다
④ promise 약속하다

해석 내가 항상 모든 책임을 진다고 가족들과 약속했기에, 그 문제를 내가 처리할 것이다.

어휘
responsible 책임을 져야 할   deal with 처리하다, 해결하다

03   정답 ②

해설 imperative 필수적인, 강제적인, 긴요한
① candid 솔직한
② vital 필수의
③ excessive 과도한
④ noxious 유독한, 해로운

해석 국민들이 더 나은 삶을 누리는 것을 돕기 위해 정책 입안자들이 실질적인 조치를 취하는 일은 필수적이다.

어휘
policymaker 정책 입안자   real action 물적 소송

04   정답 ②

해설 ① endorse 지지하다, 보증하다
② dismiss 묵살하다, 일축하다
③ supplement 보충하다
④ approve 찬성하다

해석 뒷받침할 자료가 없으면 비평가들이 주장하는 바는 무시되기 쉽다.

어휘
without ~이 없는   supporting 받치는, 원조하는
opinion 주장, 의견   critic 비평가, 평론가

05   정답 ①

해설 ① abstract 추상적인
② obvious 명백한
③ apparent 분명한, 명백한
④ evident 분명한

해석 포퍼는 너무 많은 철학자들이 현실 세계에서 사람들에게 영향을 주는 문제가 아닌 추상적인 개념에 대한 불가해한 논쟁에 초점을 맞추고 있다고 주장하며 그의 경력의 대부분을 보냈습니다.

어휘
career 경력, 이력	argue 논쟁하다
philosopher 철학자	focus on ~에 초점을 맞추다
obscure 불가해한, 불명료한	discussion 논쟁, 논의
rather than ~보다는	affect ~에게 영향을 주다

06   정답 ④

정답 해설 ⅰ) 문장의 주어 The facility와 동사 is가 각각 단수 형태로 올바르게 쓰였다.
ⅱ) with which는 '전+관·대'로, 뒤에 3형식의 완전한 문장을 쓴 것은 적절하다.
ⅲ) 감정동사 amaze가 2형식 동사 뒤에서 -ing 형태로 쓰였다. 주어가 The facility, 즉 사물이므로 '놀라운'의 의미로 -ing 형태로 쓴 것은 올바르다.

오답 해설 ① locate 는 '위치하다'라는 의미의 타동사로, 능동으로 쓸 경우 뒤에 목적어가 있어야 하나 목적어가 없으므로 be p.p., 즉 수동태로 고친다.
(locates ⇒ is located)
② 지각동사 see의 목적어 뒤에 ⓡ 형태를 썼다. display는 타동사로, 능동으로 쓸 경우 뒤에 목적어가 있어야 하나 목적어가 없고, 그들의 작품이 '전시되는' 것이 문맥상 적절하므로, p.p. 형태로 고친다.
(display ⇒ displayed)
③ since 뒤에는 '시발점'을 쓴다. 그런데 since 뒤에 2주라는 기간이 나왔으므로, 기간과 함께 쓰는 for로 고친다.
(since ⇒ for)

해석 ① 마추픽추는 지금은 페루가 된 지역의 산맥에 위치해 있다.
② 학생들은 그들의 작품이 전시된 것을 보고 즐거워 보였습니다.
③ 내 세탁기가 2주 동안 고장난 상태야.
④ 어려운 주제들을 설명해나가는 그녀의 재주가 놀랍다.

어휘
delighted 아주 기뻐하는	work 작품
display 전시하다	laundry machine 세탁기
out of commission 고장나서, 못쓰게 되어, 이용할 수 없는	

07   정답 ③

정답 해설 ③ 기반시설 정비를 통한 수질개선 방안
(→ 글의 주제는 해로운 조류 발생을 줄이기 위한 기반 시설의 개선에 대해 이야기 하고 있다. 따라서 해당 내용을 그대로 담고 있는 ③이 글의 제목으로 가장 적절하다.)

오답 해설 ① 적조란 무엇인가?
(→ 글의 주제는 해로운 조류 발생을 줄이기 위한 기반 시설의 개선에 대해 이야기 하고 있는 것이지 "적조" 현상이 무엇인지에 대한 구체적인 설명은 없다.)
② 지역 공무원과 수질 전문가의 책임
(→ 이 글에서 지역 공무원과 수질 전문가가 언급되지만, 그들의 책임은 언급되지 않았다.)
④ 브레인스토밍: 건강한 토론을 방해하는 만성적인 문제
(→ 글의 주제는 해로운 조류 발생을 줄이기 위한 기반 시설의 개선에 대해 이야기하고 있다. ④는 글의 주제와 전혀 관련 없는 이야기이므로 제목이 될 수 없다.)

해석 지역 공무원들과 수질 전문가들은 적조와 같은 해로운 조류의 발생 빈도를 줄이기 위해 기반 시설에 대한 새로운 강조를 요구하고 있다. 번 뷰캐넌 하원의원은 조류에 대하여 논의하고 해결책에 대해 브레인스토밍 하기 위해 적조 원탁회의를 주도했다. 이 단체는 빗물 유수와 폐수 유출을 줄이는 것이 조류 발생을 완화시킬 수 있다는 데 동의했다. 하수를 운반하는 파이프와 같은 물 기반 시설의 개선은 수질에 상당한 이익을 가져다 줄 수 있다. 오래된 파이프와 폐수 시스템은 지역 수로에 해를 끼치는 유출과 누출의 원인이 된다.

어휘
official 공무원	expert 전문가
call for 요청하다	renewed 새롭게 한
emphasis 강조	infrastructure 기반 시설
reduce 줄이다	frequency 빈도
algae 조류	red tide 적조
congressman 하원의원	roundtable 원탁회의
discuss 논의하다	impact 영향
solution 해결책	stormwater 빗물
runoff 흘러넘침	wastewater 폐수
spill 유출	alleviate 약화시키다
improvement 개선	sewage 하수
substantial 상당한	contribute 기여하다
leak 누출	waterways 수도

08   정답 ③

정답 해설 해당 문장의 주어는 Halley's Comet, 즉 단수이므로 (, which appears every 76 years,는 삽입구), 동사 또한 단수 형태로 고친다.
(are ⇒ is)

오답 해설 ① every 뒤에 나오는 동사는 단수 취급한다. 따라서 동사 또한 단수 형태로 올바르게 쓰였다.
② 등위접속사 and를 중심으로 동사 think 뒤에 접속사 that이 이끄는 절이 나열된 형태로, that의 쓰임은 옳다.
④ 시간과 조건의 부사절에서는 will을 쓰지 않으나, 해당 문장의 when절은 타동사 predict의 목적어절로, will을 쓴 것은 적절하다.

해석 거의 모든 사람들이 핼리혜성에 대해 들어보았지만, 대부분의 사람들은 혜성이 무엇인지 알지 못합니다. 그들은 혜성이 하늘을 가로질러 빠르게 움직이는 밝은 물체이며, 만약 혜성이 지구와 충돌한다면 위험할 것이라고 생각합니다. 사실, 여러분은 그들이 움직이는 것을 볼 수 없고, 비록 그들이 태양계에 속하지만, 그들은 고체가 아니며 오직 국부적인 피해를 줄 수 있기 때문에 행성과 다릅니다. 76년마다 나타나는 핼리혜성은 다른 밝은 혜성들이 태양 주위를 도는 데 오랜 시간이 걸리기 때문에 독특합니다. 그래서 우리는 그것들이 언제 보일 것인지 예측할 수 없지만, 단주기 혜성은 종종 육안으로 볼 수 없습니다.

어휘
comet 혜성	bright 빛나는
object 물체	dangerous 위험한
crash into ~와 충돌하다	belong to ~에 속하다
the solar system 태양계	planet 행성
solid 고체의	local damage 국부적인 손상
unique 독특한	predict 예언하다, 예측하다
visible 보이는	short-period comet 단주기 혜성
naked eye 육안	

09   정답 ④

정답 해설 ④ 2011년, Zingerman's Community of Business에는 500개의 개별 사업체가 존재한다.
(→ 'By 2011, the community consisted of 17 partners, 500 or so employees working in eight separate businesses, and revenue of $37 million a year.'를 통해 2011년에 이 커뮤니티는 500개의 사업이 아닌 17개의 제휴 업체, 그리고 8개의 개별 사업체에서 일하는 500명 정도의 직원으로 구성되어 있음을 알 수 있다. 따라서 ④는 이 글의 내용과 어긋난다.)

오답 해설 ① Ari와 Paul의 샌드위치 사업은 미시건에서 크게 성공했다.

(→ 'Ari and Paul started a small delicatessen in Michigan, because they wanted to serve the best sandwiches in the world. The deli was a rousing success,'를 통해 Ari와 Paul은 세상에서 가장 맛있는 샌드위치를 제공하기를 원했기 때문에 미시건에서 작은 가게를 시작했으며, 그 델리는 크게 성공했다는 것을 알 수 있다.)
② Ari와 Paul은 한 직원의 아이디어에서 새로운 사업 기회를 포착했다.
(→ 'When one manager decided to start her own bakery to supply breads and pastries for the deli, Ari and Paul had an idea—why not tap into the dreams of employees and start a whole community of small businesses, ~'를 통해 Ari와 Paul은 한 매니저가 그녀만의 제과점을 시작하기로 결정했을 때, 직원들의 꿈을 활용하여 소규모 기업들의 통합 커뮤니티를 시작하는 아이디어, 즉 새로운 사업 기회를 떠올렸음을 알 수 있다.)
③ Zingerman's Community of Business에 있는 기업들은 전부 독립적이다.
(→ 'Thus was born Zingerman's Community of Businesses, with each business unique,'를 통해 Zingerman's Community of Business에 있는 사업들은 각각 고유하며, 각자 자신의 정체성을 가지고 있다는 것을 알 수 있다.)

해석 Ari와 Paul은 세상에서 가장 맛있는 샌드위치를 제공하기를 원했기 때문에 미시건에서 작은 식당을 시작했다. 그 델리는 큰 성공을 거두었지만, 10여 년 후, 그 둘은 문제를 알아차렸다. 사업은 여전히 건재했지만, 델리는 더 이상 직원들에게 성장과 관련된 도전과 기회를 제공하지 않았다. 한 매니저가 델리에 빵과 페이스트리를 공급하기 위해 그녀만의 제과점을 시작하기로 결정했을 때, Ari와 Paul은 아이디어를 떠올렸다. 직원들의 꿈을 활용하여 각각 Zingerman의 이름을 가지고 있지만 각자 자신의 정체성을 가지고 있는 소규모 사업들의 통합 커뮤니티를 시작하는 것이 어떨까 하는 생각이었다. 이렇게 해서 'Zingerman's Community of Business'가 탄생했는데, 각 사업은 고유하며, 각 사업마다 지분을 소유하고 일상적인 운영을 하는 제휴업체를 관리하고, 다른 사업들의 성공에 각각 기여한다. 2011년까지 이 커뮤니티는 17개의 제휴업체, 8개의 개별 사업체에서 일하는 500명 정도의 직원, 연간 3,700만 달러의 수익으로 구성되었다.

어휘
rousing 굉장한, 엄청난, 큰
no longer 더 이상 ~하지 않다
challenge 도전
growth 성장
tap into ~를 활용하다
unique 고유한, 독자적인, 독특한
run 운영하다, 경영하다
consist of ~로 구성되다
revenue 수익
independent 독립적인
notice 알아차리다
offer 제공하다
opportunity 기회
supply 공급하다, 제공하다
identity 정체성
stake 지분, 몫
contribute 기여하다, 공헌하다
separate 별개의, 분리된
capture 잡다, 포착하다

10 정답 ②

정답 해설 ② GPT-3 모델은 800만 개에서 100억 개 사이의 문서를 포함하는 텍스트 세트를 학습했다.
(→ 'For example, the GPT-3 model was trained on a text set that included over 8 million documents and over 10 billion words.'를 통해 GPT-3 모델은 800만개 이상의 문서와 100억개 이상의 단어를 학습했다는 것을 확인할 수 있다. 따라서 정답은 ②이다.)

오답 해설 ① GPT-3 모델은 생성 언어 모델 중 가장 크다.
(→ 'The GPT-3 model, in particular, is 175 billion parameters in size, making it the largest language model ever trained.'를 통해 GPT-3 모델이 가장 큰 언어 모델임을 알 수 있다.)
③ 채팅 GPT 모델은 학습된 콘텐츠를 통해 자연어 작업을 처리하고 잘 작성된 텍스트를 만드는 방법을 배울 수 있다.
(→ 'From this text, the model learns to perform natural language processing tasks and generate coherent, well-written text.'를 통해 GPT 모델은 학습한 텍스트를 통해 자연어 처리 작업 수행법과 일관성 있고 잘 작성된 텍스트를 만드는 법을 배운다는 것을 알 수 있다.)
④ 인간 AI 트레이너는 통제된 미세 조정을 통해 고품질의 대화를 제공할 수 있다.

(→ 'Ultimately, by supervised fine tuning. The human AI trainers provided conversations in which they represented both the user and the AI assistant.'를 통해 인간 AI 트레이너는 통제된 미세 조정을 통해 사용자와 AI 조수를 모두 대표하는 대화를 제공할 수 있다는 것을 알 수 있다.)

해석 Chat GPT는 '트랜스포머' 아키텍처를 기반으로 하는 생성 언어 모델이다. 이러한 모델은 많은 양의 텍스트를 처리하고 자연어 처리 작업을 매우 효과적으로 수행하는 방법을 학습할 수 있다. 특히 GPT-3 모델은 1,750억 개의 매개 변수 크기로, 지금까지 훈련된 언어 모델 중 가장 크다. GPT가 작동하려면 많은 양의 텍스트에 대한 "훈련"이 필요하다. 예를 들어, GPT-3 모델은 800만 개 이상의 문서와 100억 개 이상의 단어를 포함하는 텍스트 세트에서 훈련되었다. 이 텍스트에서 모델은 자연어 처리 작업을 수행하고 일관성 있고 잘 작성된 텍스트를 생성하는 방법을 학습한다. 궁극적으로, 통제된 미세 조정을 통해, 인간 AI 트레이너는 사용자와 AI 조수를 모두 대표하는 대화를 제공했다.

어휘
generative 생산하는
be based on ~을 기반으로 하다
architecture 구조
process 처리하다
task 일, 작업
parameters 파라미터, 매개 변수
include 포함하다
generate 생산하다
well-written 잘 쓰인
conversation 대화
assistant 조수, 비서
language 언어
transformer 변환시키는 것, 변환기
be capable of ~을 할 수 있다
perform 수행하다
effectively 효과적으로
train 훈련하다
document 문서
coherent 일관적인
ultimately 궁극적으로
represent 대표하다

11 정답 ②

해설 ① 일거양득이야.
② 사돈 남말 하시네. 너나 잘해.
③ 내가 과욕을 부렸어.
④ 알아서 해결될 거야.

해석 A: 단 게 당겨.
B: 너 방금 큰 초콜릿 케익 혼자 다 먹었잖아.
A: 너도 단 거 좋아하는 거 알아.
B: 너한테 비하면 아무것도 아니지.
A: 저번에 내 사탕 다 먹었잖아!
B: 그건 어쩌다가 한 번 그런 거지.
A: 아니거든. 너 식사 후에 꼭 디저트 먹잖아.
B: 하지만 그건 …… 어쨌든, 너 단 거 좀 줄여야 돼.
A: 전혀. 사돈 남말하고 있네. 너나 잘해.

12 정답 ④

해석 ① A: 야, 너 지금 바빠?
   B: 아니. 왜 물어?
② A: 엄마, 나 집에 왔어요! 어딨어요?
   B: 여기. 부엌에.
③ A: 뭐 때문에 의기소침해? 말해 봐.
   B: 아냐, 지금 말하고 싶지 않아.
④ A: 부탁 하나 들어주실래요?
   B: 아니요. 전 그거 찬성해요.

13 정답 ②

정답 해설 밑줄이 있는 문장을 살펴보면, 밑줄의 내용에 따라 대사 건강이 무엇과 연관이 있는지 결정된다. 이 글은 '새로운 연구에 따르면, 낮 늦게 활기찬 산책, 자전거 타기, 또는 조깅을 좋아하는 올빼미들은 당뇨병에 덜 걸리기 쉽다고 한다.'라는 문장으로 시작하며, 밤 늦게 운동하는 것의 이점을 제시하고 있다. 그 뒤로는 운동 시간과 당뇨 질병의 관계를 연관 짓는 연구들을 제시하면서 운동 시간과 건강의 연관성을 계속 언급하고 있다. 따라서 정답은 ② '신체 활동이 일어나는 시간'이다.

선지 해석 ① 신체 활동의 빈도
③ 적절한 유형의 신체 운동
④ 신체 운동이 일어나는 장소

해석 새로운 연구에 따르면, 늦은 시간에 활기찬 산책, 자전거 타기, 또는 조깅을 좋아하는 올빼미들은 당뇨병에 덜 걸리기 쉽다고 한다. 네덜란드의 과학자들은 늦은 시간에 규칙적인 운동을 하는 것이 노인들의 혈당 조절을 향상시킨다고 말한다. 775명의 네덜란드 남성과 여성을 대상으로 한 연구는 오후나 저녁에 신체적으로 활동하는 사람들이 아침에 운동하는 사람들에 비해 질병에 걸릴 확률이 낮다는 것을 발견했다. 리드저자인 레이던 대학의 제톤 반 데르 벨데 박사는 중간 정도에서 격렬한 신체 활동(MPVA)이 하루 종일 고르게 분포하는 것에 비해 인슐린 저항성이 최대 4분의 1(25%) 감소했다고 말한다. 연구원들은 신체 활동이 일어나는 시간이 신진대사 건강과 관련이 있을 수 있으며 전문가들이 생활 방식에 대해 조언할 때 고려해야 한다고 덧붙인다.

어휘
brisk 활기찬, 활발한
diabetes 당뇨
in comparison to ~와 비교해서
vigorous 격렬한
distribution 분포
consideration 고려
be prone to ~하기 쉽다
disease 질병
moderate 적절한, 중간 정도의
resistance 저항성
metabolic 신진대사의

14 정답 ②

정답 해설 '~하면 할수록 점점 더 ~해지다'를 의미하는 'the 비교급, the 비교급' 표현이다. 각각 2형식 동사 뒤에 형용사를 보어로 취하여 올바르게 쓰였다.

오답 해설 ① lay는 '놓다'라는 뜻의 타동사로, 능동으로 쓸 경우 뒤에 목적어가 있어야 하나 목적어가 없으므로 '놓여 있다'라는 뜻의 자동사 lie로 고친다.
(lays ⇒ lies)
③ as 뒤에 대동사 are이 쓰였으나, 앞선 동사는 일반동사 has이다. 따라서 do를 쓴다.
(are ⇒ do)
④ '너무나 ~해서 ~할 수 없다' 표현은 'too ~ to ®'을 쓴다.
(so ⇒ too)
'직면하다/마주하다'의 의미의 동사 face는 타동사로 뒤에 목적어를 쓸 때 전치사를 쓰지 않는다.
(face to ⇒ face)

어휘
broad 넓은, 광대한
stressed 스트레스를 받는
vex 짜증나게 하다
crowded 붐비는, 혼잡한
curious 호기심 있는
ashamed 부끄러운

15 정답 ①

정답 해설 한정사의 어순을 유의해야 하는데, 해당 문장에서 both my hands는 올바른 어순으로 쓰였다.

오답 해설 ② 해당 문장은 1형식으로, 형용사 good의 쓰임은 적절하지 않다. 동사를 수식하는 부사 well로 고친다.
(good ⇒ well)
③ fastly는 존재하지 않는 단어이다. fast는 형용사/부사 모두 쓸 수 있으며, 해당 문장에서는 완전한 3형식 문장 뒤에서 부사로 쓰였음을 알 수 있다.
(fastly ⇒ fast)
④ '…이지만'의 의미를 지닌 접속사 though는 뒤에 S+V의 문장을 쓴다. 뒤에 명사 his young age가 나오므로, 뒤에 명사를 쓰는 동일한 의미의 전치사 despite로 고친다.
(though ⇒ despite)

해석 ① 그는 자기 두 손으로 내 두 손을 꼭 잡았다.
② 동생은 사진발이 잘 받는다.
③ 세상이 하도 빨리 바뀌어서 적응하기가 힘들다.
④ 그는 어린 나이에도 불구하고 의젓해 보였다.

어휘
grasp 붙잡다, 움켜쥐다
adjust 맞추다, 순응시키다
come out (사진이) 잘 나오다
mature 성숙한

16 정답 ②

주어진 문장 주어진 문장은 과학적 탐구는 과학자들이 자연계를 연구하고 그들의 연구에서 도출된 증거를 바탕으로 설명을 제안하는 다양한 방식을 가리킨다고 말하고 있다.

해설 이 글은 과학적 탐구(Scientific inquiry)에 대한 글로서, 주어진 문장에서는 과학적 탐구의 의미에 대해 서술하고 있다. 이는 (B)에서 'also'의 표현과 함께 탐구가 또한 학생들과 과학자들 모두에게 어떤 것을 의미하기도 하는지 부연 설명을 하는 것으로 이어질 수 있다. 이 내용은 (C)에서 'Hence'로 이어지며, 학생들이 과학자들과 동일한 활동 및 사고 과정에 참여한다는 서술로 이어질 수 있다. 한편 이 내용은 (A)에서 'Yet'으로 꺾이면서, 그럼에도 불구하고 과학자들의 탐구는 과학 교육에 있어서 아직 친숙하지 않은 것이라는 내용으로 연결될 수 있다. 따라서 주어진 글 다음에 이어질 글의 순서로 가장 적절한 것은 (B) - (C) - (A)이다.

해석 과학적 탐구는 과학자들이 자연계를 연구하고 그들의 연구에서 도출된 증거를 바탕으로 설명을 제안하는 다양한 방식을 말한다. (B) 탐구는 또한 학생들이 과학적 사상에 대한 지식과 이해를 발전시키는 활동을 가리키며, 뿐만 아니라 과학자들이 자연계를 연구하는 방법에 대한 이해도 마찬가지이다. (C) 그러므로, 과학을 배우기 위해 탐구를 사용하는 학생들은 자연계에 대한 인간의 지식을 확장하기를 추구하는 과학자들과 동일한 많은 활동과 사고 과정을 한다. (A) 그럼에도, 과학자들이 사용하는 활동과 사고 과정은 교실에 탐구를 도입하기를 추구하는 교육자들에게 항상 친숙한 것은 아니다. 과학 교육에 있어서 많은 탐구의 측면이 아직 발견되도록 남아 있다.

어휘
inquiry 문의, 호기심
propose 제안하다
derive 도출하다
introduce 도입하다
discover 발견하다
engage 참여하다
diverse 다양한
evidence 증거
process 과정
facet 측면
develop 발전시키다
expand 확장하다

17 정답 ④

주어진 문장 주어진 문장은 그러나, 즉 침팬지와 다른 2%의 유전자들은, 겉보기에는 독특해 보이는 우리의 모든 특성들에 대한 원인이 되었음에 틀림없다고 말하고 있다.

해설 이 글은 분자 유전학 연구의 결과 인간은 침팬지들과 98퍼센트 이상의 유전자를 공유하고 있다는 사실에 대해 설명하고 있다. 이 글에 따르면, 인간과 침팬지 사이의 유전자 거리는 매우 가까우며, 인간이 유인원에서부터 진화를 했다는 것이 실제로 일어난 일이라고 말하고 있다. 이는 주어진 문장에서 이 진화의 과정을 통해 인간 만의 특징을 얻었다고 했으며 문단 마지막 부분에서 "이러한 특징"이라고 지적하는 부분이 주어진 문장의 unique properties를 받으므로 ④에 넣으면 된다.

해석 지난 수십년 동안 분자 유전학 연구를 통해 우리는 우리가 침팬지들과 98퍼센트 이상의 유전자를 공유하고 있다는 것을 알 수 있었다. 이것은 우리와 침팬지 사이의 전체적인 유전적 거리는 심지어 붉은 눈과 흰 눈의 비레오, 버들솔새와 치프차프와 같은 가까운 종의 조류 사이의 거리보다 더 가깝다는 것을 의미한다. 다윈 시대 이후 유인원과 현생인류 사이에서 다양한 중간생물의 화석화된 뼈들이 발견되어, 합리적인 사람이라면 이 압도적인 증거를 부정하는 것은 불가능했다. 이것은 한때 터무니없게 보였던, 우리 인간이 유인원에서부터 진화를 했다는 것이, 실제로 일어났다는 것을 의미한다. ④ 하지만 침팬지와 다른 우리 유전자의 2%는 이 진화를 통해 주어졌을 것이고 우리의 모든 독특한 특성에 책임이 있음이 틀림없다. 우리는 우리의 진화 역사에서 최근에 다소 빠르게 이러한 뚜렷한 특징이 나타나도록 만들어준 약간의 변화를 분명히 겪었다.

어휘

baggage 짐	acquire 습득하다, 얻다
gene 유전자	differ from ~와 다르다
be responsible for ~에 책임이 있다, 원인이 되다	
seemingly 겉보기에	property 특성, 특징
molecular 분자의	genetic 유전의, 유전학
distance 거리	vireo 비레오 (조류)
willow warbler 버들솔새	chiffchaff 명금의 일종 (조류)
fossilize 화석으로 만들다	creature 생명체
intermediate 사이의, 중간의	discover 발견하다
reasonable 합리적인	deny 부인하다
overwhelm 압도하다, 제압하다	evidence 증거
absurd 터무니없는	evolution 진화
undergo 겪다	distinct 뚜렷한, 독특한

18   정답 ②

해설 ② 팬 프라이는 매우 바삭바삭한 한 묶음의 두부 조각들을 요리하는 가장 쉽고 덜 까다로운 방법이다.
(→ 이 글은 '대체 육류를 진짜 육류와 구분하지 못하는 수준으로 만들려는 시도가 대체육을 인기 있게 만들었다.'가 주제이고 여러 육류 대체품을 나열, 대조하여 대체육이 어떤 방향으로 개발되었는지 제시하고 있다. 그러나 ②은 두부를 요리하는 방법에 대한 문장이므로 주제에 어긋나는 문장이다. 따라서 정답은 ②이다.)

해석 대체 "육류"는 새로운 것이 아니다. 20세기 초, 켈로그 가문이 소유한 식품 회사는 콩, 땅콩, 밀 글루텐의 조합으로 만들어진 "프로토스"라고 알려진 고기 대용품을 판매했다. "1세대" 식물 기반 육류 대안으로는 두부와 템페가 있는데, – 이는 고기와 거의 유사하지 않은 아시아 요리에서 이미 인기 있는 단백질이 풍부한 음식이다. (② 팬 프라이는 매우 바삭바삭한 한 묶음의 두부 조각들을 요리하는 가장 쉽고 덜 까다로운 방법이다.) 그러나 'Beyond'와 'Impossible'과 같은 "2세대" 식물성 고기는 고기와 똑같이 보이고, 요리하고, 맛을 내도록 설계되었다. Impossible은 심지어 가짜 고기가 소나 돼지의 고기처럼 "피를 흘리게" 하는 유전자 변형 철인 "헴"이라는 성분을 개발했다. 이 아이디어는 유연주의자와 일반 대중들에게 어필하기 위한 것이었다.

어휘

alternative 대체의	substitute 대체물
combination 혼합	cuisine 요리
bear 지니다	resemblance 유사점
fussy 까다로운	design 디자인하다
exactly 완벽히	develop 개발하다
genetically 유전적으로	modified 변형된
flexitarian 유연주의자	

19   정답 ③

정답 해설 ③ 큰 혼란

밑줄 친 부분의 문장을 보면, 밑줄 친 부분에 따라 인공지능이 그래픽 디자이너나 일러스트레이터들에게 어떻게 인식되는지 결정된다. 문장의 앞뒤를 보면, 앞은 인공지능이 상황을 무서울 정도의 속도로 바꾸고 있다고 하고 있으며, 인간의 손길이 필요 없다고 하고 있다. 뒤에는 예술과와 삽화가들이 침해당하고 착취당한다고 말하며 인공지능에 대한 부정적인 시선이 제시되고 있다. 따라서 정답은 ③ '큰 혼란'이 적절하다.

선지 해석 ① 믿을 만한 조수
② 무시할 수 있는 문제
④ 완벽한 대용품

해석 예술가들은 수십 년 동안 인공지능과 그것의 다양한 이전 세대들과 함께 놀라운 일들을 해왔다. 그 일은 점점 더 좋아지고, 더 흥미로워지고, 더 즐거워지고 있다. 물론, 사람들이 왜 겁을 먹는지 쉽게 알 수 있다. 인공지능과 기계 학습의 세계는 공포스러울 정도의 속도로 상황을 변화시키고 있다. 우리는 갑자기 간단한 말로된 명령어를 몇 초 안에 이미지로 바꿀 수 있는 앱을 손끝에 가지게 되었으며, 이는 인간의 손길이 전혀 필요없다. 만약 당신이 특정 상업 분야에서 일하는 그래픽 디자이너나 일러스트레이터라면, 인공지능이 큰 혼란이 될 것이란 것은 이미 분명하다. AI 옹호자들은 피카소의 마네나 들라크루아에 대한 리프처럼 결과가 변혁적이기 때문에 AI 회사들의 접근 방식이 공정하게 사용되고 있다고 말한다. 하지만 예술가들과 삽화가들은 침해당하고 착취당한다고 느낀다. 그들은 이러한 앱들 중 어떤 것도 그들의 기술과 창의성, 그들의 삶의 일 없이는 거의 작동하지 않을 것이라고 지적한다.

어휘

predecessor 이전 세대	freak out 기겁을 하다
commercial 상업적인	fall under ~에 해당하다
transformative 변혁적인	violated 침해당하는
exploited 착취당하는	creativity 창의성

20   정답 ①

정답 해설 ① 기후가 우리의 정신적 상태에 영향을 줄 수 있을까?
(→ 이 글에서는 양극성 장애를 겪고 있는 사람들 중 4분의 1이 계절적인 패턴을 가지고 있다고 설명한다. 즉, 계절에 따라서 기분이 달라진다는 것이다. 이 글의 내용을 가장 포괄적으로 담고 있는 것은 ①이다.)

오답 해설 ② 극도의 기분 변화를 일으키는 양극성 장애
(→ 이 글에서는 양극성 장애가 자주 언급되지만, 계절적 패턴이 있는 양극성 장애가 주요 소재이다.)
③ 어떻게 양극성 장애를 진단하는가?
(→ 이 글에서는 양극성 장애의 진단 방법에 대해 언급하지 않았다.)
④ 기상병 선별 검사: 신뢰할 수 있을까?
(→ 이 글에서는 기상병 선별 검사가 언급되지만 그저 자살 시도 경험이 있는 사람들이 검사에서 점수를 높게 받았다는 것을 설명하기 위해 언급된 것이다.)

해석 양극성 장애를 가진 약 4명 중 1명은 그들의 기분 증상의 계절적 패턴을 나타낸다. 온도는 계절성과 양극성 장애 증상 사이의 중요한 연결고리 역할을 하는 것으로 보인다. 연구 결과는 다양하지만 다음과 같은 일반적인 합의가 있다: 우울증의 상태는 겨울에 더 많이 발생하고, 조증의 에피소드는 봄과 여름에 더 많이 발생한다. 2020년의 연구는 또한 양극성 장애를 가진 사람들 중 자살 시도 전력이 있는 사람들은 날씨에 더 민감하고 더 심각한 기상병 증상을 보이는 경향이 있다는 것을 시사한다. 자살 시도 횟수가 더 많은 참가자들은 기상병 선별검사에서 더 높은 점수를 받았다.

어휘

roughly 대략적으로	bipolar disorder 양극성 장애, 조울증
report 알리다, 보고하다	seasonal 계절적
symptom 증상	temperature 온도
seasonality 계절성	vary 다양하다
general 일반적인	consensus 합의
depression 우울증	occur 발생하다
frequently 자주	mania 조증
suicide 자살	attempt 시도
tend to ~하는 경향이 있다	sensitivity 민감성
severe 심각한	meteoropathy 기상병
participant 참가자	screening test 선별검사

한국사

Speed 정답 Check

01	③	02	④	03	②	04	④	05	③	06	④	07	④	08	③	09	①	10	④
11	③	12	③	13	②	14	①	15	①	16	①	17	①	18	②	19	②	20	④

01 선사 문화(토기)   정답 ③

덧띠 토기는 철기 시대, 붉은 간토기와 미송리식 토기는 청동기 시대, 눌러찍기무늬 토기는 신석기 시대의 토기이다.

청동기 시대에는 돌도끼나 홈자귀, 괭이, 그리고 나무로 만든 농기구로 땅을 개간하여 곡식을 심고, 가을에는 반달 돌칼로 이삭을 잘라 추수하는 등 농경을 더욱 발전시켰다.
청동기 시대에는 사회와 경제의 발달에 따라 예술 활동도 활발해졌다. 이 시기의 예술은 종교나 정치적 요구와 밀착되었는데, 거친무늬 거울은 제사를 지내거나 종교 의식을 거행할 때 사용된 것으로 추정된다.

오답분석 ㄱ. 덧띠 토기는 철기 시대에 주로 사용되었다. 신석기 시대에 가락바퀴나 뼈바늘을 이용하여 옷이나 그물을 만들어 사용하는 원시적인 수공업 생산이 이루어졌다.
ㄹ. 눌러찍기무늬 토기(압인문 토기)는 이른 민무늬 토기, 덧무늬 토기와 함께 신석기 시대 초기에 사용된 토기이다. 청동기 시대부터 거푸집을 이용하여 청동제 연모를 제작하였다.

02 백제 개로왕   정답 ④

제시된 자료는 고구려의 간첩인 도림의 건의에 따라 개로왕(455~475)이 대규모 토목 공사를 단행함으로써 백제의 국력이 쇠진해진 것을 보여준다.
백제 개로왕은 472년에는 중국 북조의 위(魏)에 사신을 보내 군사 원조를 요청하였다. 그러나 고구려를 침략할 의지가 없던 북위는 이 사실을 고구려에 알렸고, 장수왕은 3만의 군사를 동원해 백제를 공격하여 한성을 함락시키고 개로왕을 살해하였다.

오답분석 ① 개로왕이 죽고 태자가 왕위에 올라 문주왕이 되었다. 문주왕은 웅진으로 천도하여 백제를 재건하였다.
② 고구려 장수왕은 남북조 시대라는 국제 정세를 활용하여 남북조 정권과 각각 수교하는 다변외교를 펼쳤다.
③ 광개토 대왕(391~413)은 후연을 공격하고 요동과 만주 일대를 정복하였다.

03 3·1운동   정답 ②

1919년 1월 21일 고종황제가 서거하자 일제가 독살했다는 소문이 퍼져 나가면서 우리 민중은 크게 분노하였다. 종교계 인사들과 학생들은 고종의 국장일을 즈음하여 많은 군중들이 모일 것을 예상하고 대규모 시위를 통해 민족의 독립 의지를 전 세계에 알릴 것을 계획하였다. 독립선언문은 최남선이 작성하였고 공약 3장은 한용운이 추가하여 만세 시위의 행동 지침으로 삼았다.
독립 만세 운동은 국외에서도 추진되어, 미주지역에서는 필라델피아에 집결한 재미 동포들이 4월 14일부터 16일까지 한인 자유 대회를 열어 독립선언식과 시가지 행진을 가졌다.
대동단결선언(1917), 대한독립선언(1919년 1월), 2·8 독립선언(1919년 2월) 순으로 발표되었다.
신한청년당은 1919년 초 파리강화회의에 김규식을 민족 대표로 파견하여 우리 민족의 독립 열망을 널리 알렸다.

오답분석 ② 대동단결선언(1917년)이 대한독립선언서(1919년 2월 1일)보다 앞서 발표되었다.

04 고려의 신분 제도   정답 ④

㉮ 고려는 전국을 경기와 5도, 양계로 나눈 다음 그 아래에 3경과 도호부를 비롯한 군, 현, 진 등을 설치하였다. 도에는 주와 군·현을 설치하였는데, 주와 군에는 지사, 현에는 현령을 두어 다스리게 하였다. 현까지는 중앙에서 지방관을 파견하는 것이 원칙이었지만, 지방관이 파견되지 않은 속현이 더 많았다.
㉯ 고려 시대에 향·부곡·소 등의 주민은 양민이면서도 일반 양민에 비하여 규제가 심하고 더 많은 세금을 부담하였다. 이들은 거주지는 소속 집단 내로 제한되어 다른 지역으로 이주하는 것이 원칙적으로 금지되었다. 향·부곡에 거주하는 사람은 농업을, 소에 거주하는 사람은 수공업이나 광업품의 생산을 주된 생업으로 하였다.
㉰ 잡류(중앙 관청의 말단 서리), 군반(직업 군인), 향리(지방 행정의 실무를 담당), 역리(지방의 역을 관리) 등은 특정한 역(役)을 담당하였기 때문에 정호(丁戶)로 불렸다. 이들은 직역을 세습적으로 물려받았고, 그에 상응하는 토지를 국가로부터 받았다.
㉱ 양민의 대다수를 차지하는 농민은 일정한 직역이 없어 백정(白丁)이라고도 불렸다. 이들은 조세·공납·역의 부담이 있었지만 교육과 벼슬에 나갈 수 있는 공민(公民)의 자격을 가지고 있었다.

오답분석 ④ 고려 시대 향·소·부곡인, 악공·잡류와 같은 천류 및 승려의 자식은 과거 응시에 제한을 받았다.

05 조선 시대의 관청   정답 ③

춘추관에서는 시정을 기록하고 역사 편찬을 관장하였다. 각 관청의 등록, 사초 등을 참고하여 업무 일지인 시정기를 정기적으로 편찬하였다.
사간원은 국왕에 대한 간쟁과 봉박을 담당하였고, 사헌부 관원들과 함께 5품 이하의 관리에 대한 서경권을 가지고 있었다.
승정원은 왕명을 출납하는 국왕의 비서 기관으로, 정원(政院)·후원(喉院)·은대(銀臺)·대언사(代言司) 등으로 불렸다. 정3품 당상관인 도승지 이하 6승지가 6조를 분담하였고, 정7품의 주서(注書)는 왕과 신하 간에 오고간 문서와 국왕의 일과를 매일 기록하여 『승정원일기』를 작성하였다.
한성부는 수도인 한성의 행정과 치안을 담당하였고, 토지와 가옥에 대한 소송도 담당하였다.

오답분석 ③ 국왕의 교지 작성은 예문관이 담당하였다.

06 북벌론   정답 ④

제시된 자료는 송시열이 효종에게 올린 『기축봉사』(1649)의 일부이다. 송시열은 이 글에서 임진왜란 때 조선을 도운 명(신종)의 은혜를 강조하며 북벌의 당위성을 강조하고, 이를 실현하기 위한 방법으로 안으로는 위축된 사회 경제 기반과 군사력을 재건하면서, 밖으로는 청나라의 무력 간섭을 배제하고 중화 중심의 세계 질서를 회복하자고 주장하였다.

오답분석 ④ 18세기 북학파 실학자들은 청의 중국 지배 현실을 인정하고, 청의 문물을 수용하자고 주장하였다.

07 개항 이후의 상황   정답 ④

1876년에 강화도 조약이 체결되었다. 그 후 1844년에 갑신정변이 일어났다.
1880년에 2차 수신사 김홍집이 들여온 『조선책략』은 러시아의 세력 확장을 방어하기 위한 방안으로 '친중·결일·연미'의 방안을 제시하였다. 김홍집이 『조선책략』을 고종에게 헌상하자, 고종은 이 책을 관리와 유생들에게 배포하여 의견을 물었다. 그리고 1882년 5월에 서양 나라들 중에서 최초로 미국과 통상 조약을 맺었다. 러시아와 일본을 견제하고 조선에 대한 종주권을 유지하고자 했던 청이 미국과의 수교 조약을 적극 알선하였다. 조·미 수호 통상 조약은 치외법권뿐만 아니라 강화도 조약에는 없는 최혜국 대우를 규정한 불평등 조약이었다.

오답분석 ① 1894년 12월 제2차 갑오개혁이 추진되는 과정에서 홍범 14조가 반포되었다.
② 1895년 을미사변 직후 유인석, 이소응 등이 의병을 일으켰다.
③ 1868년에 오페르트가 남연군의 묘를 도굴하려다 미수에 그친 사건이 발생하였다.

08 근대 문물 연표 정답 ③
을미개혁(1895)으로 우체사가 설립되어 갑신정변으로 중단된 우편 업무가 재개되었다.
명동성당은 1892년(고종 29) 공사가 시작되어 청·일전쟁으로 공사가 중단되기도 하였으나 1898년 5월에 완공되었다.
1899년 우리나라 최초의 철도인 경인선(노량진~인천) 철도가 개통되었다. 1900년에는 용산 철교가 완공되어 서울역부터 인천(제물포) 구간의 기차 운행이 가능해졌다.

오답분석 ① 전환국은 1883년에 근대 화폐 주조를 위해 설립되었다. 당오전은 1883년부터 1894년까지 발행된 화폐이다.

09 공명첩 정답 ①
흉년이 들어 곡식이 귀하므로 진휼곡을 마련하기 위해 발급하였던 (가)는 '공명첩'이다. 공명첩은 국가 재정을 보충하기 위하여 돈이나 곡식을 받고 팔았던 명예직 임명장이다. 공명첩은 임진왜란 중에 처음 나타났는데, 군공을 세운 사람 또는 납속(納粟: 흉년이나 전란 때에 국가에 곡식을 바침)을 한 사람들에게 그 대가로서 주어졌다. 조선 후기에는 국가의 재정이나 군량이 부족할 때, 또는 진휼(賑恤: 흉년으로 곤궁에 처한 백성을 도와줌)을 위해 발행하는 경우가 늘어났다. 공명첩은 관직이나 관작의 임명장인 공명고신첩, 양역의 면제를 인정하는 공명면역첩, 천인에게 양인이 되는 것을 인정하는 공명면천첩 등이 있었다. 공명첩을 받은 사람은 양반이 될 수 있었기 때문에 조선 후기에 양반의 수가 급격히 증가하였고, 양반층 내부에서 벌열, 향반, 잔반 등으로 분화가 이루어졌다.

오답분석 ① 태조 때 실시된 도첩제에 대한 설명이다.

10 조선의 회화 정답 ④
ㄱ. 16세기 중종 때 노비 출신으로 화원에 발탁된 이상좌는 「송하보월도」 등의 많은 작품을 남겼다.
ㄴ. 15세기에 활동한 안견은 안평대군이 꿈에서 본 광경을 그린 「몽유도원도」를 남겼다.
ㄷ. 19세기 후반에 활동한 장승업(1843~1897)은 조선 후기 말엽을 대표하는 화가로 도화서 화원을 지냈다. 「기명절지도」, 「풍림산수도」, 「삼인문년도」 등의 작품을 남겼다.
ㄹ. 18세기 전반기에 활동한 정선(1676~1759)은 진경산수화를 창안하고, 「금강전도」(1734), 「인왕제색도」 등의 작품을 남겼다.
따라서 제작된 순서대로 나열하면 ㄴ-ㄱ-ㄹ-ㄷ이다.

11 성리학의 수용 과정 정답 ③
이색은 원의 과거에 급제하고 돌아와 공민왕 때 성균관 대사성으로 있으면서 정몽주, 권근, 정도전 등을 가르쳐 성리학을 확산시켰다.

오답분석 ① 안향은 충렬왕 때 원으로부터 성리학을 들여왔으며, 성균관 부흥에 중요한 역할을 하였다. 이색이 공민왕 때 성균관의 대사성으로 임명되었다.
② 이제현은 1314년 충선왕의 부름을 받아 만권당에 머물며 원의 유명한 학자·문인들과 교류하였다. 1342년에는 시문(詩文), 사록(史錄)에 관한 설화를 모아 『역옹패설』을 저술하였고, 충목왕이 재위한 이후에는 여러 항목의 개혁안을 제시하여 문란해진 정치 기강을 바로잡고자 하였다. 충렬왕 때 안향이 고려에 성리학을 처음 소개하였다.
④ 정몽주는 개성에 오부학당(五部學堂)을 설치하고 지방에도 향교를 세워 유교 진흥에 힘썼으며, 성리학의 기본경전인 사서(四書)의 이해 수준이 매우 높아 '동방이학의 조'로 칭송받았다. 이제현이 공민왕 때 『사략』을 저술하였다.

12 문무왕 정답 ③
동해 입구의 큰 바위에 안장되어 무덤을 '대왕석'이라 칭한 사실과 관련된 왕은 신라 문무왕이다. 문무왕은 태종 무열왕의 아들로 태자 시절부터 삼국 통일 전쟁에서 활약하였다. 661년에 무열왕이 사망하자 왕위를 계승하였고, 백제 잔여 세력을 정벌해나갔다. 662년 복신과 도침이 부여 풍을 왕으로 추대하고 주류성에 근거를 두고 활동하자 주류성을 포함한 여러 성을 함락하였고, 663년에는 지수신이 끝까지 항거하던 임존성을 정복함으로써 백제 부흥 운동을 종식시켰다. 그러나 664년 2월 당나라는 백제 지역에 대한 지배권을 내세우며 웅진도독부 도독으로 부여 융을 임명하였고, 신라에게 백제와 화친하도록 강요하여 취리산에서 화맹(和盟)을 맺게 하였다. 문무왕은 나·당 연합군이 고구려를 멸망시킨 이후 한반도를 직접 지배하려는 당나라와 전쟁을 수행하였고, 최종적으로 나당 전쟁에서 승리함으로써 삼국 통일을 완수하였다.

오답분석 ① 성덕왕 때 백성들에게 정전을 지급하였다.
② 신문왕 때 녹읍을 혁파하였다.
④ 무열왕(김춘추)은 최초의 진골 출신 군주로 갈문왕제를 폐지하는 등 왕권을 강화하였다.

13 임신약조(중종) 정답 ②
제시된 자료는 1512년(중종 7)에 조선과 일본 대마도주 사이에 맺은 임신약조의 내용이다.
중종 때 삼포에 거류하던 일본인들이 조선의 교역통제에 불만을 갖고 난동을 일으켰다(삼포왜란, 1510). 삼포왜란이 있은 뒤 조선은 삼포를 폐쇄해 왜인과의 교통을 끊고, 임시 기관으로 비변사를 설치하였다. 1512년 대마도주의 간청을 수용하여 왜인에 대한 제한을 엄격히 한 임신약조를 체결하였다. 즉 3포 중 제포만을 개항하며, 세견선과 세사미두는 종전의 계해약조에 비해 절반으로 감하였다.
성종 때 노사신·양성지 등이 『팔도지리지』와 『세종실록지리지』 등을 참고하여 『동국여지승람』을 편찬하였다. 『동국여지승람』은 군현의 연혁, 지세, 인물, 풍속, 산물, 교통 등을 자세히 수록하였다. 중종 때 『동국여지승람』을 보충한 『신증동국여지승람』이 편찬되어 오늘날까지 전하고 있다.

오답분석 ① 중종 때 주세붕이 영주에 백운동서원을 세웠고, 명종 때 이황의 건의로 소수서원이라는 편액이 내려졌다.
③ 세조 때 함경도 지역에서 이시애의 난이 일어나자, 정부는 강순·남이 등을 보내 진압하였다.
④ 선조 때 정여립이 전라도에서 대동계를 조직하여 역성혁명을 도모하다가 발각되어 처형되었다.

14 민립 대학 설립 운동 정답 ①
'고등 교육', '대학의 설립' 등의 구절을 통해 제시된 자료는 민립 대학 설립 운동의 취지문임을 알 수 있다. 한국인에 대한 우민화 교육을 극복하고 고등 교육 실시를 위해 민립 대학 설립 운동이 전개되었다. 이상재, 한규설 등은 1920년 조선교육회를 설립하고 이를 모체로 1922년 조선민립대학기성준비회를 결성하였다. 1923년에는 조선민립대학기성회가 조직되어 '한민족 1천만이 한사람이 1원씩'이라는 슬로건을 내걸고 민립 대학 설립을 위한 모금운동을 전개하였다. 그러나 총독부가 경성 제국 대학의 설립을 서둘러 추진하였고, 일본의 방해와 자연 재해로 모금이 지지부진하면서 민립대학 설립 운동은 흐지부지되었다.
1919년 부임한 사이토 총독은 식민 통치 방식을 무단 통치에서 이른바 '문화 통치'로 바꾸었다. 이때 언론·출판·집회·결사의 자유가 제한적이나마 허용되어 조선일보, 동아일보 등의 신문이 창간되고, 개벽 등 잡지가 발간되었다. 그러나 사전 검열 제도를 만들어 총독 정치에 비판적이거나 민족의식을 고취하는 기사를 삭제하였으며, 심한 경우에는 신문사를 정간·폐간하고 기자를 구속하기도 하였다.

오답분석 ② 일제는 1941년 조선사상범예방구금령을 제정, 공포하였다.
③ 조선 태형령은 1912년에 제정되어 1920년까지 시행되었다.
④ 동아일보가 주도하여 1931년부터 1934년까지 브나로드 운동이 전개되었다.

15 유교구신론(박은식) 정답 ①
제시된 자료는 박은식이 지은 『유교구신론』이다. 박은식은 이 글에서 유교계의 3대 문제로 인민 사회에 보급할 정신이 부족하고, 배움을 찾는 이들만 기다리고 있으며, 주자학만을 고집하며 양명학을 소홀히 했다고 지적하고 유교가 민주적이고 평등한 종교로 거듭나야 한다고 주장하였다.
박은식은 양명학의 지행합일과 사회 진화론의 진보 원리를 조화시키는 대동사상을 강조하고, 대동교를 창설하여 양명학 중심의 유교 개혁과 적극적 교화 활동을 주장하였다.

박은식은 1925년 이승만 탄핵 후 대한민국 임시 정부의 2대 대통령에 선출되었다.

오답분석 ② 천주교인들이 만주에서 의민단을 조직하여 독립 전쟁을 전개하였다.
③ 안재홍, 백남운, 손진태 등이 신민족주의를 제창하여 민족주의의 한계를 극복하려 하였다.
④ 한용운이 조선 불교 유신회를 조직하여 사찰령 철폐 운동을 전개하였다.

16 고려 현종   정답 ①

강조가 김치양 일파를 제거하고 목종을 폐위한 후 임금으로 즉위한 대량원군은 현종이다. 목종의 어머니인 천추태후가 김치양과의 사이에서 낳은 아들을 후사로 삼으려 하자 강조는 김치양을 죽인 후 목종을 폐위하고 현종을 옹립하였다(1009).

현종(1009~1031) 때에는 두 차례에 걸쳐 거란의 침입을 격퇴하였다. 전쟁이 끝난 뒤에 고려는 거란과 정식으로 국교를 수립하여 조공하고 일시적으로 송과는 관계를 단절하는 한편, 국방을 강화하는 데 더욱 노력하였다. 강감찬의 주장으로 개경에 나성을 쌓아 도성 수비를 강화하였고, 압록강 어귀에서 동해안의 도련포에 이르는 천리장성을 쌓아 거란은 물론 여진의 침입까지 방어하려 하였다(1044).

거란과의 전쟁을 거치며 국초 이래의 기록들이 소실되자, 현종은 역대의 실록을 다시 편찬하도록 하였다. 한편 현종은 거란의 2차 침입 당시 초조대장경 조판을 지시하였다. 이 외에도 성종 이후 중단된 팔관회를 부활하고 부모의 명복을 빌기 위해 현화사(玄化寺)를 크게 창건하였다.

오답분석 ② 고려 정종(945~49) 때 광군 30만을 조직해 거란의 침입에 대비하였다.
③ 고려 예종 때 파평과 우봉 지역의 속군에 감무를 파견하기 시작하였다.
④ 고려 고종 때인 1236년에 대장도감을 설치하고 재조대장경의 제작을 시작하여 1251년 16년 만에 완성하였다.

17 1895년 상황   정답 ①

(가)는 러시아가 주도한 압력에 굴복하여 일본이 랴오둥 반도를 청에 반환한 삼국간섭(1895년 4월), (나)는 고종이 러시아 공사관으로 피신한 아관파천(1896년 2월)이다. 삼국 간섭 이후 조선 왕실은 러시아에 접근하여 일본의 영향력에서 벗어나고자 시도하였다. 박영효가 왕비 제거 반역 음모의 혐의를 받고 일본으로 망명하자 고종은 친러파 인사들을 대거 내각에 기용하였다(3차 김홍집 내각). 친일 세력의 실각에 불안을 느낀 일본은 낭인들을 동원하여 궁궐을 습격하고 민비를 살해하는 만행을 저질렀다(을미사변). 이후 친일파 관료 중심의 4차 김홍집 내각이 수립되어 을미개혁을 추진하였는데, 을미사변에 관련된 훈련대를 해산하고 친위대와 진위대를 새로 설치하였다. 고종은 1895년 11월 친미·친러파의 관리들과 군인들의 주도하에 궁 밖으로 탈출을 시도하였으나 실패하였다(춘생문 사건).

오답분석 ① 1894년 6월 조선 정부는 근대적 개혁을 추진하기 위해 교정청을 설치하였다.

18 의상과 설총   정답 ②

㉠은 문무왕 때 민심의 성(城)을 강조하며 도성 축성에 반대한 의상, ㉡은 원효와 요석 공주 사이에서 태어난 설총이다.

의상은 '화엄일승법계도'를 저술하여 화엄사상을 정립하였고, 화엄 사상을 바탕으로 교단을 형성하여 많은 제자를 양성하였다. 그는 사회 통합 논리로써 '일즉다다즉일(一卽多 多卽一)'의 원융사상을 제시하는 한편 강술과 포교에 힘써 불교문화의 폭을 확대하였다.

6두품 출신인 설총은 향찰과 이두를 정리하였고, 신문왕에게 설화인 '화왕계'를 바쳐 유교적 도덕 정치를 강조하였다.

오답분석 ① 김운경, 최치원 등이 당에 유학하여 빈공과에 급제하였다.
③ 최치원이 사산비명, 『계원필경』 등의 저술을 남겼다.
④ 김대문이 '한산기', '계림잡전', '고승전' 등을 저술하였다.

19 대한민국의 수립   정답 ②

1945년 8월 15일에 조선 건국 준비 위원회가 결성되고, 1946년 3월에 제1차 미·소 공동위원회가 개최되었다.

1947년에 열린 제2차 미·소 공동 위원회가 결렬되자 미국은 한반도 문제를 UN(국제연합)으로 이관하였다. 1947년 11월 UN 총회에서 인구비례에 의한 자유 총선거 실시와 UN 한국임시위원단의 구성을 주요 내용으로 하는 결의안이 채택되었다. 그리고 1948년 2월 UN의 소총회는 한국임시위원단이 임무를 수행할 수 있는 지역의 총선거, 즉 38도선 이남 지역만의 단독 선거를 결정하였다. UN에서 한반도 문제가 논의되는 동안 김구와 김규식은 1948년 2월 김일성과 김두봉 등 북한의 지도자들에게 편지를 보내 통일 정부 수립을 위한 남북 정치 회담(남북조선제정당사회단체대표자 연석회의)을 제의하였고, 북측 지도자들이 이를 받아들임으로써 1948년 4월 평양에서 남북 협상이 개최되었다.

오답분석 ② 1946년 10월에 좌우 합작 위원회가 좌우 합작 7원칙을 발표하였다.

20 6월 민주화 운동   정답 ④

(가)는 4·13 호헌 조치, (나)는 6·29 선언이다.

1987년 4월 13일 전두환은 모든 개헌 논의를 중단하고 간선제 헌법을 유지하겠다고 발표하였다(4·13 호헌 조치). 이에 맞서 5월 27일에 향린교회에서 '민주헌법쟁취 국민운동본부' 발기인 대회가 열렸다. 민주헌법쟁취 국민운동본부는 6월 10일을 대규모의 집회 날로 선포했다. 6월 9일에는 연세대 학생 이한열이 경찰의 최루탄에 맞아 혼수상태에 빠지는 사건이 발생하여 국민의 공분을 일으켰다. 6월 10일부터 민주헌법쟁취 국민운동본부의 주도로 '호헌 철폐, 독재 타도'를 외치는 야당과 학생, 시민들의 시위가 전국적으로 20여 일간 계속되었다(6월 민주항쟁).

한편, 6월 10일에 여당인 민정당은 전당대회를 열어 노태우를 차기 대통령 후보로 지명하였다. 6월 29일, 노태우는 대통령 직선제 수용, 김대중 사면복권 단행, 양심수 석방과 언론자유 보장 등을 내용으로 하는 시국 수습 방안을 발표하였다(6·29 선언).

오답분석 ① 1988년 노태우 정부 시기에 서울 올림픽이 개최되었다.
② 1987년 12월 제13대 대통령 선거에서 노태우 후보가 득표율 36%로 당선되었다.
③ 1987년 1월 서울대생 박종철이 치안본부 남영동 대공분실에서 구타와 물고문을 당하다가 숨졌다.

SUPER 360  공통과목 모의고사 Vol.2

📖 국어

🚀 Speed 정답 Check

01	④	02	④	03	①	04	③	05	④	06	②	07	④	08	③	09	③	10	③
11	①	12	④	13	④	14	④	15	②	16	③	17	④	18	③	19	②	20	③

01 규범 – 바른 문장 – 오류 복합 정답 ④

오답 풀이 ① 바꾸려는 것이 '원고지'인지, '연필'인지가 모호하다.
② ・모닥불 → 화톳불
・장작 → 나무
③ 쌀 → 벼

02 규범 – 어문규정 – 한글 맞춤법 정답 ④

오답 풀이 ① 꾀여서 → 꼬여서
② 틔여서 → 틔어서 / 트여서
③ 쐐는 → 쐬는

03 규범 – 바른 문장 – 높임 표현 정답 ①

해설 예문은 관형절이 안긴문장이다. '아버지가 고향을 떠나셨다'라는 문장이 주어가 생략된 관계 관형절로 안긴문장이므로 '떠나신'은 주체 높임이 적용되었음을 알 수 있다.
[주체+] '흘리시다'에 '-시' 주체 높임법으로 할머니를 높이고 있다.
'떠나신'에 '-시' 주체 높임법으로 아버지를 높이고 있다.
[객체-] 객체 높임법은 사용되지 않았다.
[상대+] '해요'체의 종결어미로 청자를 높이고 있다.

04 문법 – 형태론 – 단어의 형성 정답 ③

해설 '난문제'의 '난'은 '어려운'의 뜻을 더하는 접두사로, '難(어려울 난)'으로 표기한다. 그리고 '신세계'의 '신'은 '새로운'의 뜻을 더하는 접두사로, '新(새 신)'으로 표기한다.

오답 풀이 ① '맨'은 '다른 것이 없는'의 뜻을 더하는 접두사로, 한글로 표기한다. 반면 '소'는 '작은'의 뜻을 더하는 접두사로, '小(작을 소)'로 표기한다.
② '초'는 '어떤 범위를 넘어선'의 의미인 접두사로, '超(넘을 초)'로 표기한다. 반면 '들'은 '무리하게 힘을 들여', '마구', '몹시'의 뜻을 더하는 접두사로, 한글로 표기한다.
④ '시'는 '매우 짙고 선명하게'의 뜻을 더하는 접두사이고, '덧'은 '거듭된' 또는 '겹쳐 신거나 입은'의 뜻을 더하는 접두사이다. 이때 '시'와 '덧'은 한자어가 아니라, 모두 우리말로 표기한다.

05 어휘 – 한자 – 한자성어 정답 ④

해설 ④ 姑息之計(고식지계) (시어머니 고, 쉴 식, 갈 지, 셀 계)
⇨ 우선 당장 편한 것만을 택하는 꾀나 방법. 한때의 안정을 얻기 위하여 임시로 둘러맞추어 처리하거나 이리저리 주선하여 꾸며 내는 계책을 이른다.

오답 풀이 ① 人山人海(인산인해) (사람 인, 메 산, 사람 인, 바다 해)
⇨ 사람이 산을 이루고 바다를 이루었다는 뜻으로, 사람이 수없이 많이 모인 상태를 이르는 말.

② 明若觀火(명약관화) (밝을 명, 같을 약, 볼 관, 불 화)
⇨ 불을 보듯 분명하고 뻔함.
③ 自激之心(자격지심) (스스로 자, 격할 격, 갈 지, 마음 심)
⇨ 자기가 한 일에 대하여 스스로 미흡하게 여기는 마음.

06 어휘 – 한자 – 한자어 정답 ②

해설 ② 가차(假借) (거짓 가, 빌릴 차)
⇨ '있다, 없다'와 함께 쓰여 사정을 보아줌을 이르는 말.

오답 풀이 ① 주의(主意) (주인 주, 뜻 의) (×) → 주의(注意) (물댈 주, 뜻 의) (○)
⇨ 관심을 집중하여 기울임.
③ 백중세(百中勢) (일백 백, 가운데 중, 형세 세) (×) → 백중세(伯仲勢) (맏 백, 버금 중, 형세 세) (○)
⇨ 서로 우열을 가리기 힘든 형세. 위나라 문제(文帝)의《전론(典論)》에서 나온 말이다.
④ 추호(秋護) (가을 추, 도울 호) (×) → 추호(秋毫) (가을 추, 터럭 호) (○)
⇨ 매우 적거나 조금인 것을 비유적으로 이르는 말.

07 어휘 – 고유어, 한자어 – 관용어, 속담 정답 ④

해설 우선 먹기에는 곶감이 달다: 그다지 좋지는 않으나 당장은 취할 만함.

오답 풀이 ② 마각을 드러내다: 말의 다리로 분장한 사람이 자기 모습을 드러낸다는 뜻으로, 숨기고 있던 일이나 정체를 드러냄을 이르는 말이다. '마각(馬脚)'은 '말의 다리'이다.
③ 변죽을 울리다: 바로 집어 말을 하지 않고 둘러서 말을 한다는 뜻으로, '변죽'은 '그릇이나 세간 따위의 가장자리'를 뜻한다.

08 화법과 작문 – 말하기 – 말하기 방식 정답 ③

해설 공감적 듣기를 위해서는 상대방의 말에 대한 일체의 판단을 유보해야 하고, 상대방의 감정을 이해하며 듣는 태도가 필요하다. 윤주의 두 번째 발화에서, 연진의 말을 듣고 "네 잘못이 맞아"라는 부정적 판단을 내리고 있으므로 판단을 유보하지 않았다.

오답 풀이 ① "속상한 일이 있었어?"라며 상대방의 말에 주의를 기울이고 있다는 것을 보여주는 공감적 듣기를 실행하고 있다.
② "네 말대로 ~ ."라며 자신과는 견해가 다른 관점을 이해하는 공감적 듣기를 실행하고 있다.
④ "그렇구나, 개인의 ~ 우선되어야 하는구나."라며 상대방의 말에 담긴 정확한 의미를 이해하기 위해 스스로 정리하는 공감적 듣기를 실행하고 있다.

09 독해 – 비문학 – 미루어 추리 정답 ③

해설 괄호 앞에서는 과학 지식과 역사 지식과의 차이에 대해서 이야기하고, 뒤에서는 역사의 현재성에 대해서 이야기하고 있다.
결국 괄호에는 역사의 특징이 현재성에 있다는 말이 와야 한다. 이와 관련된 것은 ③이다.

오답 풀이 ① 물론 필자의 논지와 연관성을 가지고 있다고 생각할 수 있다. 하지만 괄호의 앞뒤 내용을 살펴보면 역사가의 사명이 아니라 역사에 대한 설명이 나와야 한다. 따라서 답이 될 수 없다.
② 크로체의 사관과는 거리가 있다.
④ 역사가의 객관적 자세가 아니라 역사가의 사유를 통해 재구성되어야 한다는 점이 강조되어야 한다.

10 독해 – 비문학 – 미루어 추리   정답 ③

해설 '부활의 노래'라는 본문의 표현에서 알 수 있듯이, 노래를 부르는 사람들은 죽음의 상징적인 역할을 하는 사람을 에워싸고 노래하면서, 실제로 죽은 사람이 살아나기를 바라는 것이다.

오답 풀이 ① 죽음의 춤 역시 주술 혹은 의식의 일부분이라 할 수 있으므로 적절하지 않다.
② 춤추고 노래하는 상황의 혼잡함보다는 그 상황이 가지는 의미가 더 중요하므로 적절하지 않다.
④ 입을 다물라는 것은 다른 이야기를 하지 않는다는 의미이며, 노래를 부르고 춤을 추는 의식에 집중한다는 의미이므로 잘못 이해한 것이다.

11 독해 – 문학 – 현대소설   정답 ①

해설 손창섭의 〈비 오는 날〉의 처음 부분에 해당하는 주어진 글은 '비'라는 자연적 배경을 통해 작품의 분위기를 형성하는 동시에 원구의 내면 심리를 효과적으로 드러내고 있다. 아울러 청각적, 시각적 이미지도 활용하고 있다. 그러나 이 부분은 사건이라기보다는 인물의 내면 심리를 보여 주는 데에 초점이 맞춰져 있다.

12 독해 – 비문학 – 주제, 주장   정답 ④

해설 본문은 신병 선발 시 직업적인 고려가 우선시 되어야 하며, 신병 교육이 아무리 잘되더라도 근본적으로 제대로 된 사람을 뽑지 않을 경우 겪게 되는 피해를 언급하고 있다.

오답 풀이 ① 훌륭한 군인이 지녀야 하는 자세는 부분적으로 언급하지만, 이런 자세를 지닌 군인들을 구성하기 위해 신병을 선발할 때 지켜야 하는 기준을 설명하고 있는 글이므로 적절하지 않다.
② 첫 번째 단락은 신병 선발에 직업적인 배경이 중요하다는 점을 이야기하고 있다. 그러나 두 번째 단락의 내용까지 아우르기에는 부족하므로 적절하지 않다.
③ 좋은 가문의 사람들이 책임감이 있다는 이유로 선발해야 된다고 언급했으나, 훌륭한 군대를 단순히 몇 사람의 도움만으로 평가하기에는 부족한 점이 있다.

13 독해 – 비문학 – 사례 적용   정답 ④

해설 유명한 가문 출신의 자제들에게서 반듯한 정신 자세의 군인을 기대할 수 있다고 언급했다. 이는 출신 가문이나 배경이 그 사람의 능력이나 태도에 큰 영향을 미친다는 사고방식이므로 ④의 사고방식이 가장 유사하다.

14 독해 – 비문학 – 미루어 추리   정답 ④

해설 제시문은 개인과 개인이 본질적으로 '같음'을 알고 '다름'을 인정하여 조화를 이루어야 함을 말하고 있다. 여기서 동양사상가들의 각 용어들 중 보편, 전체, 평등, 조화, 공통점, 동일성, 연관성, 긍정, 종합 등이 '같음'과 유사한 의미로 사용되었고, 특수, 부분, 차이, 구별, 차이점, 다양성, 부정, 분석 등이 '다름'과 유사한 의미로 사용되고 있다. 따라서 ①, ②, ③은 '같음'의 의미로 쓰였지만, ④는 '다름'의 의미로 쓰였음을 확인할 수 있다.

15 독해 – 비문학 – 논지전개방식   정답 ②

해설 지문은 스팸의 사회적 악영향에 대해 지적한 뒤 이에 대한 해결안을 제시하는 글이다. 서두에 '스팸은 세계화의 진정한 성공 신화이며 하나의 사업으로 자리 잡았다'고 거론한 것은 스팸을 이용한 상업 활동을 비판하는 입장이므로 장점을 제시했다고 할 수는 없다.

오답 풀이 ① 지문은 스팸 메일의 문제점을 지적한 후, 스팸을 줄일 수 있는 해결 방안으로 '유동IP 대역의 25번 포트 사용을 엄격하게 제한'할 것과 사용자 개개인의 '실질적인 스팸 퇴치 활동'을 촉구하고 있다.
③ 셋째 문단에서 메일 사용자가 실제로 경험할 수 있는 스팸 메일의 사례를 제시하고 있다.
④ '스미스'라는 미국인의 이야기를 통해 독자의 흥미를 끌고 있다.

16 독해 – 문학 – 현대시   정답 ③

해설 ③ '의자'를 의인화한 표현이 나타나 있지 않고, 시적 대상에게 의자의 역할을 다하라고 권면하는 표현도 나타나 있지 않다.

오답 풀이 ① 허리가 아프게 된 것을 계기로 세상의 모든 사물을 의지할 만한 대상으로 여기게 된 어머니가 아들인 화자에게 자신의 깨달음을 직접 말하는 방식으로 시상을 전개하고 있다.
② 어머니는 참외와 호박을 식구 같은 존재라고 말하며 의자처럼 기댈 수 있게 지푸라기를 깔아 주고 똬리도 받쳐 주겠다고 말하고 있다.
④ 일상 속 소재인 '의자'에 기대고 싶은 존재, 의지가 되는 존재, 서로에게 의지가 되는 존재 등의 의미를 부여하여 서로 배려하고 의지하며 살아가는 삶의 중요성을 상징적으로 드러내고 있다.

> **작품 해제**
> 이정록, 〈의자〉
> • 해제: 이 작품은 어머니의 말씀을 그대로 인용하여 화자가 그 말씀을 통해 깨달은 바를 독자에게 전달하는 형식으로 구성되어 있다. 화자는 어머니의 말씀을 통해 고달픈 삶을 사는 연약한 존재들에게는 나름의 안식처가 존재함을, 그리고 그러한 존재들은 결국 서로 의지하고 사는 처지임을 알게 된다. 더 나아가 인생이란 서로에게 의자와 같이 편안한 존재가 되어 서로 의지하며 살아가는 것임을 깨닫게 된다.
> • 주제: 서로 배려하고 의지하며 살아가는 삶의 중요성
> • 구성
>   – 1연: 병원에 갈 준비를 하며 어머니가 전하는 한 소식
>   – 2연: 어머니가 병을 통해 깨달은 삶의 이치
>   – 3연: 아버지에게 든든한 의자였던 화자
>   – 4연: 식물에게도 의자를 내주려는 어머니
>   – 5연: 서로에게 의지하며 살아가는 삶에 대한 어머니의 당부

17 독해 – 문학 – 고전시   정답 ④

해설 ④ '종장을 제외하고 초장, 중장이 2구 이상 길어져 있다.'는 설명은 사설시조의 특징이며, 제시된 시는 두 개 이상의 평시조가 하나의 제목으로 엮어져 있는 연시조이다.

오답 풀이 ① 어촌의 평화로운 경치, 자연 속에서 한가롭게 살아가는 여유와 즐거움을 우리말로 묘사하고 있다.
② 노를 저을 때 나는 '삐그덕 삐그덕'(至지국悤총 至지국悤총) 소리와 어부의 외침 소리(於어思亽臥와)를 흉내낸 여음구와 후렴구를 사용하고 있다.
③ '우는 거시 벅국기가 프른 거시 버들숩가'에서 대구법과 설의법 등의 수사법을 사용하여 정서를 표현하였다.

> **작품 해제**
> 윤선도, 〈어부사시사〉
> • 갈래: 평시조, 연시조(춘하추동 각 10수씩 전 40수), 강호 한정가, 어부가
> • 성격: 풍류적, 전원적, 자연 친화적
> • 제재: 자연에서의 어부 생활
> • 주제: 자연 속에서 한가롭게 살아가는 어부 생활의 여유와 흥취
> • 특징
>   – 초장과 중장, 중장과 종장 사이에 고려 가요처럼 후렴구가 있음.
>   – 대구법, 반복법, 의성법, 원근법 등의 다양한 표현법을 사용함.
> • 연대: 조선 후기(효종)
> • 출전: 《고산유고(孤山遺稿)》

18 독해 – 비문학 – 일치, 불일치   정답 ③

해설 마지막 문단에서 인지적으로 한 번 경험한 일은 학습되며, '한 번의 경험'이라는 무형의 기억이 스트레스의 근원이 된다고 하였으므로 적절하지 않은 내용이다.

오답 풀이 ① 1문단에서 스트레스는 위험을 피하고 먹이를 구하는 생존 본능에 의한 것이라고 하였다.
② 2문단에서 현대인들은 과거에 비해 예측할 수 없는 자극에 둘러싸여 있어서 오히려 끊임없는 긴장으로 스트레스를 더 많이 느낀다고 하였다.
④ 3문단에서 눈과 귀로 위험하다고 인지할 만한 자극이 들어오면 일단 자율 신경계가 반응하며 스트레스 호르몬을 방출한다고 하였다.

19 독해 – 비문학 – 논지전개방식/설명방식   정답 ②

해설 (가)는 사전(辭典)과 사전(事典)의 개념을 설명하는 데 있어 '사전이란 무엇이다(사전은 ~ 책이다)'라는 정의의 방법과 사전(辭典)과 사전(事典)의 차이점을 들어 설명하는 대조의 방법을 사용하고 있다. (나)는 실제 세상인 사회와 문학 속의 세상의 다른 점 및 유사점을 서술한 글이다. 일반적으로 어떤 두 개념을 함께 설명할 때는 두 개념의 공통점 또는 차이점을 들어 설명하는 것이 용이하기 때문에 글쓴이는 비교, 대조의 방법을 동원한다.

> **작품 해제**
> (가) 이순원, 〈사전을 찾아 가며 읽는 즐거움〉
> • 주제: 사전의 종류와 특징
> • 해제: 사전(辭典)과 사전(事典)의 개념을 설명하면서, 활용의 유익한 점과 필요성을 간접적으로 제시하고 있다.
>
> (나) 박인기, 〈독서와 사회·문화의 만남〉
> • 주제: 실제 세상과 문학 속의 세상
> • 해제: 실제 세상인 사회와 현실을 모방한 허구 세계(문학의 세상)가 다르다고 말하면서 동시에 유사점도 서술하고 있다.

20 독해 – 비문학 – 반론, 비판   정답 ③

해설 ㄱ. (○) 제시문의 실험은 어떤 행동을 하려고 할 때 그보다 먼저 뇌가 반응한다는 것이다. 그런데 만약 어떤 행동을 그만둘 때에는 뇌가 먼저 반응하는 일이 나타나지 않는다면, 우리 인간에게는 어떤 행동을 하기 위한 자유의지는 없다고 주장할 수 있을지 몰라도, 어떤 행동을 그만두기 위한 자유의지는 여전히 존재한다고 인정할 수 있다. 따라서 이 보기의 내용은 연구팀의 결론을 반박한다.
ㄴ. (○) 이 보기의 내용은 자유의지와 '결심'이 다를 수 있다는 점을 지적하고 있다. 즉, 자유의지가 뇌의 반응을 만들어내고, 그 결과 버튼을 누르고자 결심했을 수 있다는 점을 지적하고 있다. 이 지적이 옳다면 우리는 여전히 자유의지의 존재를 인정할 수 있고, 연구팀의 결론을 반박할 수 있다.
ㄷ. (×) 이 보기의 내용은 연구팀이 동의할 수 있을 뿐 아니라, 연구팀이 실험을 수행할 때 암묵적으로 가정하고 있는 내용이기도 하다. 따라서 이 보기의 내용은 연구팀의 결론을 반박하지 못한다.

영어

Speed 정답 Check

| 01 | ④ | 02 | ③ | 03 | ① | 04 | ② | 05 | ④ | 06 | ② | 07 | ③ | 08 | ② | 09 | ④ | 10 | ③ |
| 11 | ③ | 12 | ③ | 13 | ④ | 14 | ② | 15 | ② | 16 | ① | 17 | ④ | 18 | ④ | 19 | ③ | 20 | ① |

01   정답 ④

선지 해석 disapprove 승인하지 않다, 찬성하지 않다
① disguise 변장하다
② disparage 폄하하다
③ distract 산만하게 하다
④ dissent 반대하다

해석 작가들과 예술가들은 반대하는 사태나 문제에 관심을 가져오는 데(불러 일으키는 데) 유머와 아이러니, 조롱의 방법들을 활용했다.

어휘
utilize 활용하다   irony 아이러니, 풍자
ridicule 조롱, 비웃음   attention 관심, 주의
situation 사태, 상태   issue 문제

02   정답 ③

선지 해석 surmise 추측하다, 짐작하다
① defend 지키다, 방어하다
② erode 부식하다
③ conjecture 추측하다, 생각하다
④ withhold 억누르다, 보류하다

해석 영문학 분야 외의 학자들은 이렇게 가혹한 사업자로서의 셰익스피어의 모습이 그의 천재적인 작가로서의 특성을 부각시키기 위해 의도적으로 가려졌다고 추측한다.

어휘
literature 문학, 문예   ruthless 가혹한, 무정한
intentionally 의도적으로, 고의로   overlook 눈감아주다, 간과하다
tarnish 퇴색, 훼손된   reputation 명성, 평판
brilliant 훌륭한, 멋진

03   정답 ①

선지 해석 correspond 일치하다
① accord 일치하다
② transact 처리하다, 거래하다
③ acclaim 환호하다
④ defer 연기하다, 따르다

해석 그 대화를 글로 기록한 것이 실제 대화 내용과 일치하지 않는다.

어휘
conversation 대화   actually 현실로, 실제로

04   정답 ②

선지 해석 ① carry on 계속 가다, 움직이다
② get over 극복하다
③ go in for 참가하다, 좋아하다
④ stick to 고수하다

해석 그렇게 하기 위해서 한국은 내부의 분열을 먼저 극복하고 국가의 범위를 초월하는 비전을 제시할 필요가 있다.

어휘
internal 내부의, 안의
be able to ~수 있다
transcend 초월하다
division 분할, 분배
vision 비전, 시야
dimension 규모, 차원

05
정답 ④

선지 해설 turn down 거절하다
① produce 생산하다
② seek 찾다
③ attempt 시도하다
④ reject 거절하다

해석 한때는 직장생활의 필수 요소로 여겨졌던 회식이지만, 구인구직 매칭 플랫폼이 직장인 1,824명을 대상으로 불이익이 없는 '회식 거부권' 행사가 가능한지 여부를 조사한 결과, 64.5%가 '가능하다'고 답했다.

어휘
session 시간, 회의
requirement 필요조건, 자격
survey 조사하다, 검사하다
invitation 초대, 참석
consequence 결과, 결말
consider (~을 ~로) 여기다
employee 직장인, 고용인
recruit 모집하다
negative 부정의, 반대의

06
정답 ②

정답 해설 ② 빈도부사는 조동사의 뒤에 위치한다. 조동사 기능이 있는 be 동사의 뒤에 seldom을 쓴 것은 옳다.

오답 해설 ① every가 '매 ~마다'의 의미로 쓰였다. six month, 즉 기수로 표현했으므로 복수 형태로 고치는 것이 옳다.
(every six month ⇒ every six months)
유도동사 advise의 목적어 뒤에 to ⓡ 형태를 쓴 것은 옳다.
사역동사 have의 목적어 뒤에 p.p. 형태를 써서 뒤에 목적어가 없는 것은 적절하며, 치아가 '검진 받는' 것으로 문맥상 적절하다.
③ ⅰ) '~ 때문에'라는 의미의 접속사 Since 뒤에 S+V의 문장을 쓴 것은 적절하다.
ⅱ) '~할 수밖에 없다'라는 의미의 표현은 have no choice but to ⓡ로 쓴다.
(walk ⇒ to walk)
④ that 앞에 명사가 없으므로 that이 접속사로 쓰임을 알 수 있다. 접속사 that 뒤에는 완전한 형태의 문장이 와야 하지만, 전치사 like 뒤에 명사가 빠져 불완전하므로, 앞에 명사를 쓰지 않고, 뒤에 불완전한 문장을 취하는 관계대명사 what으로 고치는 것이 옳다.
(that ⇒ what)

해석 ① 치과 의사들은 6개월마다 치아 검진을 받으라고 충고한다.
② 책을 책꽂이의 원래 위치에 되돌려 놓는 적이 거의 없다.
③ 차가 없으니 천생 걸어가는 수밖에 없다.
④ 한 가지 차별화할 수 있는 요소가 제품의 디자인이다.

어휘
dentist 치과의사
seldom 좀처럼 ~ 않는
differentiate 구별하다
advise 충고하다
shelf 선반, 책꽂이

07
정답 ③

정답 해설 이 글의 주제문은 'If you plan on working out in the summer months, ~ and internal organs remain cool and functioning properly.'이다. '신체 운동을 할 때는 더 많은 양의 물을 섭취해야 한다.'가 이 글의 주제로 주제문 뒤로는 구체적으로 얼마나 많은 양의 물을 마셔야 하는지 설명하고 있다. 따라서 정답은 ③ '우리는 운동할 때 평소보다 물을 더 많이 마셔야 할까?'가 제목으로 적절하다.

선지 해설 ① 운동할 때는 물보다 스포츠 음료가 더 좋을까?
② 시간이 날 때마다 가능한 한 많은 물을 마셔라.
④ 우리는 물 외에도 다양한 종류의 음료를 즐길 수 있다.

해석 만약 당신이 여름에 운동을 할 계획이라면, 당신의 근육과 내장기관이 시원하게 유지되고 제 기능을 할 수 있도록 물을 많이 마셔라. 미국 국립 과학, 공학, 의학 아카데미는 남자들의 하루 음료 적정 섭취량이 물을 포함해서 3.7리터이고 여자들은 2.7리터라고 결정했다. 하지만, 만약 운동을 하고 있다면, 당신은 땀을 통해 손실된 수분을 보충하기 위해 더 많은 수분을 섭취해야 한다. 운동을 하는 동안에는 수분의 공급 시기가 가장 중요하다. 당신은 땀을 통해 수분과 전해질을 잃기 때문에 운동을 하면서 수분을 보충하고 싶을 것이다. 미국 운동 협회는 운동하는 동안 매 10분에서 20분마다 7에서 10온스의 음료를 마실 것을 권장한다. 그것은 대략 물 한 컵 정도이다.

어휘
plenty of 많은
function 기능하다
adequate 적절한
fluid 수분
electrolytes 전해질
workout 운동
internal organ 오장육부, 장기
determine 결정하다
beverage 음료
hydration 수분 공급
approximately 대략

08
정답 ②

정답 해설 ⅰ) 해당 문장의 주어 Many people과 동사 focus가 복수 형태로 올바르게 수일치 하였다.
ⅱ) 관계대명사 who의 동사 dedicate 또한 선행명사 Many people의 수에 따라 복수 형태로 올바르게 쓰였다.
ⅲ) 대명사가 나오면 반드시 수를 체크한다. 대명사 their은 지칭하는 것은 앞선 명사 Many people이므로 복수 형태로 올바르게 쓰였다.
ⅵ) 동사 dedicate가 dedicate (목) to -ing 형태로 올바르게 쓰였다.

오답 해설 ① every는 단수 취급하므로 뒤의 명사 step은 단수로 쓴다.
(steps ⇒ step)
③ nearby는 형용사로 '인근에 있는, 인접해 있는'이란 뜻이다. 위치상 전치사를 쓰는 것이 적절하므로 전치사 near를 쓴다.
(nearby ⇒ near)
④ 가정법에서는 was를 쓰지 않는다.
(was ⇒ were)

어휘
pursue 추구하다
path 길
attention 주의
mummification 미라화
position 위치, 장소
passion 열정
dedicate 바치다
practice 관례
favoured 사람들이 선호하는, 좋은

09
정답 ④

정답 해설 ④ 방해하다
(→ 이 글에서는 동아시아 사람들이 공격적인 유형의 위암에 더 잘 걸릴 수 있다고 제시하며, 그 이유를 뒤이어 제시하고 있다. 연구진들이 밝혀낸 이유는 동아시아인들의 낮은 알콜 내성이다. 빈칸이 뒤에 있으므로 동어 반복에 해당하고 결국 빈칸에도 이와 동일한 내용이 들어가는 것이 옳다. 즉 동아시아인들의 알콜 대사에 문제가 있다는 내용이 반복되어야 하므로 ④가 빈칸에 들어가는 것이 옳다.)

오답 해설 ① 순응하다, 지키다
(→ 해당 내용은 글의 주제와 반대된다. 따라서 빈칸에 들어갈 수 없다.)
② 공감하다
(→ 해당 내용은 글의 주제와 반대된다. 따라서 빈칸에 들어갈 수 없다.)
③ 따르다, 순응하다

(→ 해당 내용은 글의 주제와 반대된다. 따라서 빈칸에 들어갈 수 없다.)

해석 일본의 연구원들이 이끈 새로운 연구에 따르면, 동아시아 사람들은 알코올 과민증의 더 높은 가능성 때문에 더 공격적인 유형의 위암에 걸릴 가능성이 더 높다고 한다. 과학지인 네이처 제네틱스에 이번 주에 발표된 연구원들의 연구 결과는 낮은 알코올 내성이 위의 한 영역 이상에 영향을 미치는 희귀한 유형의 위암인 확산성 위암과 더 높은 위험성을 갖고 있다는 것이다. 동아시아인의 돌연변이 발달과 특정 유전자형 사이에는 흥미로운 조합이 있는데, 이는 알코올 대사를 **방해한다**.

어휘
develop ~에 걸리다
stomach cancer 위암
intolerance 과민증
associate 연관짓다
gastric cancer 위암
mutation 돌연변이
genotype 유전자형
metabolism 대사
aggressive 공격적인
likelihood 가능성
publish 발표하다, 발간하다
diffuse 확산성의
combination 조합, 결합
specific 특정의
interfere 방해하다

어휘
composer 작곡가
publish 출판하다, 출시하다
popularity 인기
continent 대륙
well 우물
subtle 교묘한
folk song 민요
sheet music 악보
savvy 요령, 경험 등이 많은
flourish 인상적인 방식, 번영하다, 크게 성공하다
incorporate 통합하다
far-flung 널리 퍼진, 먼 곳의, 멀리 떨어진
tune 곡조
copy 복사하다
contemporary 동시대의, 현대의
defiance 거부, 저항, 무시
immediate 즉각적인
at the height of ~의 정점에
lullaby 자장가
replenish 채우다, 다시 공급하다
blending 섞기
catchy 따라 하기 쉬운
ream 연, 많음
transcribe 옮겨 적다, 필사하다
modern 현대의
give birth to ~를 낳다
numerous 많은

10   정답 ③

정답 해설 ③ Brahms는 유럽을 여행할 때 수많은 악보를 공부하며 맘에 드는 부분을 베꼈다.
(→ 'When he traveled Europe, he would often visit a city's library to go through its folk song collections to study reams of sheet music and transcribe his favorite bits.'를 통해 그가 유럽을 여행할 때, 그는 도시의 도서관에서 수많은 악보를 공부하고 자신이 제일 좋아하는 부분을 필사하기 위해, 즉 옮겨 적어 베끼기 위해 그곳의 민요 모음집을 살펴보곤 했다는 것을 알 수 있다. 따라서 ③은 이 글의 내용과 일치한다.)

오답 해설 ① Brahms는 유명한 작곡가였으나 그의 작품은 성공하기까지 오랜 시간이 걸렸다.
(→ 'Johannes Brahms, born in 1833 in Hamburg, was one of the most well-known composers of his time. "Wiegenlied" was his most immediate success.'를 통해 브람스는 당대의 가장 유명한 작곡가 중 한 명이었으며, 그의 작품은 성공하기까지 오랜 시간이 걸리지 않았다는 것을 알 수 있다. 이 글에 따르면 그의 한 작품은 즉각적으로 성공을 했다.)
② Wiegenlied는 Brahms가 자신이 낳은 아들을 위해 부를 자장가로 만들어졌다.
(→ 'Published at the height of his popularity in 1868, the song was written as a lullaby for an old friend to sing to her new baby boy.'를 통해 이 노래는 Brahms가 자신이 낳은 아들을 위해서가 아니라, 그의 오래된 친구가 아들을 낳아서 그 친구가 자신의 아이에게 불러주도록 쓰인 자장가였다는 것을 알 수 있다.)
④ 대부분의 현대 예술가들처럼 Brahms는 포크 뮤직을 무시하여 그것을 사용하지 않았다.
(→ 'Like a savvy modern songwriter sampling another artist's hook for his own music, or a clever designer stealing flourishes from other products, Brahms would incorporate far-flung folk tunes into his art songs.'를 통해 Brahms는 대부분의 현대 작곡가나 영리한 디자이너들처럼, 그의 예술 노래에 널리 퍼진 장르인 포크 음악을 합쳤다는 것을 알 수 있다. 따라서 Brahms가 포크 음악을 무시하여 사용하지 않았다는 것은 이 글의 내용과 일치하지 않는다.)

해석 1833년 함부르크에서 태어난 Johannes Brahms는 당대의 가장 유명한 작곡가 중 한 명이었다. "Wiegenlied"는 그의 가장 즉각적인 성공작이었다. 1868년 그의 인기가 최고조에 달했을 때 발표된 이 노래는 (Brahms의) 오랜 친구가 그녀가 낳은 아들을 위해 부를 자장가로 쓰여졌다. 그러나 그것은 곧 유럽 대륙과 전 세계에 걸쳐 히트를 쳤다. Brahms가 그의 아름다운 선율을 보충하는 비결 중 하나는 장르 혼합이었다. 그는 로컬 음악을 배우는 학생이었고, 기억하기 쉬운 후렴 부분을 미묘하게 가져다 쓰는 사람이었다. 그가 유럽을 여행할 때, 그는 종종 도시의 도서관을 방문하여 수많은 악보를 공부하고 그가 가장 좋아하는 부분을 베끼기 위해 그곳의 민요 모음집들을 살펴보곤 했다. 자신의 음악을 위해 다른 예술가의 작품에서 인상적인 부분을 샘플링하는 영리한 현대 작곡가나 다른 제품에서 인상적인 부분을 훔쳐 쓰는 영리한 디자이너처럼, Brahms는 그의 노래에 널리 퍼져 있던 포크 음악의 선율을 포함시켰다.

11   정답 ③

해설 ① 그가 최고야?
② 넌 그를 견딜 수 있어?
③ 그가 네 심복이야?
④ 그는 구직중이야?

해석 A: 너 뭐해?
B: 학기말 과제물 하고 있어. 넌 벌써 끝났어?
A: 톰이 날 위해 해주고 있어.
B: 네 학기말 과제물하게 억지로 시킨 거야? 걔를 못살게 굴고 있는 거야?
A: 아니 억지로 시킨 거 아니야. 기꺼이 날 위해 해주려고 했다고.
B: 걔가 너 심복이야 뭐야.
A: 그런 셈이지.
B: 너 정말 못됐다.

어휘
He is sort of man Friday. 그는 나의 심복이다.

12   정답 ③

해설 ① A: 구두끈 좀 맬게. 미안!
      B: 천천히 해.
② A: 그 음식이 입에 맞아?
      B: 내 입맛엔 너무 느끼해.
③ A: 오늘 마라톤 자신 있어?
      B: 당연하지. 건강이 안좋아.
④ A: 여기요. 물 좀 갖다 주실래요?
      B: 물은 셀프입니다.

13   정답 ④

정답 해설 ④ 중산층 국가들도 미래에 인구 고령화에 직면할 가능성이 있다.
(→ 'it is now low - and middle-income countries that are experiencing the greatest change. ~ 60 years will live in low - and middle-income countries.'를 통해 중산층 국가들도 고령화를 겪고 있다는 것을 알 수 있다.)

오답 해설 ① 시간이 지날수록 80세 이상 인구는 줄어들고, 60세 이상 인구는 늘어날 것이다.
(→ 'At this time the share of the population aged 60 years and over will increase from 1 billion in 2020 to 1.4 billion.'을 통해 2030년에 60세 이상 인구는 14억 명으로 증가할 것이고, 80세 이상 인구도 증가한다는 것을 알 수 있다.)

② 2050년에는 60세 이상 인구가 2020년과 비교해 3배가 될 것이다.
(→ 'By 2050, the world's population of people aged 60 years and older will double (2.1 billion).'을 통해 2050년에 60세 이상 인구는 2배가 된다는 것을 알 수 있다. 따라서 ②은 글의 내용과 일치하지 않는다.)
③ 노인 비율의 증가는 유럽보다 아시아에서 더 빠르게 진행되고 있다.
(→ 해당 내용은 알 수 없다.)

해석 오늘날 대부분의 사람들은 60대 이후까지 살 것으로 예상할 수 있다. 세계의 모든 나라는 인구에서 노인의 비율과 규모 모두에서 성장을 경험하고 있다. 2030년까지, 세계 인구 6명 중 1명은 60세 이상이 될 것이다. 이때 60세 이상 인구가 차지하는 비중은 2020년 10억 명에서 14억 명으로 늘어날 것이다. 2050년까지 세계 60세 이상 인구는 두 배(21억 명)가 될 것이다. 80세 이상 인구는 2020년과 2050년 사이에 세 배가 되어 4억 2600만 명에 이를 것으로 예상된다. 인구 고령화로 알려진 국가의 인구 분포의 이러한 변화는 고소득 국가에서 시작되었지만, 현재 가장 큰 변화를 겪고 있는 것은 저소득 및 중산층 국가이다. 2050년까지, 60세 이상의 세계 인구의 3분의 2가 저소득 국가와 중산층 국가에서 살게 될 것이다.

어휘
proportion 비율
be expected to ~할 것으로 예상되다
distribution 분포
at this time 이때에
known as ~으로 알려진
population 인구
shift 변화
income 수입, 소득
towards ~을 위하여, ~에 대하여

14 정답 ②

정답 해설 접속사 how 뒤에 1형식의 문장 salmon(주어) return(동사)가 완전한 형태로 올바르게 쓰였다.

오답 해설 ① stop to ⓡ은 "~하기 위해 멈춰서다"의 의미이다. 내용상 "~하는 것을 그만두다"의 의미가 되도록 stop -ing의 형태로 쓴다.
(to sniff and sneeze ⇒ sniffing and sneezing)
③ 동사 are의 주어 자리에 형용사 central이 쓰여서 C-V-S 도치가 발생했다. (to the problem to poverty and mental retardations는 수식어구) 따라서 주어인 뒤의 "the utter degradation"(단수)이므로 동사를 단수 형태로 쓴다.
(are ⇒ is)
④ [인-과]를 나타내는 such ~ that 사이에는 항상 명사를 쓴다. 그 사이에 형용사인 important가 쓰였으므로, 같은 의미인 so ~ that을 쓴다.
(such ⇒ so)

해석 ① 당시에 우리는 모두 감기가 들어 코를 훌쩍이고 재채기하는 것을 멈출 수 없었다.
② 우리는 연어가 어떻게 산란을 위해 정확한 해안선 지역으로 돌아오는지 모른다.
③ 빈곤과 정신 지체 문제의 핵심은 완전한 흑인으로서의 경험 저하이다.
④ 놀이는 발달에 매우 중요하기 때문에 모든 아이들의 권리로 인식되어야 한다.

어휘
dedicate ~을 위한
shoreline 해안선
central 가장 중요한, 중심 되는
poverty 빈곤, 가난
utter 완전한, 철저한
experience 경험
recognize 인식하다
correct 옳은, 정확한
spawn 산란하다, 알을 낳다
retardation 지체, 지연
degradation 저하, 비하
development 발달, 성장
right 권리, 인권

15 정답 ②

정답 해설 ② ·가정법 과거 완료 형태가 올바르게 쓰였다.
·if절에서 접속사 if가 생략되어 도치가 발생했다. (had I started)

오답 해설 ① "동반하다"의 의미인 동사 accompany는 타동사로 뒤에 목적어를 쓸 때, 전치사를 쓰지 않는다.
(accompanying with ⇒ accompanying)

③ as ~ as 원급비교 사이에 부사 highly가 쓰였다. highly는 "꽤, 꽤 많이"의 의미로 쓰이는 부사로 be 동사의 보어가 될 수 없다. 따라서, "(수치가) 높은"의 의미가 되도록 형용사 high를 쓴다. 앞선 'three times'는 "3배"의 의미로 배수사이다.
④ 전치사 upon 뒤에는 항상 명사나 -ing를 쓴다. p.p.의 형태인 arrived를 -ing의 형태로 고친다.
(arrived ⇒ arriving)

해석 ① 다른 아이들과 함께 장난감을 가지고 노는 아이들을 생각해 보라.
② 과제를 훨씬 빨리 시작했더라면 더 좋은 성적을 받았을 것이다.
③ 전체 GDP는 여전히 현재보다 거의 3배 높을 것이다.
④ 집에 도착했을 때, 오쇼에이는 목걸이가 없어진 것을 알아챘다.

어휘
accompany 함께 ~하다
admire ~에 감탄하다
assignment 과제, 임무
notice ~을 알아채다

16 정답 ①

주어진 문장 주어진 문장은 거짓말 탐지는 정교하고 이해하기 어려운 기술 형태이며, 거짓말을 탐지하는 것은 어려울 수 있지만, 가능한 일이라고 말하고 있다. 또한, 한 가지 예로는, 전형적이지 않은 어휘에 주목하라고 말하고 있다.

해설 이 글은 거짓말을 탐지하는 것에 대한 내용으로서 주어진 문장에서는 거짓말을 탐지하는 한 가지 방법으로 전형적이지 않은 어휘 사용에 주목하라고 말하고 있다. 이는 (B)에서 '대명사 사용'을 눈여겨보라는 부연 설명으로 자연스럽게 이어질 수 있다. (B)에 제시된 한 가지 팁은 (A)에서 'Also'로 이어지며, 거짓말을 하는 사람에게 예상치 못한 질문을 하라는 것이 (A)에 제시된다. 또한, (A)의 내용은 (C)에서 'By doing so'의 표현으로 받아지며, (C)에서는 이 방법을 통해 거짓말을 하는 사람을 알아볼 수 있다고 말함으로써 글을 마무리하고 있다. 따라서 주어진 글 다음에 이어질 글의 순서로 가장 적절한 것은 (B) - (A) - (C) 이다.

해석 거짓말 탐지는 정교하고 어려운 기술 형태이다. 거짓말을 탐지하는 것은 어려울 수 있지만, 가능한 일이다. 우선 예로는, 일반적이지 않은 어휘에 주목하라. (B) 대화를 하는 내내 그 사람이 1인칭 대명사 대신 3인칭 대명사를 사용하기 시작하는지에 주의하라. 이러한 언어적 신호는 그들이 이야기를 하는 행동으로부터 스스로 거리를 두고 여러분을 속이려 한다는 것을 나타낼 수도 있다. (A) 또한, 거짓말쟁이를 불안정하게 하는 것은 유용하다. 예상치 못한 질문을 던져 누군가의 허를 찔러라. 예를 들어, 주제를 바꾸어 날씨나 최근의 스포츠 경기와 같은 것에 대해 잡담을 하라. (C) 그렇게 함으로써, 여러분은 여러분의 대화에서 거짓말이 널리 퍼지는 것을 감소시켜, 그 사람이 진실에 대해 말하는 방식과 잠재적인 거짓말에 대해 말하는 방식 내의 어떠한 차이도 여러분이 더 쉽게 알아차릴 수 있게 한다.

어휘
detection 탐지
elusive 이해하기 어려운
destabilize 불안정하게 하다
unexpected 예상치 못한
catch (somebody) off guard ~의 허를 찌르다
subject 주제, 과목
verbal 언어적인, 구두의
indicate 나타내다
deceive 기만하다, 속이다
potential 잠재적인
sophisticated 정교한
atypical 전형적이지 않은
useful 유용한
pronoun 대명사
cue 신호
distance 거리, 거리를 두다
prevalence 널리 퍼짐, 만연

17 정답 ④

주어진 문장 주어진 문장은 신발의 높은 비용과 사용 불가능성이 모든 운동선수가 그 신발을 사용할 수 없게 했다고 설명한다.

해설 이 글에서는 세계육상경기연맹이 불공정한 이점을 창출하는 신발을 금지했고, 그 신발을 신는 것이 기술적 도핑이라고 설명한다. 주어진 문장은 'However'로 시작하기 때문에 앞의 내용과 반대되는 내용이 나와야 한다. ④ 앞의 문장을 보면 모든 달리기 선수들이 그 신발을 신을 수 있다면 불공평한 문제가 나오지 않을 것이라고 설

명한다. 주어진 문장은 모든 달리기 선수들이 신발의 높은 비용과 사용 불가능성 때문에 그 신발을 신을 수 없다고 설명한다. 따라서 주어진 문장이 들어갈 가장 적절한 곳은 ④이다.

해석 세계육상경기연맹(World Athletics)은 2020년 1월 개정 전 신발에 대한 지침에서 운동선수들이 사용하는 신발이 "불공정한 이점"을 창출하는 신발이 되어서는 안 되며 모든 사람들이 "합리적으로 이용할 수 있어야 한다"고 규정했다. 그 규칙들은 무엇이 "불공정한 이점"에 해당하는지에 대해 침묵했다. 이 규칙을 적용하면 나이키 베이퍼플라이 4%는 주자의 효율성을 높여 부당한 이익을 창출하는 것으로 입증되었기 때문에 불공정하다고 간주될 수 있다. 만약 이 신발이 모든 주자들에게 사용 가능하다면 불공평한 문제는 없을 것이다. ④ 그러나 오픈 마켓에서 신발의 높은 비용과 사용 불가능성 때문에 모든 운동선수들이 신발을 사용할 수 없었다. 따라서 불공정하고 평등하지 않은 경기장을 초래하며, 달리기에서 기술적 도핑이라고 불리는 독특한 도핑 방법으로 간주된다.

어휘
guideline 지침
advantage 이점
available 이용 가능한
application 적용
unconventional 독특한
technological 기술적
athelete 운동선수
reasonably 합리적으로
silent 침묵하는
efficiency 효율성
method 방법

18 정답 ④

정답 해설 본문은 기술 변화가 가져온 혜택에 대해 소개하면서, 20세기 후반의 디지털 전자 컴퓨터의 등장이 가져온 산업적 결과와 편리함, 장점 등에 대해서 서술하고 있다. 본문에 따르면, 디지털 전자 컴퓨터는 성능과 유용성이 폭발적으로 늘어나며 많은 사람들이 개인용 컴퓨터를 사용하기 시작했으며 이 기계들은(컴퓨터들은) 시간이 지나면서 성능이 더욱 발전하였음을 알 수 있다. 그러나 ④에서 '컴퓨터가 일에 대한 인간의 요구사항을 완전히 없애버리지 못했다'는 진술은 곧 컴퓨터가 인간의 모든 필요를 충족하거나 대체하지 못했고 부족한 면이 남아 있었다는 의미이다. 따라서 ④는 컴퓨터의 순기능에 대해 언급하는 본문 내용들과 어긋나는 문장이다.

해석 20세기 후반의 대부분 동안, 기술 변화의 혜택을 가장 많이 받는 것으로 보이는 근로자들은 공식적인 학교 교육을 더 많이 받은 사람들이었다. 그리고 경제학자들은 왜 그랬는지 설명하기 위해, 다음과 같은 이야기를 개발했다. 이 이야기의 주인공은 디지털 전자 컴퓨터이다. 20세기 중반에 발명된 이것(디지털 전자 컴퓨터)은 시간이 지남에 따라 그 위력과 유용성이 폭발적으로 증가했다. 1950년대 후반과 1960년대 초에, 기업들은 메인프레임 컴퓨터를 광범위하게 사용하기 시작했다. 그 후 개인용 컴퓨터(PC)가 발명되어 보급되기 시작했다. 1980년까지만 해도, 미국은 인구 100명당 PC가 한 대도 되지 않았지만, 금세기 초에는 그 수치가 60대 이상으로 증가했다. (④ 컴퓨터들은 일에 대한 인간의 요구사항을 완전히 없애버리지는 않았다.) 게다가, 이 기계들은 시간이 지남에 따라 훨씬 더 성능이 좋아졌다.

어휘
appear 나타나다, ~처럼 보이다
benefit 혜택, 이익
formal 공식의
explain ~을 설명하다
invent 발명하다
usefulness 유용, 쓸모 있음
extensive 광범위하게, 광대한
the turn of the century 세기/해가 바뀌는 시기
figure 수치
demand 요구하다
capable 유능한, 능력있는
technological 기술적 원인에 의한
economist 경제학자
electronic 전자의
explosively 폭발적으로
as time goes on 시간이 지남에 따라
mainframe 메인프레임, 대형 컴퓨터
do away with 제거하다
altogether 전적으로

19 정답 ③

정답 해설 ③ 무시하거나 잠식시키다
(→ 이 글은 의사결정에 대한 내용을 다루며, 사람들이 경제적 의사결정이 아닌 도덕적 문제에 관해서도 경제적인 관점을 적용하는 것이 쉬워질 수 있다고 말한다. 따라서, 이 글에 따르면 사람들은 먼저 자신의 결정이 경제적인 결정인지, 도덕적인 결정인지 정해야 하며 도덕적 관념에 따라서 이익을 무시하고 올바른 (도덕적) 결정을 내리길 기대한다고 말하고 있다. 따라서 우리는 그 사람들이 경제적 이익을 무시하거나 잠식시키기를 바란다고 보는 것이 이 글의 흐름상 빈칸에 들어갈 말로 가장 적절하다.)

오답 해설 ① 확대하거나 우선시하다
② 보호하거나 공유하다
④ 강요하거나 설득시키다

해석 경제적 결정을 내릴 때, 사람들은 아마도 그들의 이익에 가장 부합하는 대안을 선택할 것이다. 하지만, 사람들이 그들의 경제적 결과의 관점에서 모든 결정과 행동에 대해 생각하기 시작할 때, 그것은 도덕적인 문제에 대한 그들의 생각에 영향을 미친다. 심지어 공익의 이익을 결정하기 위해서도, 사람들은 경제적 계산에 참여할 수 있다. 그러므로, 그들은 먼저 그들의 결정을 경제적인 결정, 즉 개인적 이익에 기반을 둔 것으로 만들 것인지, 아니면 무엇이 옳은지에 대한 관심에 기반을 둔, 말하자면 도덕적인 것으로 만들 것인지를 선택해야 한다. 우리는 사람들이 무엇이 옳은지에 근거하여 그들의 결정을 내리는 것을 선택하기를 원한다. 그것들은 우리가 소중히 여기는 인격의 미덕을 가진 사람들에게서 우리가 찾는 것이다. 우리는 그들이 그들의 경제적 이익을 무시하거나 잠식시키고 이런 올바른 방식으로 행동하기를 기대한다.

어휘
economic 경제적인
presumably 아마도, 추측컨대
serve 수행하다
in terms of ~에 있어서
affect 영향을 주다
assess 평가하다
public good 공익
calculation 계산
expect 기대하다
possess 소유하다
escalate 높이다, 확대하다
prioritize 우선시하다, 우선순위로 정하다
protect 보호하다
ignore 무시하다
compel 강제하다
decision 결정
alternative 대안(책)
interest 이익, 이해관계
consequence 결과
moral 도덕적인
value 가치
engage in ~에 참여하다
frame 틀 짓다, 모양을 정하다
look for 찾다
virtue 덕목
share 공유하다
submerge 가라앉히다
persuade 설득하다

20 정답 ①

정답 해설 ① 아이의 건강을 지켜라: 설탕 첨가량을 제한하라
(→ 이 글에서는 아이들의 건강을 위해서 설탕 섭취량을 줄여야 한다고 설명한다. ①이 이 글의 주제를 포괄적으로 나타내므로 글의 제목으로 가장 적절하다.)

오답 해설 ② 설탕이 도파민의 급증을 유발할 수 있다
(→ 이 글에서는 설탕의 부정적인 내용을 설명하고 있기에 ②는 글과 정반대이다.)
③ 생물학적 마법: 설탕 갈망
(→ 이 글에서는 아기들의 설탕 갈망이 생물학적인 요인이라고 언급하긴 하지만, 이것이 이 글의 주제는 아니다.)
④ 설탕은 우리 몸에 전혀 유용하지 않다
(→ 이 글에서는 설탕이 부정적이라고 주장하고 있지만, 섭취를 하지 말라는 내용이 없고, 전혀 유용하지 않다는 내용 또한 없기에 부적절하다.)

해석 미국의 식단 지침은 첨가된 당분으로부터 하루 칼로리의 10% 미만을 섭취할 것을 권고한다. 적당히 활동적인 4세에서 8세 사이의 어린이들에게 적절한 수준인 1,500 칼로리의 식단에서, 10% 미만은 하루에 약 33그램의 당분일 것이다. 8월에, 미국 심장 협회는 어린이들이 하루에 당분을 6 티스푼 혹은 24그램 이하로 섭취해야 한다고 말하면서, 어린이들을 건강하게 유지하기 위해 고안된 더 엄격한 당분 권고를 발표했다. 그것은 또한 어린이와 청소년들이 당분이 첨가된 음료의 섭취를 일주일에 8 온스 이하로 제한해야 한다고 권고했다. 연구는 아기들이 자궁에서 나오자마자 자연스럽게 당분을 갈망하는 경향이 있다고 시사한다. 이는 초기 단계에서 선호하는 것이 아니라 생물학적 현실이다. 설상가상으로, 설탕을 소비하는 것은 아이들로 하여금 더 많은 단 것을 갈망하게 만든다.

어휘

dietary 식사의
recommend 추천하다
appropriate 적절한
active 활발한
issue 발표하다
design 고안하다
state 말하다
limit 제한하다
sweeten 달게 하다
naturally 자연스럽게
crave 갈망하다
preference 선호
reality 현실
guideline 지침
consume 소비하다
moderately 적당히
association 협회
strict 엄격한
healthy 건강한
consume 소비하다
intake 섭취
research 연구
inclined ~하고 싶어하는
womb 자궁
biological 생물학적인
to complicate matters 설상가상으로

한국사

Speed 정답 Check

| 01 | ④ | 02 | ② | 03 | ③ | 04 | ④ | 05 | ① | 06 | ① | 07 | ① | 08 | ③ | 09 | ② | 10 | ① |
| 11 | ③ | 12 | ① | 13 | ③ | 14 | ① | 15 | ③ | 16 | ② | 17 | ① | 18 | ④ | 19 | ③ | 20 | ④ |

01 단군조선   정답 ④

일연이 인용한 『위서(魏書)』에는 요임금과 같은 시기에 단군이 고조선을 세웠다고 기록되었고, 『고기(古記)』에는 요임금 즉위 50년에 단군이 고조선을 세운 것으로 기록되어 있다.
이승휴가 지은 『제왕운기』에는 단군왕검이 아니라 '단웅천왕(檀雄天王)'이라 표현하고, 요 임금 재위 원년에 고조선을 건국하였다고 기록하였다.
조선 시대에 들어와서는 『세종실록지리지』, 『동국통감』, 『응제시주』 등에서 단군의 고조선 건국을 다루었다. 『동국통감』에서는 기원전 2333년에 고조선이 건국하였다고 주장하였다.

오답분석 다. 이규보는 『동명왕편』을 지었고, 이승휴가 『제왕운기』를 지었다.

02 삼국의 항쟁   정답 ②

(가)는 475년 고구려 왕 거련(장수왕)이 백제의 수도 한성을 함락한 사건, (나)는 554년 백제 성왕이 관산성을 공격하다 전사한 사건에 대한 기사이다.
진흥왕 때인 545년 거칠부가 왕명으로 신라 왕실의 역사를 서술한 『국사』를 편찬하였다.

오답분석 ① 562년에 신라가 대가야를 병합하였다.
③ 427년 장수왕은 수도를 국내성에서 평양으로 옮겼다.
④ 433년 신라 눌지왕과 백제 비유왕 사이에 나제동맹이 처음 체결되었다.

03 삼국사기   정답 ③

(가)는 김부식 등이 편찬한 『삼국사기』 서문이다.
『삼국사기』는 현존하는 우리나라 최고의 역사서로, 사마천의 『사기』를 모범으로 삼아 기전체 방식을 도입하여 본기·연표·지·열전으로 구성되었다. 본기는 삼국 왕실의 역사를 균형있게 기록하여 외형적으로는 중립적 입장에 서있으나, 연표·지·열전 등은 신라사에 치중되어 있다. 『삼국사기』는 고려 초에 쓰여진 『구삼국사』를 기본으로 유교적 합리주의 사관에 기초하여 서술되었고, 신이사관을 배격하였다.

오답분석 ① 이규보가 지은 『동명왕편』이 동명왕의 업적을 칭송한 영웅 서사시이다.
② 일연이 지은 『삼국유사』가 불교를 중심으로 고대 설화를 수록하였다.
④ 서거정 등이 지은 『동국통감』이 고조선부터 고려에 이르는 역사를 처음 체계적으로 정리하였다.

04 후백제왕 견훤   정답 ④

'집안사람들의 화로 인하여 설 땅을 잃고 투항', '반역한 아들', '고려의 왕공' 등의 단서를 통해 밑줄 친 '왕'은 후백제를 건국한 견훤임을 알 수 있다.
견훤은 신라군 장교 출신으로 전라도 해안 지방의 군사력과 호족 세력을 토대로 889년(진성여왕 3)에 무진주(광주)를 점령하고, 892년에는 스스로 왕을 칭했다. 그리고 900년에 완산주(전주)에 도읍을 정하고 국호를 후백제라 하였다. 후백제는 우세한 경제력을 토대로 군사적 우위를 확보하였고, 중국의 후당, 오월과 외교 관계를 맺는 등 국제적 감각도 갖추었다. 그러나 견훤은 지나치게 조세를 수취하여 농민의 인심을 잃었으며, 금성을 습격하여 경애왕을 살해하는 등 신라를 적대시하여 한계를 보였다.
935년 후백제에서 후계자를 둘러싼 내분이 생겨 견훤은 아들 신검에 의해 금산사에 유폐되었다. 견훤이 탈출하여 고려로 귀순하자 왕건은 견훤을 후하게 대우하였다. 이후 왕건은 견훤을 앞세우고 후백제로 진격하여 선산 일리천 전투 등에서 승리하여 후백제를 정벌하고 후삼국을 통일하였다(936).

오답분석 ① 궁예가 후고구려를 세우고 철원에 수도를 정하였다.

② 발해를 건국한 대조영(고왕)이 '천통' 연호를 사용하였다.
③ 왕건은 궁예의 부하 장수로 군대를 이끌고 금성(나주)을 점령하였다.

05 고려의 대외관계   정답 ①

ㄱ. 현종 때 거란이 3차 침입하였고, 강감찬이 귀주 대첩에서 적을 섬멸하였다.
ㄴ. 예종 때 윤관이 여진을 토벌하고 동북 9성을 축조하였다.
ㄷ. 인종 때 금이 건국된 후 고려에 군신 관계를 요구하자 고려는 이를 수용하였다(1126).
ㄹ. 1218년 김취려 장군이 이끄는 고려군은 몽골군, 동진국 군대와 연합하여 강동성에서 거란군을 물리쳤다.
따라서 발생한 순서대로 나열하면 ㄱ-ㄴ-ㄷ-ㄹ이다.

06 민족혁명당   정답 ①

1932년 '한국대일전선통일동맹'이 결성되어 민족 유일당 건설을 제창하였고, 1935년 난징에서 열린 대표회의를 통해 결성된 단체는 '민족혁명당'이다.
의열단·신한독립당·한국독립당·조선혁명당·대한독립당 등 각 단체의 대표들이 모여 민족혁명당을 결성하였으나, 김원봉 등 좌익계열이 당을 주도하자 조소앙, 지청천 등 민족주의계 인사들은 탈퇴하였다. 민족혁명당은 민족주의계 인사들의 탈퇴 이후 김원봉 중심의 조선민족혁명당으로 개편되었고, 중·일 전쟁 발발 후에는 통일 전선을 강화하기 위해 조선민족전선연맹을 결성하고 국민당 정부의 지원을 받아 중국 관내 최초의 한국인 무장부대인 조선의용대(1938)를 조직하였다.
한편 한국대일전선통일동맹의 결성에 임시 정부의 김구 등은 참여하지 않았고, 이들은 민족혁명당 결성에도 반대하였다. 1940년 5월에 김구의 한국국민당, 조소앙의 한국독립당, 지청천의 조선혁명당 3당이 통합하여 한국독립당을 결성하였다.

07 여권통문(찬양회)   정답 ①

제시된 자료는 우리나라 최초의 여성 인권 선언문으로 평가되는 여권통문(女權通文)이고, 찬양회가 발표하였다. 1898년 9월 서울 북촌에 사는 양반 부인 400여 명은 '여학교를 세워 남녀평등을 이룩하자'라는 통문을 독립신문과 황성신문에 발표하고 9월 12일 최초의 여성운동 단체인 찬양회를 조직했다. 찬양회는 관립 여학교 설립에 대해 상소하고, 1899년 한국 최초의 순수 사립 여학교인 순성여학교를 설립·후원하는 등 여학교 설립 운동과 여성의 자기계발 등의 사업을 추진했다.

오답분석 ① 1895년에 교육입국조서가 발표되고, 『여권통문』은 1898년에 발표되었다.

08 온건 개화파   정답 ③

제시된 자료는 동도서기론의 입장에서 근대적 개혁을 추구한 온건 개화파의 인식을 보여준다.
1880년대 초 집권 세력의 중심을 이루었던 민씨 척족들과 김홍집, 어윤중, 김윤식 등이 온건 개화파를 형성하였다. 이들은 서양의 종교를 금지하고 유교 도덕과 정치 제도를 지켜나가면서 서양의 발달된 기술을 받아들여도 충분히 부국강병을 이룰 수 있다고 생각했다. 이런 입장을 '동도서기론(東道西器論)'이라고 한다. 온건 개화파는 청의 양무 운동을 모델로 한 근대적 개혁을 추구하였고, 청과의 전통적인 우호 관계를 유지하여 서양 및 일본의 침투에 대응하려 하였다.

오답분석 ① 위정척사 유생들이 흥선대원군의 통상 수교 거부 정책을 지지하였다.
② 1880년대 초의 위정척사파가 영남만인소에서 김홍집의 처벌을 주장하였다.
④ 김옥균, 박영효, 홍영식, 서광범, 서재필 등 급진 개화파는 문명개화론에 입각해 일본의 메이지 유신을 모델로 근본적인 개혁을 주장하였다.

09 세 차례 환국(숙종 시대)   정답 ②

(가)는 1680년(숙종 6) 허적의 서자 허견이 역모를 도모하였다는 혐의로 허적·윤휴 등이 사형당한 경신환국, (나)는 1689년 희빈 장씨가 낳은 왕자를 원자로 책봉하는 것에 반대하다 송시열, 김수항이 죽임을 당하고 서인이 정권에서 밀려난 기사환국에 대한 기사이다.
경신환국으로 남인이 정계에서 축출되고 기사환국 때까지 서인이 9년간 집권하였다. 서인은 남인 숙청에 대한 의견상의 대립이 나타나 노론과 소론으로 나뉘게 되었다. 노론은 송시열을 중심으로 결집하여 대의명분을 존중하고, 민생 안정을 강조하는 경향을 보였다. 반면에, 소론은 윤증을 중심으로 결집하여 실리를 중시하고, 적극적인 북방 개척을 주장하는 경향을 보였다.

오답분석 ① 1694년 갑술환국으로 중전 장씨가 폐위되고, 인현왕후(민비)가 복위되었다. 그 과정에서 남인 집권 세력이 몰락하고 서인(노론과 소론)이 다시 집권하게 되었다.
③ 1721년 노론의 주도로 연잉군(영조)이 왕세제로 책봉되었다. 노론이 경종의 병을 이유로 연잉군의 대리청정을 주장하자 소론은 신임사화(1721~1722)를 일으켜 김창집 등 4대신을 비롯한 노론의 대다수를 숙청하였다.
④ 현종 때 자의 대비의 복상 문제로 서인과 남인이 두 차례 예송논쟁을 벌였다.

10 조선의 법률 제도   정답 ①

조선 시대에는 소송이 양반 지배층의 전유물이 아니었고, 일반 백성도 소송을 제기하는 경우가 흔히 있었다. 지방관(수령)의 수령칠사 가운데 '소송을 간명하게 할 것'이 있었다는 것은 당시 소송이 빈번하였음을 의미한다. 이는 백성들이 함부로 소송을 일삼는 행위를 막기 위한 측면도 있었다.
조선의 사법기관은 행정기관과 명확히 구분되지 않았다. 지방의 사법권은 관찰사와 수령 등 지방관이 관장하였는데, 중요 사건 이외에는 재량권을 행사할 수 있었다. 초기에는 노비와 관련된 소송이 많았으나, 나중에는 남의 묘지에다 자기 조상의 묘를 쓰는 데에서 발생하는 산송(山訟)이 주류를 이루었다.
조선 후기에 들어와 일반 백성의 고통을 직접 국왕에게 제소하는 상언과 격쟁이 활발하였다. 정조 때는 국왕이 궁궐 밖으로 행차할 때에 연도에서 백성들이 직접 쟁을 두드려서 억울함을 호소하는 격쟁이 허용되었다. 이후 국왕의 행차가 쉬는 곳에서 기다리고 있다가 올리는 상언과 쟁을 두드려 호소하는 격쟁이 양적으로 크게 확대되었다.

오답분석 ① 조선의 사법기관은 행정기관과 명확히 구분되지 않았다.

11 허균(유재론)   정답 ③

제시된 자료는 허균이 지은 「유재론」의 일부이다. 허균의 문집인 『성소부부고』에 수록된 학문에 대한 「학론」, 군사제도 및 국방정책에 관한 「병론」, 인재등용에 관한 「유재론」 등을 통해 그의 사상을 확인할 수 있다. 「유재론」에는 인재등용을 위해 신분·적서 차별을 타파해야 한다고 주장하여 당시 신분제 사회의 문제점을 비판하였다. 허균은 『홍길동전』을 저술하여 자신이 구상한 이상적인 사회의 모습을 구체화하기도 하였다. 허균은 인목대비의 폐위에 앞장서 폐비를 반대하던 세력에 의해 배격되었고, 1618년 그의 심복이 남대문에 격문을 붙인 사건에 연루되어 역모 혐의로 능지처참 당하였다.

오답분석 ① 정약용이 한시 「애절양」을 지어 삼정의 문란을 폭로하였다.
② 박지원이 한문소설 「양반전」과 「호질」 등을 지었다.
④ 북학파 실학자 박제가는 서양인 선교사를 초빙하여 서양의 과학과 기술을 배우자고 제안하였다.

12 김구   정답 ①

1919년에 대한민국 임시 정부 내무부의 경무국장으로 재직하고 있었던 ㉠은 김구이다. 김구는 3·1 운동 직후에 상해로 망명하여 대한민국 임시 정부의 초대 경무국장에 취임하여 상해 동포와 임시 정부 요인들의 안녕을 책임지고 일제 밀정으로부터 임시 정부를 수호하였다. 이후 그는 1923년 내무총장, 1924년 국무총리 대리, 1926년 국무령에 취임하여 재정적으로 힘든 임시 정부를 이끌었다.
1931년에는 한인애국단을 조직하여 1932년 1월 이봉창 동경 의거와 4월 29일 윤봉길의 홍커우공원(虹口公園)의거를 계획, 실행에 성공하면서 임시 정부 독립운동의 중요한 전기를 만들었다.

당시 상해에는 임시 정부를 지원하던 외곽단체로 상해 대한교민단이 조직되어 상해에 거주하는 동포의 자치와 국내 동포의 지원을 목적으로 활동하고 있었다. 김구는 1929년 교민단장으로 업무 개선에 힘썼고 1932년에는 상해대한교민단 의경대장에 취임하여 의경대 조직을 대대적으로 개편하여 교민 보호에 힘쓰는 한편 의열투쟁을 이끌었다.

오답분석 ② 김원봉은 1935년 민족혁명당을 조직하고 1938년 조선의용대를 이끌었다.
③ 여운형은 광복 직후 안재홍과 함께 조선건국준비위원회를 주도하였다.
④ 남북협상에 참가한 김구, 김규식 조소앙 등은 5·10 총선거에 출마하지 않았다.

13 동학 농민 운동   정답 ③

청·일 양국이 협의·결정한 조약에 따라 조선의 변란이 평정되는 대로 즉시 군대를 철수시킨다는 내용을 통해 밑줄 친 변란은 톈진조약(1885)이 체결된 이후 일어난 동학 농민 운동임을 알 수 있다.
1894년 3월 고부 백산을 점령한 농민군은 보국안민, 제폭구민을 기치로 호남 창의소를 조직하고 농민군 4대 강령을 발표하였다.

오답분석 ① 갑신정변(1884), ② 임오군란(1882), ④ 을미의병(1895)이다.

14 진성여왕   정답 ①

〈보기〉에 나타난 적고적의 난(896)은 신라 하대 진성여왕(887~897) 말년에 일어났다. 농민 반란 세력인 이들은 동쪽으로 진격하여 신라의 수도인 경주의 서남 방면까지 진격할 정도로 기세를 보였다.
진성여왕 때 대구화상과 각간 우 홍이 향가집 『삼대목(三代目)』을 편찬했다고 하나 지금은 전하지 않는다.
진성여왕 때 국고가 비고 재정이 궁핍하게 되자 중앙 정부는 관리를 파견해 주군(州郡)에 조세를 독촉하였다. 이를 계기로 원종·애노의 난(889) 등 농민의 봉기로 이어지면서 신라 사회는 전면적인 붕괴의 국면에 접어들었다. 한편, 최치원은 894년 진성여왕에게 시무책 10여 조를 올려 문란한 정치를 바로잡고 사회모순을 극복할 개혁안을 제시하기도 하였다.

오답분석 ② 선덕여왕이 병석에 눕자 비담과 염종이 난을 일으켰다(647). 김춘추와 김유신이 이 난을 진압하고 진덕여왕을 옹립하였다.
③ 흥덕왕 때 장보고가 청해진을 설치하고 서남해 무역을 장악하였다. 이 때 장보고가 문등현 적산촌에 법화원을 건립하였다.
④ 진성여왕 사후 효공왕 때 견훤이 완산주에서 후백제를 건국하였다(900).

15 제3차 조선 교육령   정답 ③

'심상 소학교', '조선어는 수의 과목' 등의 단서를 통해 제시된 법령은 1938년에 제정된 제3차 조선 교육령임을 알 수 있다.
1937년 중·일 전쟁이 발발하자 일제는 1938년 2월 육군특별지원병령을 제정하고, 지원병을 선발하였다.

오답분석 ① 1923년 상해에서 임시 정부의 진로를 둘러싸고 국민 대표 회의가 개최되었다.
② 1931년 김구는 침체에 빠진 임시 정부에 활기를 불러일으킬 목적으로 한인 애국단을 조직하였다.
④ 1919년 조선청년독립단이 도쿄에서 '2·8 독립 선언서'를 발표하였다.

16 세조   정답 ②

정척과 양성지 등이 『동국지도』를 편찬하고, 간경도감을 설치하여 불교 경전을 한글로 번역한 것은 조선 세조 때의 사실이다.
세조는 강력한 왕권을 행사하기 위하여 통치 체제를 6조 직계제로 고쳤고, 공신이나 언관들의 활동을 견제하기 위하여 집현전을 없앴다. 또한 군사 제도를 정비하여 보법을 실시하고, 5위와 진관체제를 확립했다.

세조는 전현직 관리의 증가로 새로 관직에 나간 관리에게 줄 토지가 부족하게 되자 이러한 문제를 해결하기 위해 퇴직 관료에게 지급하던 과전을 없애고 현직 관료에게만 수조권을 지급하는 직전법을 시행했다.

오답분석 ① 성종 때 재가 금지법을 실시하였다.
③ 세종 때 원악향리처벌법과 금부삼복법을 시행하였다.
④ 제1차 왕자의 난 직후 일시적으로 개경으로 천도하였다.

17 고려 시대의 경제   정답 ①

고려의 닥종이는 표백을 잘하고 정성들여 다듬이질을 하였기 때문에 질기고 희면서 앞뒤가 반질반질하였다. 중국에 수출되어 호평을 받은 고려의 닥종이는 견지(繭紙), 백추지(白硾紙), 경면지(鏡面紙) 등으로 불렸다. 서긍의 『고려도경』에 의하면 당시 고려에는 닥나무로만 종이를 만든 것이 아니라 등피지(藤皮紙)도 있었다고 한다.
문종 때 경정전시과가 시행되며 무산계 전시가 규정되었다. 이에 따라 향리·탐라의 왕족·여진 추장·서리·향리·노병(老兵)·공장(工匠)·악인(樂人) 등 특수한 계층에게 무산계 전시가 수조지로 지급되었다.
고려는 개경, 서경에 상설 점포인 시전을 설치하여 관수품을 조달하고 관청과 귀족들이 이용하게 하였다. 또한 개경, 서경, 동경 등의 대도시에는 관영상점을 운영하였다.

오답분석 ① 성종 때 철전과 동전으로 건원중보를 주조하였고, 숙종 때 주전도감을 설치하여 삼한통보, 해동통보, 해동중보 등의 동전과 활구(은병)라는 은전을 주조하였다.

18 근우회   정답 ④

제시된 자료는 근우회의 창립 취지문이다. 1920년대 각종 사회 운동은 사회주의와 민족주의로 분열된 채 이루어졌다. 독립운동가들이 분열된 민족운동을 통합하기 위해 노력한 결과 1927년 2월 신간회가 창립되었고, 5월 신간회의 자매단체로 김활란, 유영준 등이 중심이 되어 근우회가 조직되었다.
근우회는 여성의 공고한 단결과 지위 향상, 생활 개선을 목표로 여성 운동을 전개하였다. 부인 강좌와 순회 강연, 각 지회에서의 야학 운동 등으로 문맹을 퇴치하고, 남녀평등의 사회 의식과 자주적 민족 의식을 깨우치도록 했다. 또한 1927년 숙명 여자고등보통학교의 동맹 휴학 사건과 중앙 고등보통학교의 동맹 휴학 사건 등 사회 운동의 실태를 조사하였다. 해외 동포의 구호를 위한 각종 모금 운동 및 지방의 수재민 구호 모금 운동 등도 전개하였다.

오답분석 ① 1913년 평양 숭의여학교 교사와 학생들이 비밀결사 단체로 송죽회를 조직하였다.
② 경상도 일대에서 윤상태, 서상일 등이 조선국권복단을 조직하고, 3·1운동이 일어나자 경상도 각 지역의 만세 운동을 주도하였다.
③ 찬양회가 1898년 '여권통문'을 발표하고 순성여학교를 설립하였다.

19 중인과 서얼   정답 ③

'문관은 승문원, 무관은 선전관에 임명되고 있다.'는 표현은 청요직 진출이 가능해졌다는 의미이므로 (가)는 서얼, (나)는 기술직 중인이다. 조선 후기에는 과거에 합격하더라도 청요직이라 불리는 승문원·홍문관 등에는 한양 양반(경화사족)이 임용되었고, 중인은 승진이 어려운 교서관(경적의 간행과 제사 때 쓰이는 향과 축문·도장 등을 관장)에 임용되는 것이 관례였다. 무과의 경우에도 한양 양반은 왕을 호종하는 선전관(宣傳官)에, 중인은 궁궐이나 성문을 지키는 수문청에 임용되었다.
조선 후기에 서얼은 수차례의 집단 상소를 통해 동반(문반)이나 홍문관 같은 청요직 진출을 허용해 줄 것을 요구하였다. 영조 때 법제적으로 서얼 허통을 허용하였으나 실제 행해지지 못하다가 정조 때 유득공, 이덕무, 박제가, 서이수 등 서얼 출신이 규장각 검서관으로 등용되며 어느 정도 해소되었다. 그리고 철종 때 신해허통(1851)으로 문과 합격자에 대한 서얼의 차별이 철폐되어 서얼의 청요직 진출이 허용되었다.
서얼의 신분 상승 운동은 기술직 중인들의 신분 상승 운동에 자극을 주었다. 기술직 중인들은 실무 경력을 바탕으로 상당한 재산을 축적하고 있었기 때문에 이를 토대로 신분 상승을 추구하였다. 그리하여 철종 때 1,800여 명의 서울 중인들이 대대적인 소청 운동(연합 상소 운동)을 벌여 청직과 현직의 허통을 요구했으나 정부의 거부로 실패하였다.

오답분석 ③ 정조 때 규장각 검서관에 등용된 유득공, 박제가, 이덕무 등은 서얼 출신이다.

20 여소야대 국회 정답 ④

1988년 4월에 치루어진 13대 총선의 결과로 헌정 사상 최초의 여소야대 국회가 구성되었다. 1987년에 치러진 13대 대통령 선거에서 민정당의 노태우 후보가 당선되었다. 하지만 13대 총선의 결과 여소야대 국회가 출범하였고, 야당은 제5공화국 정부에서의 비리와 5·18 광주 민주화 운동의 진실을 규명하기 위해 '5공 청문회'를 열었다. 전두환은 대국민 사과문을 발표하고 백담사로 거처를 옮기게 되었다.

오답분석 ① 1949년 6월 제헌국회는 농지개혁법을 제정하였다.
② 1960년 6월 허정 과도 정부 시기에 내각책임제로 헌법을 개정하였다.
③ 1969년 제6차 개헌을 통해 대통령의 3선을 허용하였다.